○ 石俊志 著

中国铜钱法制史纲要

ZHONGGUO TONGQIAN FAZHISHI GANGYAO

中国金融出版社

责任编辑：何　为　王慧荣
责任校对：李俊英
责任印制：陈晓川

图书在版编目（CIP）数据

中国铜钱法制史纲要（Zhongguo Tongqian Fazhishi Gangyao）/石俊志著．—北京：中国金融出版社，2015. 3

ISBN 978 - 7 - 5049 - 7813 - 4

Ⅰ.①中…　Ⅱ.①石…　Ⅲ.①货币法—法制史—中国—古代　Ⅳ.①D922. 285. 2

中国版本图书馆 CIP 数据核字（2015）第 024041 号

出版
发行　中国金融出版社
社址　北京市丰台区益泽路 2 号
市场开发部　（010）63266347，63805472，63439533（传真）
网上书店　http://www.chinafph.com
　　　　　　（010）63286832，63365686（传真）
读者服务部　（010）66070833，62568380
邮编　100071
经销　新华书店
印刷　北京市松源印刷有限公司
尺寸　140 毫米×203 毫米
印张　10. 5
字数　254 千
版次　2015 年 3 月第 1 版
印次　2015 年 3 月第 1 次印刷
定价　25. 00 元
ISBN 978 - 7 - 5049 - 7813 - 4/F. 7373
如出现印装错误本社负责调换　联系电话（010）63263947

中国社会科学院重点课题结项报告

目　　录

绪　言

秦始皇武力统一中国，废黜了各诸侯国流通的各种铜钱，将战国时期秦国铸行的铜钱——半两钱作为法定货币推广到全国使用。从此，圆形方孔的铜钱就成为中国古代社会最核心的价值尺度和流通手段。历经了各代王朝的风云变幻、盛衰兴替，圆形方孔铜钱的形状却长期保持不变，一直延续到清朝灭亡，帝制被推翻后，才最终退出了历史舞台。可以说，圆形方孔铜钱的流通，贯穿着中国古代皇帝专制历史的始终。

秦始皇将半两钱确定为法定货币推广到全国使用，同时也将战国时期秦国的货币法律推广到全国执行，由此形成了中国古代铜钱法制的基本框架。自从圆形方孔铜钱成为全国统一流通的货币，就出现了三条基本法律原则：（1）法律禁止百姓铸造铜钱；（2）法律禁止百姓销毁铜钱；（3）法律保护朝廷铸造的不足值劣小铜钱按其法定价值行使货币职能。西汉初期，汉朝继承秦朝的法律，继续坚持上述三条基本法律原则，进一步巩固了秦、汉初期铜钱立法的基本框架。

中国古代的铜钱是金属货币，也是信用货币，这一观点在我国现代金融学界是有争议的。通过对中国铜钱法制史的研究，我们可以发现，中国古代的铜钱并不主要依靠其本身的金属价值行使货币职能，而是主要依靠其发行者——古代王朝的信用和法律的强制行使货币职能。对此，我们可以从三个方面说明。

首先，中国古代铜钱经常处于不足值状态，其实际金属重量经常达不到表面铭文所述的重量或法律规定的重量，因此说它具备一定程度的信用货币性质，并不完全依靠其本身金属价值行使货币职能。中国古代最早出现的在全国范围流通的铜钱，是秦始皇统一全国货币时采用的半两钱。半两钱始铸于战国中期的秦惠文王二年（公元前336年），当时曾是重量半两，即12铢的足值铜金属货币。30年之后，秦国朝廷新铸半两钱的重量便出现了明显的降低。秦始皇统一全国货币时，半两钱大多已经减重至8铢左右。西汉初期，半两钱已经减重至4铢左右。铜钱不断减重，其金属含量越来越少，信用货币性质越来越强。当铜钱的重量减少至不能再减的时候，朝廷就发行虚币大钱，以一换多地从市场上兑换旧钱，从而使铜钱的减重在虚币大钱的载体上继续下去，由此形成了铜钱减重或者说是铜钱信用货币化的演变过程。

其次，中国古代铜钱经常出现大、小钱混合流通的状态，即小钱可以代表大钱的同等价值行使货币职能，这更加说明它们不是依靠本身金属价值行使货币职能的。从目前出土墓葬或窖藏的秦代半两钱实物来看，每批半两钱均呈现大、小钱混合在一起的情形，其中大钱一般比同批出土的小钱重3～4倍之多。迄今为止，我们还没有发现轻重相似的多枚秦半两同批出土。重量各不相同的半两钱混合在一起，我们并不能将其划分为代表不同价值的类别，由此可以推断这些半两钱是代表同等价值混合等价流通的。

最后，中国古代的货币立法赋予铜钱作为信用货币流通的能力。差距悬殊的大、小铜钱可以按照相同的价值混合使用流通，是因为法律赋予不足值铜钱按照法定价值流通的能力。1975年湖北云梦睡虎地秦墓出土秦律竹简《金布律》载："百姓市用钱，美恶杂之，勿敢异。"[1] 这条法律意思是说，百姓使用铜钱交易商品时，好钱和恶钱混在一起使用，不得进行选择，必须一律接受。1984 年湖北江陵张家山汉墓出土汉律竹简《二年律令》载："敢择不取行钱、金者，罚金四两。"[2] 这条法律的意思是说，拒绝接受法定铜钱货币或拒绝接受法定黄金货币者，要给予处罚，处罚的金额是黄金 4 两。从这两条法律来看，秦汉时期货币立法打击的对象，是那些不肯接受朝廷铸造的不足值小钱的百姓。古代王朝依靠本身的信用和法律的强制，使其铸造的小钱按照法定价值进入流通。铸造小钱可以节约铜材，同样数量的铜材，可以铸造更多数量的小钱，所以古代王朝铸造的铜钱越来越小。铜钱越来越小，其金属内容就越来越少，信用货币的性质就越来越强。

中国古代铜钱立法赋予铜钱信用货币性质，使得各王朝能够通过减重铸造铜钱的方式，扩大信用发行，增加货币流通量，实现其货币政策目标。

但是，中国古代的货币政策与中国现代的货币政策是不一样的，其原因是古今货币职能不同。中国古代货币的主要职能是价值尺度、流通手段和储藏手段，很少发挥资金融通的职能，而中国现代货币具有更多的资金融通职能。因此，中国古今关于货币政策的目标和实施货币政策目标的手段也就不同。

现代货币政策是指通过调整货币供应量和利率等措施，实现特定政策目标，货币政策目标主要有稳定物价、充分就业、经济增长、国际收支平衡和金融稳定。货币政策工具主要有法定存款准备金率、再贴现率和公开市场操作等。

1　睡虎地秦墓竹简整理小组：《睡虎地秦墓竹简》《金布律》，文物出版社，1978 年版，第 55 页。

2　朱红林：《张家山汉简〈二年律令〉集释》，社会科学文献出版社，2005 年版，第 134 页。

中国古代也有类似现代的货币政策，但其政策目标比较狭隘，主要集中在稳定物价和调节国民收入再分配两个方面，其手段主要是调整货币供应量，而非调整利率。有些时候，古代王朝也采用抛售白银、绢布等实物的措施实施货币回笼，通过减少货币流通总量来稳定物价。

中国古代各王朝实施货币政策所运用的货币工具是铜钱或纸币，而不是黄金或白银。中国古代也曾有过类似现代的纸币流通制度，其流通规模之巨大和流通时间之长久并不亚于现代。

公元1023年，北宋王朝将民间经营的纸币交子收归官营，并设置了专营纸币发行和管理的机构——交子务。交子官营初始，北宋王朝便制定了有关发行和管理的法律制度：一是发行限额制度，规定交子发行总量为12.5634亿文；二是发行准备制度，规定将3.6亿文铜钱作为发行准备；三是界兑年限制度，规定交子流通2年便可以向官府以旧换新，2~3年为兑换期，3年届满作废。北宋末年交子发行突破了规定的限额，总量达到200多亿文，宋徽宗将其改为钱引。北宋灭亡之后南宋兴起，南宋王朝将民间经营的纸币会子收归官营，也建立了类似北宋时期的发行和管理机构以及相关的法律制度。南宋王朝统治地区的纸币主要有两种：东南地区流通的会子和四川地区流通的钱引，两者流通规模一般保持在数百亿文，考虑到购买力因素及人口数量的差距，南宋时期人均持币量远远超过20世纪中后期我国改革开放之前的人均持币量水平。

此后，金代流通纸币交钞，元代流通纸币宝钞，明代流通纸币大明通行宝钞，特别是元代法律禁止黄金、白银和铜钱作为货币流通，实行了单一纸币流通制度，纸币的流通更加繁盛。公元1436年，明代中期的明英宗废黜了禁止白银作为货币流通的法律，白银跃为主要流通货币，大明通行宝钞便逐渐地退出流通领域，中国古代纸币流通制度从此宣告结束。至此，中国古代纸币流通制度延续了413年。中国现代纸币流通制度始于清末民初，至今仅约百年，远不如宋、金、元、明纸币流通时间长久。

　　在宋、金、元、明各朝代纸币流通的条件下，各王朝通过扩大信用发行纸币的方式，增加货币供应量，实现其货币政策目标，这种情形是现代人们比较容易理解的。但是，中国古代货币的主要形态是铜钱，属于金属货币。对于作为金属货币的铜钱，各王朝如何通过调整货币供应量来实现其货币政策目标呢？

　　通过对中国铜钱法制史的研究，我们可以认识到，将中国古代的货币划分为金属货币和纸币两种类型是不科学的。金属货币与纸币之间的不同，只是制造材料不同，并不是两者的性质不同。从货币法制的角度来看，中国古代的货币可以分为两种：一种是法定货币，另一种是非法定货币。中国古代的法定货币又可以分为两类：一类是信用货币，另一类是非信用货币。信用货币依靠发行者的信用行使货币职能，在交易使用时不需要称量，按照其面文的价值使用，所以也可以称为非称量货币，中国古代的纸币和铜钱都是非称量货币，或者说都是信用货币。非信用货币依靠本身的金属价值行使货币职能，在交易使用时需要称量，按照其金属价值行使货币职能，所以也可以称为称量货币，中国古代的黄金和白银都是称量货币，或者说都是非信用货币。

　　中国古代各王朝通过调整货币供应量来实现其货币政策目标所适用的货币，并不在于它是纸币还是金属货币，而是在于它是否为信用货币。只有在信用货币流通的情况下，古代王朝才能够通过扩大信用发行、调整货币供应量来实现其货币政策目标。

　　各王朝通过调整铜钱供应量来实现其货币政策目标的主要

措施有：放民铸钱、钱币回笼、打击盗铸、打击毁钱、限制铜钱外流、铜钱减重、铸行虚币大钱等。

放民铸钱即朝廷允许百姓自由铸造铜钱并自由销毁铜钱，以满足市场对货币的客观需求，实现货币流通量的市场自动调节机制。然而，放民铸钱使朝廷丧失了铸币税收益，因此很少为中国古代王朝所采纳。钱币回笼是朝廷通过抛售白银、绢布等实物，将市场上的铜钱收回朝廷，减少市场上的货币流通量来稳定物价的措施。打击盗铸、打击毁钱、限制铜钱外流，皆是朝廷为了保护货币流通总量稳定所采取的措施。朝廷实行铜钱减重和铸行虚币大钱，既可以扩大铜钱供应量，又可以实现掠夺百姓财富、扩大朝廷铸币税收入的目的。

早在西汉初期的汉文帝时期，大臣贾山就说："钱者，亡用器也，而可以易富贵。"[3] 贾山的意思是说，货币是君主使用的工具，用来转移价值，改变国民之间的贫富。贾山的理论对后世影响极为深远，中国古代各王朝皆用货币作为转移价值、实现国民收入再分配的手段。

铜钱减重的措施，即朝廷铸行新钱的重量低于流通中旧钱的重量，但法定价值与旧钱相等，这就可以用同等数量的铜材，铸造更多数量的铜钱，从而扩大铜钱供应量。

铜钱减重达到无可再减的程度时，就需要铸行虚币大钱，以一换多地收兑流通中的小钱，铜钱减重的进程就在虚币大钱的载体上继续下去。中国古代朝廷交替使用铸行减重铜钱与铸行虚币大钱两种措施，就可以使铜钱的减重以及铜钱名义供应量的增长，成为持续不断的演化过程。

刘邦建立汉王朝，铸行榆荚小钱，造成了严重的通货膨胀。刘邦去世之后，他的妻子吕雉掌权，便铸行了八铢钱，以一换

3　《汉书》卷五一《贾山传》，中华书局，1962年版，第2337页。

八地兑换流通中的小钱。不久之后，八铢钱又减重，所以朝廷再铸行五分钱。三国时期，刘备铸行"直百五铢"，孙权铸行"大泉当千"。南北朝时期，北周武帝铸行"五行大布"、"永通万国"等钱，以一当十地兑换流通中的小钱。以上这些种类的虚币大钱，都是典型的信用货币，其货币政策目标多是为了筹集军费、准备战争。到了宋朝，由于商品经济发展过快，铜钱供应总量远不能满足市场的需求，所以折二、折三、折五、当十等各种虚币大钱纷纷涌现，皆与小平钱并行流通。从此，这种复合钱币制度不再是临时筹集军费的权宜之计，而成为一种经常性的货币制度安排。

在商品经济的高速发展对货币供应量提出更多需求的情况下，古代朝廷采用铸行减重铜钱或虚币大钱的措施，扩大铜钱货币信用发行，有利于扩大总需求，促进经济增长。在商品经济萧条的情况下，古代朝廷为了整军备战，大量铸行减重铜钱或虚币大钱，其措施皆难持久，并会产生两个恶果：一是会发生严重的通货膨胀；二是会引起百姓大规模盗铸，造成恶钱泛滥的局面。

中国古代的铜钱和纸币都是非称量货币，或者说都是信用货币，各王朝使用铜钱或纸币作为货币工具，通过扩大信用发行等方式，实施货币政策。中国古代的黄金和白银都是称量货币，或者说都是非信用货币，各王朝不能根据主观意志来调整黄金或白银的货币供应量，也就不能够通过调整黄金或白银的货币供应量来实现其货币政策目标。此外，黄金和白银作为法定货币在中国古代流通的时间相对较短，两者均未能像铜钱一样长期持续流通。秦、汉初期，黄金是法定货币；明朝中叶至清朝末年，白银是法定货币。

秦、汉初期，黄金是法定货币。由于商品经济的发展，黄金产量的增长远不能与商品生产的增长相同步，再加上中国黄金向西方国家流动的整体趋势，造成了中国黄金货币的日益稀缺。因此，黄金在秦、汉初期就完成了非货币化的进程。

魏晋时期，商品经济全面衰退，自然经济兴起，金属货币交易大量地被以物易物方式所替代。南北朝时期，商品经济开始恢复，隋唐时期便逐步兴盛，达到中国古代又一次繁盛的高峰。及至宋代，白银货币化趋势逐步明显。但是，自秦代至明朝中叶，白银一直被法律禁止作为货币流通。

公元1436年，明代中期的明英宗废黜了禁止白银作为货币流通的法律，白银跃为主要流通货币，铜钱逐步退居辅币地位。从此以后，至公元1933年废两改元，中国古代白银作为核心的法定货币流通，延续了将近500年。在此期间，尽管出现了各种各样的白银货币形态，如银铤、元宝、碎银、外国银元以及中国民间铸造的银元，其流通价值皆与其重量密切相关。因此，明清两朝的白银货币制度可以被称为银两货币制度，白银货币仍属于称量货币，是依靠其本身金属价值流通的货币。秦、汉初期的黄金货币以及明朝中叶至清朝末年的白银货币皆是法定称量货币，都没有能够成为古代朝廷实施货币政策的工具。

中国古代王朝采取措施来实现其货币政策目标，历史上有过许多成功经验和失败教训，其中成功经验的典型案例是西汉初期汉文帝放民铸钱，失败教训的典型案例是西汉末期王莽铸行虚币大钱。

汉文帝刘恒是刘邦的第四个儿子。刘邦为了取得楚汉战争的胜利，大量铸行榆荚小钱，通过施行通货膨胀政策掠夺民间财富作为军费，终于取得了楚汉战争的胜利。刘邦去世之后，他的妻子吕雉继续扩大汉王朝的货币信用发行，大量铸行八铢钱，以一换八地收兑流通中的轻小旧钱，但是八铢钱发行之后又发生了明显的减重。到了汉文帝时期，榆荚钱越来越多，也越来越轻，于是改铸四铢钱，钱表面铭文"半两"，朝廷下令允许百姓自由铸造铜钱。

　　"至孝文时，荚钱益多，轻，乃更铸四铢钱，其文为半两，令民纵得自铸钱"。[4]

　　汉文帝为了解决通货膨胀和铜钱滥恶的问题，开放百姓自由铸造铜钱，这一措施达到了以下三个效果：

　　首先，铜钱质量空前提高。秦、汉初期，朝廷垄断铜钱铸造权，铜钱质量普遍恶劣，并且极不规范，大、小铜钱混合等价流通。朝廷铸造铜钱质量恶劣的原因是当时的法律保护朝廷铸造的劣小铜钱按照面文价值流通。因此，朝廷铸造的铜钱越来越小，质量也越来越差。汉文帝放民铸钱，铜钱质量空前提高。百姓铸造铜钱质量优良的原因是当时的法律不允许百姓铸造的劣小铜钱进入流通。汉文帝要求百姓铸造的铜钱必须达到四铢的重量。百姓铸造的铜钱，要经过官府的检验，质量合格方可进入流通。为此，朝廷颁发了检验铜钱的天平砝码。这种天平砝码近代已有出土，证实了相关文献记载的真实。根据对近代出土文帝四铢铜钱实物的考证，汉文帝时期百姓铸造的铜钱，确实质量优良，并达到了统一规范。

　　其次，形成了货币供应量市场自动调节机制。汉文帝放民铸钱，法律允许百姓自由铸造和自由销毁铜钱。当铜材贵重时，百姓可以熔毁铜钱为铜材料；当铜钱贵重时，百姓可以铸铜为钱。因此，放民铸钱的政策能够使社会上超过商品交换所需的铜钱通过被熔化为铜金属而退出流通，也能够将铜金属原材料随时地铸成铜钱，补充商品交换中出现的铜钱数量不足，从而形成铜钱供应量市场自动调节机制。

　　最后，促进了商品经济的发展。汉文帝放民铸钱的货币政策，为当时的商品经济发展提供了良好的货币条件，由此创造

　　4　《史记》卷三〇《平准书》，中华书局，1959年版，第1419页。

出中国古代第一次商品经济发展的高峰——"文景之治"。

西汉后期，王莽篡夺了刘氏王朝的政权，建立了新朝。此时社会上贫富两极分化的情况十分严重，豪强富商占有了社会上大部分的货币，用来兼并土地、买卖奴婢；小农失去土地，一部分沦为奴婢，大幅度地减少了朝廷的税收来源；一部分形成流民，聚集成为盗贼，或起义造反，直接威胁到朝廷政权的稳固。王莽上台之后即推行"均众庶、抑兼并"[5]的政治主张，力图抑制社会上出现的财产兼并及贫富分化现象，号召百姓走共同富裕的道路。为了达到这一目标，王莽率先改革的内容是铸行虚币大钱，要用铸行虚币大钱的手段，将有钱人手中的大部分钱财收缴到朝廷。

王莽的虚币大钱种类繁多，"错刀"每枚法定兑换 5000 枚五铢旧钱，"契刀"每枚法定兑换 500 枚五铢旧钱，"大钱五十"每枚法定兑换 50 枚五铢旧钱，三者皆与五铢旧钱并行流通。朝廷将收缴的五铢旧钱销毁更铸为虚币大钱，再向百姓兑换五铢旧钱，反复更铸兑换，民间的铜钱便迅速地被收敛到朝廷。此后，王莽又实行了五物六名二十八品的货币制度，进一步将民间财富掠取一空。

王莽的货币政策打击了富人，同时也打击了穷人，使农民和商人大量破产，人民无法生活，许多人在道路上哭泣。"农商失业，食货俱废，民人至涕泣于市道"。[6]经过十多年的货币改革和经济衰退，王莽的货币政策终于激发了全国性的农民大起义，新朝迅速灭亡，王莽本人也被斩杀于渐台。

研究中国古代货币政策的成功经验或失败教训，对于中国当前货币管理以及制定或实施货币政策具有重要的借鉴意义。

---

5 胡适：《胡适文存》第二集卷一《王莽——一千九百年前的一个社会主义者》，台北远东图书公司，1953 年版，第 20 页。

6 《汉书》卷九九中《王莽传》，第 4112 页。

　　在许多现代人眼里，货币政策是与现代经济相联系的概念，特别是与现代纸币流通相联系的概念，与金属货币流通的古代毫不相干，实则不然。

　　中国古代全国统一的铜钱流通货币制度延续了两千多年，宋、金、元、明纸币流通制度也延续了四百多年，其间各王朝采用的货币政策手段极为丰富，成功经验和失败教训很多，大多可以作为我国当前货币管理以及制定或实施货币政策的参考。总的来说，中国古代王朝货币政策稳定，则国运昌盛；货币政策动荡，则民生凋零。中国古代各王朝衰败前夕，无不发生严重的货币危机，但货币危机的爆发，并不一定以朝廷的灭亡为结局。这说明，在中国古代社会，货币危机是可以治理的。我们的祖先，通过对货币危机的治理，也积累了许多宝贵的经验。其中三个方面的经验特别值得我们注意。

　　首先，通过控制货币流通量来稳定物价，是最为核心的货币政策目标。古代朝廷通过信用发行货币的手段，增加货币流通量，可以获得巨大的铸币税收益。然而，朝廷信用发行货币，使得民间财富部分转入朝廷，市场出现一定程度的通货膨胀，不利于社会经济的健康发展。这种手段使用过度，就会造成经济衰退，爆发货币危机乃至经济危机，危害社会稳定。因此，信用发行货币在总量上一定要有所节制，以随时保证物价的基本稳定。

　　其次，不同历史时期应该有不同的货币政策取向。唐代以前，各王朝的货币政策主要是限制民间盗铸铜钱，抑制铜钱过多引发的通货膨胀。唐代以后，各王朝的货币政策主要是限制铜钱损耗或外流，抑制铜钱过少引发的经济萧条。这一变化标志着中国古代的商品经济已经从初级阶段步入高级阶段。我国现代的商品经济更为发达，货币流通更为繁盛，以致我们同时面临着通货膨胀和经济萧条两方面的压力。在此情形下，简单地调整货币流通量已经不能满足现代货币管理的需要。因此，要分析当前我国市场经济发展历史阶段的客观需求，制定最优、最有效的货币政策。

最后，相同的货币政策可以产生不同的政治、经济后果。中国古代王朝比较多地采用铸行虚币大钱掠取民间财富的措施，从而实现富国强兵的目标。掠取民间财富可以为朝廷筹集战争经费，民间贫苦则有利于朝廷扩大兵源。汉武帝发行白金三品、赤侧五铢，皆是虚币大钱，大规模地掠夺了百姓，筹集了军费并取得了征伐匈奴战争的胜利，朝廷亦未因民间愁苦而衰亡；周武帝铸造五行大布，用来筹集军费击灭了北齐，从而壮大了北周，为隋文帝统一中国奠定了基础。然而，王莽铸行大泉五十，造成新朝的灭亡；宋徽宗铸行当十钱，导致了北宋的衰败。这说明，在不同的政治、经济条件下，相同的货币政策会由于客观情况的不同而产生不同的后果。

当前我国货币经济迅猛增长，货币流通量也达到空前的水平，商品经济的发展也达到了更为高级的阶段。关于货币宏观管理，我们还缺乏超长周期的实证运行经验。如何化解货币危机，如何减少货币危机对社会造成的损失和创伤，如何在市场发展周期的各个阶段采用适当的货币政策，以便在充分就业和经济增长的条件下实现物价的基本稳定，抑制过度的通货膨胀，保障经济的健康发展，是需要我们加强研究的课题。我们的祖先拥有两千多年的货币宏观管理经验，十分值得我们重视。我们应以科学务实的态度，对祖先的成功经验进行深入细致的研究考证，将其作为宝贵的文化科学遗产，予以继承并发扬光大。

第一章　秦汉立法禁止
百姓铸造铜钱

秦、汉初期的铜钱立法，继承战国晚期秦国的法律。

秦王政二十六年（公元前221年），秦灭六国，建立了皇帝专制的全国统一政权。秦王朝将战国晚期秦国的货币推广到全国使用，并将战国晚期秦国的货币法律推广到全国执行，就形成了秦、汉初期货币立法的基本框架。

战国晚期的秦国，实行黄金、布和铜钱并行流通的货币制度。然而，由于秦朝统一全国之后，形成了全国范围的商品交换市场，市场的扩大和社会分工的深化提高了纺织业的劳动生产率，布的使用大幅度减少，帛的产量大幅度增加。于是，秦朝作为法定货币的布，就被产量越来越多的帛所代替，布的法定货币地位从此消失，三币制的货币体系就转变为二币制的货币体系。同时，黄金货币的数量开始大幅度地减少，不再能够满足商品交换迅速增长的需求，铜钱的货币职能越来越重要，成为货币体系中最核心的价值尺度和流通手段。

纵观中国古代货币史，铜钱的流通贯穿始终。中国古代的铜钱，大体上可以分为两种形态，一种是纪重钱，另一种是通宝钱。隋代以前流通纪重钱，唐代以后流通通宝钱。本章重点介绍秦汉时期关于纪要钱的立法情况。中国古代全国统一流通的纪重钱主要有两种类型，即半两钱和五铢钱。纪重钱面文简单，只铸铭重量，没有其他的文字，所以不受朝代变迁的影响，可以跨越朝代延续流通，并持续保持其原文原貌。秦、汉初期流通的半两钱，即表面只铭文"半两"二字的铜钱；汉初至唐初，经历了两汉、魏晋南北朝、隋、唐初，流通的是五铢钱，即表面只铭文"五铢"二字的铜钱。秦、汉初期，自秦王政二十六年（公元前221年）统一全国货币，至汉武帝元鼎四年（公元前113年）铸行上林三官五铢钱，是半两钱全国统一流通的时期。

秦、汉初期的货币立法，继承战国晚期秦国货币立法的基本原则，规定铜钱由朝廷垄断铸造，禁止百姓铸造。铜钱由朝廷垄断铸造，就使朝廷有条件通过减少铸造铜钱的用铜量，取得更多的铸造利益，结果铜钱越铸越小，铜钱的信用货币性质日益增强。为了保证朝廷铸造的轻小铜钱发挥与足值铜钱同等的流通价值，法律规定各级官府及百姓在铜钱收支或商品交易时，均不得拒绝接受朝廷铸造的轻小铜钱。于是，市场上就形成了半两钱大小轻重不等、混合流通的局面。法律禁止百姓铸造铜钱，同时也禁止百姓销毁铜钱，金属本位制度中金属货币总量的市场自动调节机制就无法建立。因此，中国古代出现多次严重的通货膨胀和通货紧缩，由此产生的货币危机对各王朝的盛衰兴替发挥过非常重要的影响作用。

第一节　秦始皇统一全国货币

秦王政二十六年（公元前221年），秦灭六国，废除了各国不同的货币制度，将战国时期秦国的货币制度推广到全国使用。司马迁说：

虞夏之币，金为三品，或黄，或白，或赤；或钱，或布，或刀，或龟贝。及至秦，中一国之币为（三）［二］等，黄金以溢名，为上币；铜钱识曰半两，重如其文，为下币。而珠玉、龟贝、银锡之属为器饰宝藏，不为币。然各随时而轻重无常。[7]

---

7 《史记》卷三〇《平准书》，第1442页。

虞朝和夏朝的货币，金可分为三种：黄金、白金、赤金，又有
钱、刀、布；还有龟贝。到了秦朝，把全国的货币统一为二
（二）等，黄金以溢为单位，称为上币；铜钱铭文"半两"，重
量与文字相符合，称为下币。而珠玉、龟贝、银锡之类为装饰
品或宝藏品，不是货币，各自的价值随市场价格变化而变化。

　　秦始皇统一全国货币的内容主要有三个方面：（1）废除了
各国的货币，统一为秦国的货币；（2）废除了各种类型的货币，
统一为黄金、布和铜钱；（3）珠玉、龟贝、银锡等物，仅作为
饰物及财富保藏，禁止其作为货币流通。

　　秦始皇统一全国货币之前，战国晚期各诸侯国的货币种类
繁杂，青铜铸造的钱币可以归纳为四种主要的类型，在全国形
成四类钱币流通区域：（1）黄河中游以魏国为中心的布币流通
区；（2）东部沿海以齐国为中心的刀币流通区；（3）南方楚国
蚁鼻钱流通区；（4）楚国以外地区的圜钱交叉并行流通区。

　　黄河中游地区的魏国、韩国的主要城邑和赵国、燕国的部
分城邑都铸行青铜布币。布币作为流通货币出现较早，在西周
时期就已有铸行。早期的布币是空首布，形状源于一种农
具——镈。到了战国时期，布币的形制发生了一次重大的变革，
由空首布改变为平首布。平首布脱离了早期空首布所表现的农
具镈的原始形象，成为一个扁平的铜片。平首布表面铸铭地名
和货币单位，地名的类别繁多，货币单位是"釿"。战国晚期的
布币有一釿和半釿两种，但表面铸铭地名，并不铸铭重量。

　　东部沿海齐国的主要城邑以及北方燕国、赵国的部分城邑
铸行青铜刀币。刀币的形制源于一种手工业的工具——削。刀
币早期的形制是古刀，以后又出现了尖首刀、明字刀和直刀等。
春秋时期，刀币主要铸行于齐国。战国时期，刀币的流通区域
逐渐扩大，在齐国的主要城邑以及燕国、赵国的部分城邑铸造
和流通。刀币的货币单位是"化"，读作"货"，每刀一化。

　　南方楚国铸行仿贝形状的铜钱，俗称"蚁鼻钱"，近年多有出土，重量2～4克。蚁鼻钱的主要出土地是安徽寿县、河南固始县、南京附近、湖南长沙等地。这些地方有的是楚国的中心地带，有的在战国时期被楚国占领。因此，蚁鼻钱应该是战国时期的楚国货币。蚁鼻钱表面的铭文，有译为"各六朱"、"各一朱"、"各半两"等。[8] 蚁鼻钱的货币单位是否采用了铢两，尚需更多的出土实物和进一步的考证。

　　楚国以外地区均属圜钱交叉并行流通区。圜钱的源头是西周的金属铸币。《汉书·食货志》记载：

　　太公为周立九府圜法，黄金方寸，而重一斤；钱圜函方，轻重以铢；布帛广二尺二寸为幅，长四丈为匹。故货宝于金，利于刀，流于泉，布于布，束于帛。[9]

姜太公为周王朝建立九府圜法：黄金1立方寸重量1斤；钱为圜形方孔，以"铢"为重量单位；布帛幅宽2尺2寸，长4丈为1匹。于是，黄金被用来宝藏商品的价值；铜钱被用来便利商品的交换和流通；布帛被用来实现商品的分配和集聚。

　　周朝的九府圜法，确定了三币制货币体系：黄金、铜钱和布帛：黄金单位为斤；铜钱货币单位为铢；布帛货币单位为匹。古人对于"九府圜法"有不同的解释。李奇说："圜即钱也。圜一寸，而重九两。"[10]李奇的意思是说，"圜"指的是钱，九府圜法即是九府钱法。当时的钱直径1寸，重量为9两。这种说法确实有些问题，1方寸黄金的重量是1斤，圜钱直径只有1寸，是个扁平的东西，中间又挖了一个方形的孔，其重量无论如何是达不到9两的。颜师古说："此说非也。周官太府、玉府、内府、外府、泉府、天府、职府、职金、职币皆掌管财币之官，

　　8　冯耿光：《古今泉币拓本》，北京出版社，1994年版，第413页。

　　9　《汉书》卷二四下《食货志下》，第1149页。

　　10　《汉书》卷二四下《食货志下》，第1149页。

故云九府。圜谓均而通也。"[11] 颜师古反对李奇的说法，指出九府是周代掌管财币的九个官职。对于钱圜函方，孟康的解释是，"外圆而内孔方也。"[12] 此说未见不同观点。因此，西周金属铸币，应是圆形方孔的形状。《管子》一书多次谈到西周的金属货币，可以旁证九府圜法的存在。但是，考古工作迄今尚未发现西周的金属铸币。《汉书·食货志》继曰："太公退，又行之于齐。"[13] 姜太公以后，这个办法又被齐国采用。圜钱的流通，从周朝中央地区扩展到齐。周武王平商而王天下，封太公于齐营丘。"太公至国，修政，因其俗，简其礼，通商工之业，便鱼盐之利，而人民多归齐，齐为大国。"[14] 姜太公来到封国，修明政治，依照当地的风俗，简化礼仪，开通商工各业，便利鱼盐的生产，因而人民多来归附齐国，齐国成为大国。

至战国晚期，圜钱所流行的地区，覆盖了除南方楚国以外的所有地区。从近代出土古代铜钱地点来看，战国圜钱出现于布币区、刀币区，也出现于燕国、赵国等刀、布并行区。圜钱在各地区出现是我国古代境内铜钱形制逐步走向统一的具体表现。

先秦时期的圜钱大体可以分为两种形制。在刀币区和刀、布并行区，也就是战国时期的齐国主要地区和赵国、燕国部分地区，圜钱的形制为圆形方孔，货币单位是化，即采用了刀币的货币单位。与刀币不同的是，圜钱并不是每钱一化，而是有"化"、"二化"、"四化"、"六化"等，每化重量较刀币更低，在 1.0 ~ 2.5 克。根据历代钱币减重的规律，我们可以相信，圆形方孔圜钱在刀币区和刀、布并行区的流通，应是晚于刀币、

11　《汉书》卷二四下《食货志下》，第 1149 页。

12　《汉书》卷二四下《食货志下》，第 1149 页。

13　《汉书》卷二四下《食货志下》，第 1149 页。

14　《史记》卷三二《齐太公世家》，第 1480 页。

布币的。

在布币流通区，即黄河中游三晋两周地区，圜钱则是圆形圆孔，货币单位是釿，即采用了布币的货币单位。圜钱每釿的重量较低于晚期布，更低于早期布。根据历代钱币减重的规律，我们可以相信，圆形圆孔圜钱在布币区的流通，也是晚于布币的。

战国晚期，在各个不同的货币流通区域里，各国有着不同的钱币流通，并且还伴随有黄金、布、珠玉、龟贝、银锡等物作为货币混合流通。秦王政二十六年（公元前221年），秦灭六国，便废除了各诸侯国的各种货币，将秦国的黄金、布和半两钱货币推广到全国使用。

秦国地区，基本上属于布币区，铜钱的形制在早期也是圆形圆孔，到了战国晚期转变为圆形方孔，货币单位没有采用布币区的釿，也没有采用刀币区的化，而是采用了"两"。

"两"便是两个12铢。《说文解字》云："两，再也。"《广雅释诂》曰："凡数成偶成双通曰两"。帛2端为两，军2伍为两。12铢是个单位，24铢便为1两。秦国以"两"为货币单位的制度，应是秦惠文王二年（公元前336年）"初行钱"，统一秦国货币制度时确定的，当时铸行的铜钱，便是"半两钱"。

先秦诸侯国中，秦国是后起之秀。周平王元年（公元前770年）东迁，秦襄公护送有功，被封为诸侯。秦穆公时（公元前659年至公元前621年），秦国逐渐富强，东征为晋所阻，西征遂霸西戎。此时，中原地区的空首布铜钱已经广泛流通。秦国虽已崛起，但尚无本国政府统一铸行的铜钱。周威烈王二十三年（公元前403年）三家分晋，历史进入战国时期，各诸侯国展开了通过政治、经济、军事改革来富国强兵和相互兼并的激烈竞争。周安王十八年（公元前384年）秦献公即位，次年便迁都栎阳。此后，秦献公即位第七年（公元前378年），秦国开始设立集市。第十年，秦国开始登记户口，居民五户为一伍。
"献公立七年，初行为市。十年，为户籍相伍。"[15]从此，秦国启
动了改革大业。

　　秦献公之子秦孝公在位期间（公元前361年至公元前338
年），下令招贤，商鞅自魏入秦，被任为左庶长，开始变法。商
鞅变法，在政治方面主要是按军功授爵，废除世卿世禄；实行
县制，废除分封；实行什伍，以民治民。在经济方面主要是废
井田，开阡陌，允许土地自由买卖；重农抑商；统一度量衡。
秦孝公十二年（公元前350年），废除旧的井田制度，打破原来
的土地疆界，并统一斗、桶、权、衡、丈、尺等计量单位。"废
井田，开阡陌。平斗、桶、权、衡、丈、尺"。[16]自此时开始，秦
国规范了铢、两重量制度，为钱币制度的规范提供了必要的基
础。商鞅的变法，迅速地推动了秦国的发展，同时也侵害了贵
族的既得利益。公元前338年，秦孝公去世，秦惠文王即位。
次年，商鞅被车裂。然而，商鞅的变法继续影响着秦国的改革
进程。

　　商鞅死后第二年（公元前336年），秦国便开始统一铸行半
两钱。秦国始行铸钱，是件大事情，史有所载。《史记·秦始皇
本纪》中说："惠文王生十九年而立。立二年，初行钱。"[17]《史
记·六国年表》中记载："天子贺。行钱。"[18]现代学者多认为秦
惠文王二年天子贺，是为了秦国开始铸行自己的钱币。钱剑夫
先生说："就在惠文王'行钱'的这一年，周天子还曾经向秦
'贺行钱'（《史记·六国年表》）。如果不是改行环钱，周天子

15　《史记》卷六《秦始皇本纪》，第289页。
16　《资治通鉴》卷二《周显王十九年》，中华书局，1956年版，第56~57页。
17　《史记》卷六《秦始皇本纪》，第289页。
18　《史记》卷一五《六国年表》，第727页。

就没有'贺'的必要了。"[19]张南先生说:"至秦惠文王嬴驷二年（前336年），才'初行钱'（《史记·秦始皇本纪》）并得到周显王姬扁的祝贺，'天子贺行钱'（《史记·六国年表》)"。[20]王雪农、刘建民先生说:"《史记·秦始皇本纪》里有这样一段文字：'秦文王生十九年而立。立二年，初行钱。'同书的《六国年表》中，还记有周天子对秦国的此次'行钱'，特别予以的祝贺。"[21]

　　然而，从《史记·六国年表》中的文字来看，天子贺，或许并不是为了秦国的"初行钱"。此时的秦国，可贺之事颇多。秦惠文君初登大位当贺，秦公转而称王，更是值得祝贺的事情。《史记·秦始皇本纪》云:"惠文君元年，楚、韩、赵、蜀人来朝。二年，天子贺。"[22]从这段文字看，天子贺是为了惠文君初登大位。然而，无论周天子贺的是惠文君登位，或是秦公称王，还是秦国"初行钱"，秦惠文王二年"初行钱"是秦国朝廷首次铸行半两钱。115年以后，秦王政二十六年（公元前221年），秦国就用这种半两钱，取代了其他各诸侯国所铸刀、布、圜、蚁鼻等各类铜钱，形成了全国统一的铜钱形制，并废除了珠玉、龟贝、银锡的货币功能，形成了黄金、布、半两钱三币法定流通的货币体系。

第二节　秦初期三币法定流通制度

　　战国晚期秦国的货币有三种：黄金、布和铜钱。黄金是称

19　钱剑夫：《秦汉货币史稿》，湖北人民出版社，1986年版，第28页。

20　张南：《秦汉货币史论》，广西人民出版社，1991年版，第15页。

21　王雪农、刘建民：《半两钱研究与发现》，中华书局，2005年版，第1~2页。

22　《史记》卷五《秦始皇本纪》，第205页。

量货币，没有标准的形制；布具有法定的标准形制，由百姓用
麻或葛织造；铜钱也具有法定的标准形制，圆形方孔，铭文
"半两"，由朝廷用青铜铸造，世人称之为"秦半两"或"半两
钱"。黄金、布和铜钱皆为法定流通货币，秦始皇统一全国后，
被推广到全国使用，形成了全国范围的三币法定流通制度。

太史公曰：

及至秦，中一国之币为（三）［二］等，黄金以溢名，为
上币；铜钱识曰半两，重如其文，为下币。[23]

太史公的意思是说，秦灭六国，下令废除了各诸侯国的铜钱，
统一为秦国的半两钱，并废除了各种类型的货币，只留下黄金、
布和铜钱作为法定流通货币。这段文字在某些版本中记载的是：
货币种类统一为三种，上币为黄金，下币为铜钱，没有提到中
币是什么。因为文中只提到了两种货币，所以历史上每次抄誊
整理《史记·平准书》时，很容易将"中一国之币为三等"改
写为"中一国之币为二等"。台湾文渊阁四库全书影印版《史
记·平准书》中记载的是："及至秦，中一国之为三等"。[24]《史
记正义》中记载的又是："及至秦，中一国之币为二等"。[25]中华
书局出版的《史记·平准书》现行版本记载为："及至秦，中一
国之币为（三）［二］等"，综合体现了各种版本之间的差异。
除了在抄誊整理时执笔人将"三"抄成"二"之外，更有《汉
书·食货志》曰：

秦兼天下，币为二等：黄金以溢为名，上币；铜钱质如周
钱，文曰'半两'，重如其文。[26]

秦始皇统一天下，货币有两种：黄金以"溢"为单位，是上等

23　《史记》卷三〇《平准书》，第 1442 页。
24　《史记》卷三〇《平准书》，文渊阁四库全书影印版。
25　《史记》卷三〇《平准书》，文渊阁四库全书影印版。
26　《汉书》卷二四下《食货志下》，第 1152 页。

货币；铜钱的背面形状如同周朝的钱，表面的文字是"半两"，其重量与文字相符。

《汉书》与《史记》记载不同，使人们对此问题更加难以判断。关于秦代的货币制度，学者论述不多，相关观点大体可以归纳为四种：一是黄金与半两钱构成二币制货币体系；二是多币制货币体系；三是黄金、半两钱与实物货币交互使用和流通的货币体系；四是黄金、布和半两钱共同构成三币制货币体系。

彭信威先生持黄金与半两钱构成二币制货币体系的观点。他在《中国货币史》中说，"西汉的币制，是秦制的延长和发展。秦朝的货币制度，是一种金钱本位，大数用黄金，小数用半两钱。西汉初也是这样，是一种金钱本位。黄金改为以斤为单位，史书都说一斤黄金等于一万个钱。这是一个值得研究的问题。也许这种比价不是汉初的比价，而是汉武帝的比价，最早当是半两减成四铢左右时的比价。但铜钱并不是辅币，其使用是无限制的。而黄金只作为价值尺度、支付工具、储藏手段和世界货币，并不作为流通手段；流通手段专用铜钱，所以在人民的日常生活上，铜钱更加重要。"[27]萧清先生也持黄金与半两钱构成二币制货币体系的观点。他在《中国古代货币史》中讲道："秦始皇在全国范围所建立的统一的货币制度的基本点是：第一，规定黄金与铜'半两'钱为法定的货币，这是一种金、铜平行本位制度。……第二，实行'半两'钱由中央封建政府专铸的制度。"[28]

叶世昌先生持多币制货币体系的观点，认为珠玉金银布帛都具有货币性。他在《中国金融通史》中指出："西汉人讨论货

---

27   彭信威：《中国货币史》，上海人民出版社，1958 年版，第 109 页。

28   萧清：《中国古代货币史》，人民出版社，1984 年版，第 83 页。

币问题时，往往珠玉金银布帛并提，说明珠玉金银布帛都具有货币性。"[29]

　　钱剑夫先生持黄金、半两钱与实物货币交互使用和流通的观点，认为秦、汉初期的货币体系中，有着黄金、半两钱和实物货币，三者交互使用和流通，实物货币在秦、汉初期主要表现为布、帛，在东汉时表现为绢、缣，此外还有谷物也是实物货币。秦剑夫先生对存在金属货币情况下仍有实物货币交互使用和流通的原因作了阐述："在已有钱币的铸造而且早经广泛使用，并且还有金币和银币的时候，为什么实物货币还要交互使用和流通，这是一个至今还没有很好地解答而又值得仔细研究的问题。据我个人的粗浅探索，总结起来约有四个原因：（1）小农经济的具体反映；（2）储藏蓄积的安全保险；（3）厚古思想的长期支配；（4）钱法滥恶的必然现象。"[30]

　　1975 年，湖北云梦睡虎地秦墓竹简《金布律》的出土，澄清了这一疑案。《金布律》中，规定有"布"作为法定货币流通的幅宽标准、铜钱与布的法定比价，并规定官府收支、百姓交易均不得在铜钱和布两者之间进行选择。因此说，布作为货币流通，在秦王政时期是在法律强制力支持下进行的。同时，《金布律》中也提到半两钱与黄金的折算，要按照法律的规定。这说明，黄金同样是法定的货币，黄金与半两钱的折算，也有法律的规定。因此，战国晚期的秦国实行的是黄金、布和半两钱三币并行流通的货币体系，这种货币体系在秦灭六国时被推广到全国使用。因此，到了秦始皇初年，依旧实行的是三币法定流通的货币体系。

　　黄金作为货币行使职能历史悠久，文献中多有记载。太公

29　叶世昌：《中国金融通史》，中国金融出版社，2002 年版，第 54 页。
30　钱剑夫：《秦汉货币史稿》，湖北人民出版社，1986 年版，第 167 页。

为周立九府圜法，"黄金方寸，而重一斤"。[31] 到了战国时期，黄金的使用更为大增。《战国策》中记载的用金故事有 53 处。秦、汉初期，黄金被定为法定流通货币，其货币职能更加完整，具有价值尺度、流通手段、支付手段、储藏手段和世界货币的职能。彭信威先生认为："西汉盛行黄金，为汉以后千多年间的定论。其实黄金在当时仍不能说是十足的货币。在货币的各种职能中，黄金具有价值尺度、支付手段、储藏手段和世界货币几种职能，如果能够证明它是购买手段或流通手段，它就是十足的货币了。"[32]

从货币制度的角度来看，西汉时期的黄金是具备流通手段职能的。《二年律令·钱律》规定："敢择不取行钱、金者，罚金四两。"[33] 对于拒绝接受法定流通货币——铜钱和黄金者，要给予处罚，罚缴黄金四两。《二年律令》成文于高皇后二年（公元前 186 年），自然在西汉时期被执行。法律针对民间经济活动，规定在交易中不接受"金"的人，要受到法律制裁。这说明，黄金是流通手段，并且是被法律保护的、不可拒绝的流通手段。

西汉时期，黄金充当货币，发挥价值尺度、流通手段、支付手段、储藏手段和世界货币的职能。

黄金作为价值尺度，一般被用来计量贵重财物的价值。譬如，汉文帝：

欲作露台，召工匠计之，直百金。上曰："百金中民十家之产，吾奉先帝宫室，常恐羞之，何以台为。"[34]

汉文帝打算建造一个露台，招来工匠计算施工成本，预算结果

31　《汉书》卷二四下《食货志下》，第 1149 页。

32　彭信威：《中国货币史》，第 141 页。

33　朱红林：《张家山汉简〈二年律令〉集释》，第 134 页。

34　《史记》卷一〇《孝文本纪》，第 433 页。

是需要 100 斤黄金。汉文帝说："100 斤黄金是 10 个中产阶级家庭的全部产业价值。我住着先帝的宫室，已经感觉不该这样享用，怎么还能够再建造露台呢？"

用黄金来计量一项工程的价值，或者用黄金来计量一家财产的价值，是黄金作为价值尺度的表现。黄金还被用来量刑，汉代量刑处罚黄金的法律条文很多，譬如：

盗贼发，士吏、求盗部者，及令、丞、尉弗觉智，士吏、求盗皆以卒戍边二岁，令、丞、尉罚金各四两。[35]

诸有责而敢强质者，罚金四两。[36]

上述第一个法律条文说，出了盗贼，当地的士吏、求盗[37]，以及上级官员令、丞、尉没有察觉，士吏、求盗要戍卒边境两年，令、丞、尉等上级官员罚金各四两。第二个法律条文说，追偿债时，强行以人为质的，罚金四两。

根据这些法律条文，罚金是以黄金计量的。但是缴纳罚金时，有关罚金可能会折合成一定数量的铜钱来交付。

黄金作为流通手段，用于市场交易，不大方便。黄金存在成色的问题，且属贵金属，称量交易难以切割，需用铜钱找零。物价腾涨时黄金可能被更多地使用。譬如，楚汉战争时，商品的价格暴涨，每石米的价格涨到 10000 枚铜钱，一匹马的价格涨到 100 斤黄金。"物踊腾跃，米至石万钱，马一匹则百金。"[38] 一匹马要卖到 100 斤黄金，这种说法可能是有些夸张的成分。

35　张家山二四七号汉墓竹简整理小组：《张家山汉墓竹简·捕律》，文物出版社，2006 年版，第 28 页。

36　张家山二四七号汉墓竹简整理小组：《张家山汉墓竹简·襍律》，文物出版社，2006 年版，第 33 页。

37　《汉书》卷一《高帝纪第一上》，第 6 页。注引应劭曰："旧时亭有两卒；一为亭父，掌开闭扫除；一为求盗，掌逐捕盗贼。"

38　《史记》卷三〇《平准书》，第 1417 页。

但是，物价正常时节，马的价格也要数千枚或者上万枚铜钱。当时大约万钱一金，如果是 100 斤黄金，就折合百万枚铜钱，用铜钱交付是相当困难了。所以，当商品价格昂贵时，黄金被用来交易使用。

　　黄金作为支付手段，用于赏赐、财政收支、大宗交易等大额支付用途。朝廷赏赐的名目繁多，有军功、定策、庆典、作陵、治水、迁官、褒奖、治绩、休告、推恩、罢免、私惠等，不可胜数。从文献记载中看，汉代黄金用途还有：聘娶、和戎、悬赏、反间、贿赂、馈遗，多种多样。例如，战国时期秦国法律多处规定对协助官府捕告罪犯者给予赏赐。睡虎地秦墓竹简《法律问答》载：

　　甲告乙贼伤人，问乙贼杀人，非伤殴（也），甲当购，购几可（何）？当购二两。[39]

　　捕亡完城旦，购几可（何）？当购二两。"[40]

　　夫、妻、子五人共盗，皆当刑城旦，今中（甲）尽捕告之，问甲当购几可（何）？人购二两。[41]

　　夫、妻、子十人共盗，当刑城旦，亡，今甲捕得其八人，问甲当购几可（何）？当购人二两。[42]

甲告发乙杀伤人，经讯问乙是杀死了人，并非杀伤，甲应受奖，奖赏多少？应奖赏黄金 2 两。捕获逃亡的完城旦，奖赏多少？应奖赏黄金 2 两。夫、妻、子 5 人共同行盗，均应刑为城旦，现甲把他们全部捕获告官，问甲应奖赏多少？每捕获 1 人奖赏黄金 2 两。夫妻子 10 人共同行盗，应刑为城旦，已逃亡，现甲捕获其中 8 人，问甲应奖赏多少？每捕获 1 人应奖赏黄金 2 两。

39　睡虎地秦墓竹简整理小组：《睡虎地秦墓竹简·法律问答》，第 208 页。
40　睡虎地秦墓竹简整理小组：《睡虎地秦墓竹简·法律问答》，第 209 页。
41　睡虎地秦墓竹简整理小组：《睡虎地秦墓竹简·法律问答》，第 209 页。
42　睡虎地秦墓竹简整理小组：《睡虎地秦墓竹简·法律问答》，第 209 页。

这些都是百姓协助官府捕告罪犯的赏条，几个案例中奖赏的金额，都是以黄金计量。刘邦建汉时，韩信被封为楚王，为答谢曾经送饭给他吃的漂母，赠漂母千金。"信至国，召所从食漂母，赐千金"。[43]汉景帝三年（公元前154年），吴王濞在广陵起兵造反，给各路诸侯发布文告说：

能斩捕大将者，赐金五千斤，封万户；列将，三千斤，封五千户；裨将，二千斤，封二千户；二千石，千斤，封千户；千石，五百斤，封五百户，皆为列侯。[44]

能够斩杀或捕捉到大将的人，赏赐黄金5000斤，封为万户侯；能够斩杀或捕捉到列将的人，赏赐黄金3000斤，封为五千户侯；能够斩杀或捕捉到裨将的人，赏赐黄金2000斤，封为二千户侯；能够斩杀或捕捉到二千石官员的人，赏赐黄金1000斤，封为千户侯；能够斩杀或捕捉到千石官员的人，赏赐黄金500斤，封为五百户侯；这些被赏赐的人都为列侯。

秦、汉初期，黄金使用最多的情况还是赏赐。《汉书·东方朔传》载，馆陶公主与董偃有私情，董偃知道这件事情是很危险的。爰叔建议董偃劝说馆陶公主献长门园给汉武帝。于是，董偃将这个计策禀告给馆陶公主，馆陶公主立刻上书把长门园献给汉武帝。汉武帝大喜，将长门园改名为长门宫。馆陶公主见计策成功，十分高兴，命令董偃送100斤黄金给爰叔祝寿。"主大喜，使偃以黄金百斤为爰叔寿"。[45]汉宣帝地节三年（公元前67年），立皇太子，"赐广陵王黄金千斤，诸侯王十五人黄金各百斤，列侯在国者八十七人黄金各二十斤"。[46]汉元帝时（公元前48年至公元前33年），陈汤、甘延寿斩郅支单于

43 《史记》卷九二《淮阴侯列传》，第2626页。

44 《史记》卷一〇六《吴王濞列传》，第2828页。

45 《汉书》卷六五《东方朔传》，第2853页。

46 《汉书》卷八《宣帝纪》，第249页。

首，朝廷议赏，"加赐黄金百斤。"[47]汉成帝建始五年（公元前28 年），河决馆陶及东郡金堤，河堤使者王延世使塞。朝廷赐王延世"黄金百斤。"[48]汉哀帝时（公元前 6 年至公元前 1 年），王莽辞去大司马职务，众人希望傅喜能够接任。此时，傅太后开始参与政事，傅喜几次劝阻，所以傅太后不愿意傅喜辅政。于是，朝廷用师丹代王莽为大司马。同时，为了安抚傅喜，"赐喜黄金百金"。[49]

　　黄金作为储藏手段，用于窖藏，可能是以金饼的形式存在的。萧清先生认为，汉代黄金每斤值铜钱一万，且具有一定的形制，这种形制可能在汉武帝时从金饼改革为麟趾。"汉代因袭秦制，仍以黄金为上币；铜钱为下币，所以，黄金仍是汉代的法定货币，仅是单位由镒改为斤。……至于黄金与铜钱这两种法定货币间的比价，根据史书及古代学者的注释，均言黄金一斤值钱一万。……黄金作为货币，不仅有法定的重量单位，而且还被铸成一定的形制。……在汉武帝太始二年（公元前 95年）时，对通行的黄金形制进行过一次改革。……所谓'麟趾'则可能仅是对当时通行的一种圆形金饼所更改的新名。"[50]然而，迄今为止我们没有发现过标准形制的秦汉黄金铸币出土。目前已出土的古代人工制形黄金有马蹄金、麟趾金、金饼等，人们普遍认为这些都是西汉的黄金。《汉书·武帝纪》载，太始二年三月武帝

　　诏曰："有司议曰，往者朕郊见上帝，西登陇首，获白麟以馈宗庙；渥洼水出天马，泰山见黄金，宜改故名。今更黄金为

47　《汉书》卷七〇《陈汤传》，第 3020 页。

48　《汉书》卷二九《沟洫志》，第 1688～1689 页。

49　《汉书》卷八二《傅喜传》，第 3380 页。

50　萧清：《中国古代货币史》，第 133～136 页。

麟趾裹蹄，以协瑞焉"。因以班赐诸侯王。[51]

汉武帝下诏说："朝廷有关部门提议说，因为不久前朕祭天时见到天帝，西方登上陇首山，猎获白麟以祭祀宗庙，渥洼水出现天马，泰山显出黄金，所以宜改变旧名称。今改黄金为麟足马蹄形以便适应祥瑞。"于是，用此黄金赏赐诸侯王。

1966 年咸阳市窑店公社社员平整土地时发现马蹄金一枚，重 365 克。1978 年，咸阳市吃店公社社员耕地时发现麟趾和马蹄金各两枚，麟趾金分别重 284.095 克、244.340 克；马蹄金分别重 256.470 克、266.510 克。1983 年，在大连市新金县出土两枚马蹄金，均重 519.9 克。[52]这些马蹄金和麟趾金，是否就是汉初期铸造，很值得怀疑。

王献唐先生认为，后世出土马蹄金诸多，并非多是汉武帝铸造裹蹄。"马蹄金银，初行中原，大抵在六朝，或梁齐以下，由少而多，故入唐后，始见著录……唐宋出土之马蹄金，绝非裹蹄……裹蹄为应瑞宝货，如此简陋，非特武帝不肯，亦将为朝野所笑矣"[53]。

从重量的角度来分析，上述 7 枚麟趾、马蹄金都是六朝以后的铸品，并非秦、汉初期的单位货币金。即便是秦、汉初期的单位货币金，也绝非依单位按块儿流通，而是称量流通，因为各金重量不一。黄金昂贵，必以精确数值交易，不可能按大约数值使用。

黄金作为世界货币，用于国际贸易支付。西汉以后，我国对外经济交往日益发达，以物易物可能是最为普遍的国际贸易方式。但是，比较铜钱，黄金应该是更易于携带和运输的世界货币。

51　《汉书》卷六《武帝纪》，第 206 页。
52　钱剑夫：《秦汉货币史稿》，第 110 页。
53　王献唐：《中国古代货币通考》，青岛出版社，2005 年版，第 421 页。

谈到秦、汉初期布和帛的货币职能，很容易与先秦时期的青铜布币相混淆。秦、汉初期具有货币性质的布和帛，是标准形制单位的麻织品和丝织品。

商代甲骨文中就已经有了"丝"、"麻"、"桑"、"蚕"等字，说明当时人们用来做衣服的原料已经采用布、帛。《说文·巾部》曰：

布：枲织也。《段注》："古者无今之木棉布，但有麻布及葛布而已"。[54]

布是用枲作为材料织造而成的。枲是大麻的雄株。段玉裁解释说，古代并无当今的棉布，只有麻布和葛布。春秋战国时期，麻布和葛布是庶民的主要衣料，所以庶民又可称为"布衣"。当时的平民穿布制的衣服，贵族穿帛制的衣服。但是，战国时期的秦国，被确定为法定货币的是布，而不是帛。这说明战国中、晚期平民还是以布作为主要衣料。然而，秦统一全国之后，布的使用价值发生了较大的变化，布的品种也出现了多样化。因此，布不能继续保持其标准价值的特性，并逐步地退出了流通。汉初期，帛取代了布的大额支付功能和财富贮藏功能。《说文·巾部》曰：

帛：缯也。〔注释〕"帛、素皆织匹之无纹彩者"；"未涷（煮丝使成熟）曰帛，已涷曰素"；"后引申为丝制品的总称"[55]。帛便是缯。注释说，帛和素都是没有染过纹彩的丝织品，帛是用未煮过的生丝织成的，素是用煮过的熟丝织成的。帛后来被引用为丝制品的总称。

在战国晚期的秦国，作为法定货币流通的布行使货币职能，并不排斥当时帛的某些货币财富功能。战国时期常用"车马金

54　汤可敬：《说文解字今译》，岳麓书社，1997 年版，第 1057 页。

55　汤可敬：《说文解字今译》，岳麓书社，1997 年版，第 1060 页。

帛"代表财富。例如，《战国策》中有载，苏秦说服了燕文侯，燕国决定联合赵国一起抵抗秦国。于是，燕文侯派苏秦带着车马金帛作为行贿品前去赵国，以求促成联合事宜。"于是赍苏秦车马金帛以至赵。"[56]然而，尽管帛在战国晚期具备某些货币财富功能，我们仍不能把它与法定流通的货币相提并论。即使在战国晚期，货币种类繁杂，包含各类铜钱、黄金、珠玉、龟贝、银锡等，但并不包含帛，帛至战国晚期仍不是法定流通的货币。

秦代三币法定流通制度中，黄金以"溢"为单位，属于贵金属货币，用于大宗贸易、朝廷收支、赏赐等。由于黄金贵重，未能形成以"溢"为单位的标准规制的铸币，而是作为称量货币流通，每次交易时都要用秤来称。因此，黄金依靠自身的价值流通，属于法定称量货币。作为法定货币流通的"布"，由百姓根据法定规格织造、具有日常生活必需物品使用价值的货币，其单位价值介于黄金与半两钱之间，用于较大金额的流通手段和财富宝藏。半两钱是朝廷垄断铸造的、具有部分信用货币性质的金属货币，依靠朝廷信用和法律强制力量进入流通，在日常商品交换活动中使用最为频繁，是法定的价值尺度。在这三币并行法定流通的货币体系中，半两钱处于最主要的价值尺度和流通手段的核心地位。

秦灭汉兴，三币制的货币体系就转为二币制的货币体系。

第三节　三币制度转向二币制度

秦汉之际的货币体系，处于从三币制向二币制转化的过程。秦始皇初期存在着黄金、布和半两钱的三币制货币体系，其中

56　《战国策笺证》卷二九《燕一·苏秦将为从北说燕文侯》，上海古籍出版社，2006年版，第1644页。

布也是法定货币。当时的布是麻织品或葛织品，平民用布织做衣服，穿在身上远不如丝织衣料舒服。秦统一中国，结束了长期的战国纷争，形成全国统一的商品交换市场，劳动生产率得以提高，百姓的衣着条件得到改善，"布"的使用就逐步地被"帛"所替代。但是，汉初期的"帛"已经不是法定流通货币，其原因可能是"帛"的种类出现了多元化的发展，质量价值标准难以掌握，所以不能再以标准形制规格进入流通。因此，汉初期形成了黄金和半两钱二币制的货币体系，"布"与"帛"就退居到了商品实物的范畴。"布"与"帛"作为商品实物，虽然仍可作为财富宝藏和朝廷赏赐之用，也是租税缴纳的重要内容，甚至常常被人们用来进行以物易物的交易，但仍应属于商品的范畴，而不是货币。我们不能因某些实物具有财富性质或者易物功能，就将其视同为货币。"帛"取代"布"的地位发生在秦汉之际，这种替代经历了一段较长的时间，这段时间主要在秦汉之际。所以说，秦汉之际的货币体系，处于从三币制向二币制转化的过程。

汉初期的法律，已经不见有布作为货币的规定。湖北江陵张家山汉墓竹简《二年律令·钱律》中亦未见有布作为货币的规定。汉初期，虽然布的法定货币流通条文不见，但其价值尺度地位却仍然存在，也还有一定的使用单位标准。只不过其内容发生了变化，从秦代麻织的布，改成了汉代丝织的帛。单位也从"布"改成了"匹"。《汉书·食货志》云："布帛广二尺二寸为幅，长四丈为匹。"[57]一匹布帛的标准形制为宽2尺2寸，长4丈。汉武帝时，馆陶公主近幸董偃，让他去花钱交结朋友，命令府中管钱财的人说，董偃从府中支出的财物，一天之内黄金满一百斤，或钱满一百万，或帛满一千匹，才向我禀告。"董

---

57 《汉书》卷二四下《食货志下》，第1149页。

君所发，一日金满百斤，钱满百万，帛满千匹，乃白之。"[58]从这里可以看到，汉武帝时的黄金、铜钱、帛并列为价值尺度概念，金百斤，钱百万，帛千匹，价值相似。然而，在这里作为价值代表的帛，已经不是秦代麻织的布，而是丝织品了。帛的价值，也已经与布大不相同，大约是千钱一匹。此时流通中的铜钱已经是五铢钱，千钱应是 5000 铢 × 0.651 = 3255 克，[59]即 3.255 公斤青铜；汉武帝时 1 尺约为现代 23.1 厘米，1 匹帛的面积是：23.1 厘米 × 40 尺 × 23.1 厘米 × 2.2 尺 = 4.696 平方米，由此可以得出：3.255 公斤青铜 ÷ 4.696 = 0.693 公斤青铜，即 1 平方米帛的价值大约相当于 0.693 公斤青铜。而秦代"十一钱一布"。秦代 1 布的面积是现代的 1.06722 平方米。秦代 1 枚铜钱的重量约为现代 5 克，11 钱是 0.055 公斤青铜；0.055 公斤青铜 ÷ 1.06722 = 0.052 公斤青铜，即 1 平方米秦布的价值大约相当于 0.052 公斤青铜。结论是：以青铜来衡量，每平方米的汉帛的价值为 0.696 公斤青铜，比每平方米的秦布的价值 0.052 公斤青铜贵了十多倍。汉代手工业的劳动生产率高于秦代，布的价格应该有大幅度的下降，而作为货币价值代表的汉帛仍然比秦布贵十多倍，这说明作为货币价值尺度的汉帛已经不是秦布，其内容已经从麻织品改变成了丝织品。三国、魏晋南北朝时期，帛的货币职能有所增强。唐以绢计价，宋以绢帛为赏赐，至于元明清时代，布帛的货币职能基本消失，只是在民间还保留了一些用布类织品为商品交易计价的遗风。

　　汉帛已经不是秦布，其货币财富功能还在，但与秦代的布已经大不相同，不再行使法定货币流通的职能。秦布作为法定货币流通，主要地用于官府收支，百姓交易等。秦布价值只有

58　《汉书》卷六五《东方朔传》，第 2853 页。

59　西汉 1 铢为现代 0.651 克。

11 钱。1 米见方的布,价值 11 钱,而体积又大于 11 钱,显然不能作为贵重货币行使大额支付的职能。帛的价值比布高 10 倍以上,或说千钱一匹,可以部分地替代黄金行使贵重货币的职能,用于大宗贸易收支、财政收支、朝廷赏赐等。汉帛还用于聘赠和赘见的礼品、养老、恤贫、赈灾等,代表着比较稳定的价值和财富,具有储藏和支付的功能。

秦代的布,是法定货币。汉初期的帛,不是法定货币,但在人们的概念中仍然具有货币财富的功能,这种概念延续甚为久远。譬如,西汉末期元帝时,贡禹还在主张"租税禄赐皆以布帛及谷",[60]朝臣们认为"布帛不可尺寸贸易",[61]予以否定。

元帝时尝罢盐铁官,三年而复之。贡禹言:'铸钱采铜,一岁十万人不耕,民坐盗铸陷刑者多。富人藏钱满室,犹无厌足。民心动摇,弃本逐末,耕者不能半,奸邪不可禁,原起于钱。疾其末者绝其本,宜罢采珠玉金银铸钱之官,毋复以为币,除其贩卖租铢之律,租税禄赐皆以布帛及谷,使百姓一意农桑。'议者以为交易待钱,布帛不可尺寸分裂。禹议亦寝。[62]

汉元帝时期,朝廷曾废黜盐铁官营,3 年之后又恢复了。当时贡禹建议说:"采铜铸造钱币,1 年需要 10 万人,也就是使 10 万人不能去耕种,而人民因盗铸钱币违法判刑的人又很多。富人藏钱满室,尚不能满足欲望。民心动摇,人民都打算放弃农业而去经营商业。这样,实际耕种的人就不能达到人口的半数。奸邪投机的事情就禁止不了,这一切的原因源于货币。快速发展商业严重地影响了农业,要废除采珠玉金银铸钱的官员编制,不再制造货币,应废除商业和货币课税的法律。国家的租税、官员的俸禄、朝廷的赏赐都用布帛和粮食付给,这样才能使百

---

60 《汉书》卷二四下《食货志下》,第 1176 页。

61 《汉书》卷二四下《食货志下》,第 1176 页。

62 《汉书》卷二四下《食货志下》,第 1176 页。

姓一心一意务农。参加讨论的官员认为，交易买卖一定要使用钱币作媒介，布帛不可以分裂成一尺一寸地使用。贡禹的建议于是被否定了。

这段故事说明在贡禹的意识里，谷帛仍然是比铜钱更好的货币。参加讨论的官员们反对贡禹的建议，认为布帛不可尺寸分裂，于是贡禹的建议就泡汤了。需要注意的是，布帛不可尺寸分裂，并不是说布帛是标准的尺寸，不可分裂交易，而是说布帛与铜钱不同，不能小块流通。布帛撕成小块，就浪费了它的使用价值。如果我们相信当时是"万钱一金（斤），千钱一帛（匹）"，并且"布帛广二尺二寸为幅，长四丈为匹"[63]，1 匹布帛就是 88 平方尺。把 1 匹布撕分成 1000 份，每份就是 8.8 平方寸，作为 1 个铜钱来流通，那布还怎么再使用？肯定会有大量的布帛被浪费了。

黄金用于大宗贸易，布帛也不宜在小额交易中使用。所以，在秦、汉初期的货币体系中，半两钱不仅在价值尺度上处于核心地位，而且在日常商品交易中作为流通手段的职能上，也处于核心地位。秦、汉初期的货币体系，从三币制转向二币制之后，铜钱的核心货币地位就显得更加突出。

第四节　铜钱在货币体系中的地位

秦、汉初期，流通中的铜钱是半两钱。半两钱是我国古代首次实现全国统一流通的钱币形态，也是我国战国时期的秦国以及秦灭六国之后的秦、汉初期社会经济生活、商品交换活动中最核心的价值尺度和流通手段。半两钱始铸于战国时期的秦国，统一于秦灭六国之时，昌盛于汉文帝、汉景帝时期，终结

63　《汉书》卷二四下《食货志下》，第 1149 页。

在汉武帝虚币敛财的政策之下。

半两钱在秦代黄金、布、半两钱三币制货币体系中，以及在汉初期黄金、半两钱二币制货币体系中，均处于价值尺度和流通手段的核心地位。

货币是起着一般等价物作用的商品，在商品交换经济中，发挥着价值尺度、流通手段、储藏手段、支付手段和世界货币五种职能。货币在表现商品的价值并衡量商品价值大小时发挥着价值尺度的职能。根据商品价值与货币价值所形成的价格是商品价值的指标，受市场供求关系的影响而波动。但是，我们仍然可以通过价格制定方法来探讨货币体系中各种货币的地位和职能。

秦朝实行的三币制中，黄金贵重，不易用来对一般的商品交易等进行标价；布在使用中，也需要以"十一钱一布"进行折算。因此，半两钱被最多地用来对商品、劳务、债等对象进行标价。譬如，我们在睡虎地秦墓竹简中看到很多这样的标价：

1. 饭食可以用半两钱标价。

系城旦舂，公食当责者，石卅钱。[64]

拘系服城旦舂劳役，官府给予饭食应收代价的，每石收30钱。

这属于法律明确规定粮食价格，对于服城旦舂劳役者，官府给予饭食应收代价的，每石粮食要收30枚半两钱。

2. 损坏物器责罚可以用半两钱来计算。

城旦舂毁折瓦器、铁器、木器，为大车折（槤），辄治（笞）之。直（值）一钱，治（笞）十；直（值）廿钱以上，孰（熟）治（笞）之。[65]

服城旦舂劳役者，毁坏了陶器、铁器、木器，制造大车时折断

64　睡虎地秦墓竹简整理小组：《睡虎地秦墓竹简·司空》，第88页。

65　睡虎地秦墓竹简整理小组：《睡虎地秦墓竹简·司空》，第90页。

了轮圈，应立即笞打。所损坏器物每值 1 枚半两钱，笞打 10 下，值 20 枚半两钱以上，加以重打。

3. 劳役抵债用半两钱计算。

有罪以赀赎及有责（债）于公，以其令日问之。其弗能入及赏（偿），以令日居之，日居八钱；公食者，日居六钱。[66] 有罪应赀赎以及欠官府债务的，应依判决规定的日期加以讯问，如无力缴纳赔偿，即自规定日期起使之以劳役抵偿债务，每劳作 1 天抵偿 8 枚半两钱；由官府给予饭食的，每天抵偿 6 枚半两钱。

4. 衣服用半两钱计价。

禀衣者，隶臣、府隶之毋妻者及城旦，冬人百一十钱，夏五十五钱，其小者冬七十七钱，夏卌四钱；春冬人五十五钱，夏卌四钱，其小者冬卌四钱，夏卅三钱；隶臣妾之老及小不能自衣者，如春衣。亡，不仁其主及官者，衣如隶臣妾。[67] 领取衣服的，隶臣、府隶中没有妻子的以及城旦，冬季每人按 110 枚半两钱的标准给衣，夏季 55 枚半两钱；其中属于小的，冬季 77 枚半两钱，夏季 44 枚半两钱。春，冬季每人缴 55 枚半两钱，夏季 44 枚半两钱；其中小的，冬季 44 枚半两钱，夏季 33 枚半两钱。隶臣妾属于老、小，不能自备衣服的，按春的标准给衣。逃亡或冒犯主人、官长者，按隶臣妾的标准给衣。

发给城旦春或隶臣妾衣服是有成本标准的，其成本标准是以半两钱计算的。这里讲到成年人和"小的"人。据《居延汉简》，汉代时 6 岁以下者为未使男、未使女，7 岁至 14 岁者为使男、使女，15 岁以上者为大男、大女。[68]

66　睡虎地秦墓竹简整理小组：《睡虎地秦墓竹简·司空》，第 84 页。

67　睡虎地秦墓竹简整理小组：《睡虎地秦墓竹简·金布律》，第 67 页。

68　《杨联陞文集》，中国社会科学出版社，1992 年版，第 6 页。

5. 估价用半两钱计算。

大褐一，用枲十八斤，直（值）六十钱；中褐一，用枲十四斤，直（值）（廿廿）六钱，小褐一，用枲十一斤，直（值）卅六钱。[69]

大褐衣 1 件，用粗麻 18 斤，值 60 枚半两钱；中褐衣 1 件，用粗麻 14 斤，值 46 枚半两钱；小褐衣 1 件，用粗麻 11 斤，值 36 枚半两钱。

秦律规定商品都要以半两钱标价，不足 1 枚半两钱价格的商品可以不标价。

有买及买（卖）殹（也），各婴其贾（价）；小物不能各一钱者，勿婴。[70]

有所买卖，应分别系籖标明价格；小件物品每件价值不到 1 枚半两钱的，不必系籖标价。

商品价值不到 1 枚半两钱的不用标价，就意味着超过 1 枚半两钱的商品必须明码标价。法律要求商品以半两钱标价，也就是说法律赋予半两钱作为价值尺度的职能，半两钱在货币体系中，自然就占据了核心的地位。

半两钱作为主要的价值尺度和流通手段，在秦朝三币制货币体系中，占据着核心的地位，在汉初期二币制货币体系中，也占据着核心的地位。《九章算术》成书于东汉前期，部分内容是在西汉的不同时期完成的。《九章算术》中讨论的物价题目基本上是使用铜钱来计算的，说明汉初期半两钱在货币体系中也是最为主要的价值尺度和流通手段。

69　　睡虎地秦墓竹简整理小组：《睡虎地秦墓竹简·金布律》，第 66 页。

70　　睡虎地秦墓竹简整理小组：《睡虎地秦墓竹简·金布律》，第 57 页。

第五节　秦朝廷垄断铜钱铸造权

秦朝统一全国货币，同时对铜钱的铸造实行垄断。秦朝垄断铜钱的铸造权表现在三个方面：一是禁止百姓铸造铜钱；二是设置铸造铜钱的专门官署；三是制定铸造铜钱的统一形重。

1. 禁止百姓铸造铜钱

秦朝统一全国货币之前，战国时期的秦国就已经实施了禁止百姓铸造铜钱的法令。睡虎地秦墓竹简《封诊式》载：

某里士五（伍）甲、乙缚诣男子丙、丁及新钱百一十钱，容（融）二合，告曰：丙盗铸此钱，丁佐铸。甲、乙捕索其室而得此钱、容，来诣之。[71]

某里士伍甲、乙捆绑男子丙、丁及新钱110个，钱范两套，告发说："丙私铸这些钱，丁帮助他铸造。甲、乙将他们捕获并搜查其家，得到这些钱和钱范，一并送官。"

从这件案例中可以看出，《秦律》中有禁止百姓铸造铜钱的法令。出现违法行为，邻居有告发、捕拿并送官的责任和义务。

秦朝统一全国货币之后，继续实行禁止百姓铸造铜钱的法令。汉兴，刘邦以秦钱重、不方便使用为借口，命令开放百姓铸钱。《史记·平准书》言："汉兴……于是为秦钱重难用，更令民铸钱。"[72]刘邦命令开放百姓铸钱，说明在此之前，秦朝存在着禁止百姓铸造铜钱的法令，朝廷垄断铜钱的铸造权，百姓是不可以铸钱的。只有在秦朝法律禁止百姓铸造铜钱的情况下，汉王刘邦才有可能废除这种法律，命令开放百姓铸钱。

71　睡虎地秦墓竹简整理小组：《睡虎地秦墓竹简·封诊式》，第252~253页。

72　《史记》卷三〇《平准书》，第1417页。

2. 设置铸造铜钱的专门官署

秦朝主管铸造铜钱的官员是治粟内史。《汉书·百官公卿表》曰，"治粟内史，秦官，掌谷、货，有两丞。"[73]就是说，治粟内史，是秦时的官职，有两丞，一个管粮食，一个管货币。秦朝设置了专门管理货币的官署。

3. 制定铸造铜钱的统一形重

秦朝制定了铸造铜钱的统一形重。法律规定铜钱表面铸铭文字"半两"，并规定其实际重量要与文字标明的重量相符。《史记》曰："铜钱识曰半两，重如其文"；[74]《汉书》曰："质如周钱，文曰半两，重如其文"。[75]汉书所说的意思是，铜钱的形状如同周朝的铜钱，铸铭的文字是"半两"，其实际重量与文字标明的重量相符。

制定了铸造铜钱的统一形重之后，秦王朝面临的下一个问题就是如何执行，如何使半两钱切实达到法律规定的重量要求。要做到这一点，首先要将重量标准推广到全国使用。于是，秦朝采取了以下几个措施来推行重量标准：第一，厘清权衡重量。秦始皇统一天下之后，便颁发了统一度量衡的命令。第二，对度量衡实行严格的定期检验制度。第三，朝廷制造和颁发了大量的权衡器，将秦始皇的命令铸铭在权衡器上发至各地，以利地方贯彻执行。从秦权和秦量的出土地点来看，分布范围极广，由此证明秦始皇在统一度量衡之后的十几年中，已经将统一的法令推广到全国各地。

战国时期，列国官民均可铸币，铸造权不统于天子，也不统于诸侯。秦朝统一了货币制度，也统一了铜钱的铸造权。但是，秦朝对流通中的铜钱是否有效地实施了由中央朝廷统一铸

73 《汉书》卷一九《百官公卿表》，第731页。

74 《史记》卷三〇《平准书》，第1442页。

75 《汉书》卷二四下《食货志下》，第1152页。

造的方式，还是由中央朝廷制定统一形重标准，各地官府分散铸造，仍然是个值得推敲的问题。

萧清先生认为秦朝对铜钱实行了统一由中央朝廷铸造的制度。他说："实行'半两'钱由中央封建政府专铸的制度。这种铸币权的集中，直接有利于币制的稳定性，它一方面结束了过去各大、小诸侯国君，以至有封邑的卿大夫均有权铸钱的铸币权分散局面；另一方面，由于圆形方孔的半两钱成为全国唯一通行的铸币形式，因此就结束了六国期间钱币形制各异、单位重量轻重不一的混乱局面，这些均有利于全国经济、商业的发展，便利了市场交换与人民生活。"[76]

王献唐先生认为，秦朝对铜钱不仅实行了统一的铸造，而且采用了毁旧铸新的方式。这一行动，虽然在史书上并无明文记载，但是势在必行，其原因有四：第一，"始皇既欲统一币制，以半两替代一切旧币，必同时禁用旧币。不禁使其并行，非特不能划一，且更增加新币，益形紊乱。禁而旧币分存各地，废置无用，使人民无量资财，悉投虚牝，情形又所不许。人民迫于生计，且必窃窃用之，仍无能统一也。断本清源，唯有收取各地旧币，一一销毁，使无从行用。并于销毁后，统易新币，使不能不用。"[77]第二，"始皇以铸钱之权，收归中朝。中朝新铸数量，必使逐步供应全国使用。其数即多，需铜亦必多，以新铸之钱，代全国旧钱。旧钱用铜之共量，不啻新钱用铜之共量。中朝安能存储如此巨量之铜，供其鼓铸？势必取材于旧钱。"[78]第三，"始皇本纪载二十六年，收天下兵，聚之咸阳，销为锺（镡），又铸金人十二。……然自东周以来，列国通行铜币，累数百年。天下积存极夥，为铜亦极夥。如但禁行，人民正可利

<hr>

76　萧清：《中国古代货币史》，人民出版社，1984年版，第83页。

77　王献唐：《中国古代货币通考》，第194~195页。

78　王献唐：《中国古代货币通考》，第195页。

用旧铜，改以铸兵，转而图秦。"[79]第四，"始皇收取各地旧币，销毁改铸，固极困难。然后时汉武帝行之，且著实效。安在彼不能行？此大刀阔斧之气魄，武帝有之，始皇亦有之。"[80]所以，王献唐先生认为，秦始皇当时是将铜钱统一由中央朝廷铸造。并且，由于需要大量铜材，秦始皇采用了销毁六国铜钱更铸半两钱的方式。

千家驹、郭彦岗先生认为，秦灭六国之后，最初几年未能推行秦国半两钱，从全国范围看，还是维持货币旧状。他们说："秦兼并天下后，实行法治，采取了一系列政治、经济措施来巩固中央集权。秦统一全国战争后期，无暇顾及整顿货币。战争胜利后，原六国地区分属四个货币体系，商品流通的范围和速度受到一定限制，不利于统一的政治局面，而秦政府短期内大量铸行货币缺乏力量，各国原有旧币，一时也难以禁断，所以最初几年维持货币旧状。"[81]他们认为，秦朝在全国范围内统一半两钱的流通，是在秦二世时期才实现的。"秦始皇三十七年（公元前210年）颁布了货币改革令，也是中国较早的货币立法之一，其基本精神是'以秦法同天下法，以秦币同天下币'。……秦始皇统一币制，前期仅在于统一货币种类和货币单位。后期，秦二世继续推行货币统一政策，'复行钱'，目的在于统一货币铸造和发行权。"[82]"复行钱"的记载，见于《史记·六国年表》：

三十七（年），十月，帝之会稽、琅邪、还至沙丘崩。子胡

---

79   王献唐：《中国古代货币通考》，第195页。
80   王献唐：《中国古代货币通考》，第195页。
81   千家驹、郭彦岗：《中国货币史纲要》，上海人民出版社，1985年版，第25页。
82   千家驹、郭彦岗：《中国货币史纲要》，上海人民出版社，1985年版，第25页。

亥立，为二世皇帝。杀蒙恬。道九原入。复行钱。[83]

秦始皇帝三十七年（公元前 210 年）十月，秦始皇巡视会稽、琅琊，还至沙丘便去世了。他的儿子胡亥即皇帝位，是为秦二世皇帝。胡亥杀了大将蒙恬，护送秦始皇的尸体取道九原回到咸阳京城，重新铸行钱币。

张南先生认为，秦朝并没有能够真正将铸币权集中到中央。秦朝实现了货币制度的统一，规定了全国货币的种类和名称，统一了全国货币的单位与形制，禁止了民间私铸。但是，秦朝并没有能够真正地将铸币权集中到中央。禁止民间私铸，并不等于由中央政府铸造钱币。"秦朝显然没有把铸币权集中到中央，理由有二：其一，从文献记载看，司马迁在《史记·平准书》中说，秦半两'各随时而轻重无常'，即流通中的秦半两钱轻重不一，并没有达到'半两'的法重。这应是缺乏一个专门机构统一铸造，而由各地官府分别铸造出来的结果……其二……秦代钱大小、轻重悬殊很大，秦国、秦代钱难以分辨，正说明秦王朝颁布统一货币制度之时其后，并没有由中央政府垄断铸行半两钱。"[84] 此外，张南先生进一步说明，"迄今为止，发现了许多秦代半两钱范，却并非只出于秦政治中心一地。其中，一件出土于陕西省西安市未央区秦阿房宫旧址……但有一件出土于安徽省归池县江村，'疑为秦代中期之地方铸钱'所用；另一件出土于四川省高县文江乡水江村，被认为'是秦汉开发西南地区的遗物'……这两件钱范是秦王朝地方政府铸钱的物证。"[85]

朝廷垄断铜钱的铸造权，并不等于由中央朝廷自行铸造，即便在现代社会，中央银行统一发行货币，而货币的印制、库

83　《史记》卷一五《六国年表》，第 758 页。

84　张南：《秦汉货币史论》，第 23 页。

85　张南：《秦汉货币史论》，第 23～24 页。

存及发行，也分散在几个城市中心实施。在现代这种情况下，我们仍然能够确定货币是由中央政府统一制造和发行的。因此，秦朝规定铜钱铸造统一形重、禁止百姓铸造铜钱、设置铸造铜钱的专门官署，然后委托或指定中央朝廷部门或地方官府专门机构对铜钱实施铸造，就可以确认是朝廷垄断了铜钱的铸造权。

秦始皇统一全国货币，继续实行朝廷垄断铜钱铸造权的制度。但是，秦朝立国未久便土崩瓦解。此后，秦末汉初时期，刘汉政权曾经两次开放百姓铸造铜钱。

第六节　秦末期首次开放百姓铸造铜钱

首次开放百姓铸造铜钱的事情发生在楚汉战争时期（公元前206年至公元前202年），汉王刘邦命令开放百姓铸造铜钱。

汉兴，接秦之弊，丈夫从军旅，老弱转粮饟，作业剧而财匮，自天子不能具均驷，将相或乘牛车，齐民无藏盖。于是为秦钱重难用，更令民铸钱，一黄金一斤。[86]

汉朝兴起，承接了秦朝的衰弊，壮年男子从军转战，老弱的人去运送粮饷，人们越来越辛苦而财用越来越匮乏，天子无法用四匹同样毛色的马来驾车，将相有的只能乘牛车，平民百姓流离失所。于是，因为秦朝的钱太重，交易使用不方便，就命令百姓自由铸造铜钱，黄金一单位重量1斤。

推翻秦朝的战争结束之后，刘邦成为汉王，发动了楚汉战争。数年的战争使得生产衰退，物资缺乏，汉政权非常需要钱财用来发动更大规模的战争。于是，汉王刘邦下令治下百姓铸造铜钱。铸造铜钱缺乏铜材，所以刘邦下令销毁旧钱更铸新钱，或者说是销毁大钱更铸小钱。为了师出有名，避免承担破坏币

86　《史记》卷三〇《平准书》，第1417页。

制搞垮市场的恶名，刘邦找出了货币改制的理由：秦钱太重了，不能方便百姓交易使用，所以需要更铸小钱，以方便商品交换。除了降低铜钱的法定重量之外，为了保持铜钱与黄金的比价稳定，刘邦在命令开放百姓铸造小钱之外，还宣布改变黄金货币单位制度，将秦代黄金货币单位从"溢"降低为"斤"，即将黄金货币单位重量从 24 两降低至 16 两。

汉王刘邦"更令民铸钱，一黄金一斤"的事情，究竟发生在哪一年，《史记》和《汉书》都没有记载。从刘邦和项羽使用黄金赏赐功臣的记载中可以看出，"更令民铸钱，一黄金一斤"的事情应该发生在汉高帝元年四月至汉高帝三年四月之间。汉高帝元年（公元前 206 年）正月，刘邦被立为汉王，统治巴蜀地区，赐张良黄金百溢。"汉元年正月，沛公为汉王，王巴蜀。汉王赐良金百溢。"[87] 殷王司马卬反楚时，项羽派陈平去攻打并降服了殷王。陈平领兵返回，项羽就授任他都尉之职，赏赐给他黄金二十溢。"殷王反，项羽使平击降之；还，拜为都尉，赐金二十镒[88]。"[89] 司马卬被封为殷王，去朝歌的时间是汉高帝元年四月。"汉之元年四月，诸侯罢戏下，各就国。"[90] 陈平攻打殷王，应在殷王司马卬就国之后，所以，项羽赐陈平黄金二十溢，发生在汉高帝元年四月之后。汉高帝三年（公元前 204 年）夏四月，刘邦予陈平金四万斤，行离间之计策，使范增离开了项羽。"汉王患之，乃用陈平之计，予陈平金四万斤，以间疏楚君

87　《史记》卷五五《留侯世家》，第 2038 页。

88　秦朝黄金单位为"溢"。楚汉战争时期的黄金单位，《史记》记载为"溢"，《资治通鉴》记载为"镒"。"镒"的使用应晚于"溢"的使用，《资治通鉴》所载"镒"字，误也。

89　《资治通鉴》卷九《汉高帝二年》，第 315 页。

90　《史记》卷七《项羽本纪》，第 320 页。

臣。"[91] "汉王以为然,乃出黄金四万斤,与陈平,恣所为,不问其出入。"[92] 此事发生在汉高帝三年四月楚军在荥阳围攻汉王战役之前。此后,关于刘邦赏赐大臣若干斤黄金的事情频繁发生,史书多有记载。由此推论,"更令民铸钱,一黄金一斤"的改变,发生在汉高帝元年四月至汉高帝三年四月之间。

王献唐先生考证,汉王刘邦令民铸钱应该发生在汉高帝二年(公元前205年)。王献唐先生说:"高帝之术无他,一反秦之暴政而已。其初入关时,祗约法三章,余悉除去秦法,似秦禁铸之事亦在内。然以元年正月金尚用镒证之,知币制尚未及改。改制出于还定三秦之际,亦必同时解禁。解禁所以便民,除秦之暴,与民更始。"[93] "改制由于民穷财尽,高帝二年关中大饥,人民相食,情形亦正相合。汉书高帝纪列其事于是年六月。在六月之前,必定饥谨。高帝于此时,令民就食蜀汉,故合并记之,并非参差。若是,以黄金镒金名制推求,前谓出于元年正月以后至三年四月中间者,今再以铸钱及饥谨情形比证,知殆二年二月间事矣。"[94] 《汉书·高帝纪》云:

六月……。汉中大饥,米斛万钱,人相食。令民就食蜀汉。[95]
汉高帝二年(公元205年)六月,汉中发生饥荒,米一斛价格涨到1万钱,出现了人吃人的现象。

汉王刘邦命令人民到蜀郡、汉中谋生。在此情况下,刘邦令民铸钱,以解燃眉之急,可能性是很大的。刘邦开放百姓铸造小钱的结果,是出现了更为严重、持久、范围广泛的通货膨

91　《史记》卷八《高祖本纪》,第373页。
92　《史记》卷五六《陈丞相世家》,第2055页。
93　王献唐《中国古代货币通考》,第211页。
94　王献唐《中国古代货币通考》,第209~210页。
95　《汉书》卷一上《高帝纪》,第38页。

胀，从此恶钱泛滥，长期无法稳定下来。通货膨胀爆发之后，为害地区不仅限于汉中，而是迅速蔓延全国。但是，汉王刘邦开放百姓铸造小钱的政策，对刘邦集团而言，还是十分成功的。第一，刘邦打着反对秦朝暴政的旗号，通过开放百姓铸造铜钱的方式，争得了民心；第二，战争期间的汉王刘邦集团，一定也放开了自己的手脚，使劲儿地铸造不足值的半两钱，采用节铜铸钱的方式，获得了战争所需要的物资，并进而取得了战争的胜利。虽然，刘邦开放百姓铸造小钱对战后国民经济恢复造成了许多不利的影响，但是与建立汉政权实现全国和平的事业相比较，刘邦集团对此付出的成本是相对较小的。刘邦开放百姓铸造小钱的政策何时被取消，史无明文。只见《唐六典·御史台》载：

惠帝三年，相国奏遣御史监三辅不法事，有辞讼者，盗贼者，铸伪钱者……凡九条。[96]

汉惠帝三年（公元前 192 年），丞相奏报朝廷令御史监察内朝、京畿三辅不法行为共九个方面，其中有词讼、盗贼、私铸铜钱等。

这说明，在汉惠帝三年之前，汉朝廷已经废黜了开放百姓铸造铜钱的法令。

汉高帝十二年（公元前 195 年），刘邦在长乐宫去世，太子刘盈即位，是为汉惠帝，朝廷大权掌握在吕太后手中。汉惠帝七年（公元前 188 年），汉惠帝去世，吕太后取宫人子，立为皇帝，自己临朝称制，正式行使皇帝的权力。汉高后二年（公元前 186 年），为了扭转榆荚恶钱流通的不利局面，汉朝廷铸行"八铢钱"，铭文仍为"半两"，新铸铜钱的重量大幅度提高。

96　（唐）李林甫等撰：《唐六典》卷一三《御史台》，中华书局，1992 年版，第 378 页。

但是，四年之后（公元前 182 年），汉朝廷又铸行"五分钱"，劣小轻薄铜钱流通的局面再度出现。汉高后八年（公元前 180 年），吕后去世，刘氏宗族及功臣集团诛杀诸吕，拥立刘邦的庶子刘恒即位，是为汉文帝。

第七节　汉初期再次开放百姓铸造铜钱

再次开放百姓铸造铜钱的事情发生在汉文帝时期。汉文帝前五年（公元前 175 年），朝廷开放百姓铸造铜钱，史籍多有记载：

> 至孝文时，荚钱益多，轻，乃更铸四铢钱，其文为半两，令民纵得自铸钱。[97]

到汉文帝时，榆荚钱越来越多，也越来越轻，于是改铸四铢钱，钱表面铭文"半两"，命令百姓自由铸造铜钱。

> 孝文五年，为钱益多轻，乃更铸四铢钱，其文为半两，除盗铸钱令，使民放铸。[98]

汉文帝前五年，因为钱币越来越多，也越来越轻，于是改铸四铢钱，钱表面铭文"半两"，废除禁止百姓铸造铜钱的法令，让百姓自由铸造铜钱。

> 初，秦用半两钱，高祖嫌其重，难用，更铸荚钱。于是物价腾踊，米至石万钱。夏，四月，更造四铢钱；除盗铸钱令，使民得自铸。[99]

当初，秦行用半两钱，高祖刘邦嫌半两钱过重，使用不便，改铸荚钱。于是，物价暴涨，一石米的价格涨至 1 万钱。夏季四月，皇帝下诏，改铸四铢钱，废除禁止百姓铸钱的法令，允许

97　《史记》卷三〇《平准书》，第 1419 页。
98　《汉书》，卷二四《食货志下》，第 1153 页。
99　《资治通鉴》卷四《文帝前四—五年（前 176～175 年）》，第 463 页。

百姓自由铸造铜钱。

为什么汉文帝会开放百姓铸造铜钱，从当时的国民经济发展态势上分析，可能是发生了整体经济过热的问题，需要采取紧缩的货币政策。汉文帝开放百姓铸造铜钱，规定铜钱的重量为4铢，使流通中铜钱的重量大幅度地上升，其结果是大幅度地减少了货币流通总量。当时流通中的铜钱是吕后掌权时铸行的"五分钱"。根据昭明、马利清先生对出土实物的考证，"五分钱"的重量为1.9~2.0克[100]（2.9~3.1铢[101]），而汉文帝时期铸行的文帝四铢钱，出土实物重量为2.0~2.8克[102]（3.1~4.3铢）。与"五分钱"相比较，文帝四铢的金属用量增加了大约23%。

汉文帝开放百姓铸造铜钱，并规定新铸铜钱的重量为4铢，使货币流通总量出现了大幅度的减少。因此，汉文帝时期的物价比较低廉。如果社会青铜金属总量没有显著的增加，流通中的铜钱全部被百姓更铸，铜钱总量减少幅度大约为25%。铜钱增重与铜钱减重不同，如果新旧铜钱兑换率为一比一，铜钱减重可以获得铸币收益，节约的青铜金属可以铸造更多的铜钱；铜钱增重则需要添加增重青铜金属，要付出增重成本。这赔本的买卖，中央朝廷不宜承担。好在当时民间富有，汉文帝就把铜钱增重的工作交给百姓来干。因此，就出现了令民自由铸钱的制度。

汉文帝开放百姓铸造铜钱，对社会经济产生了积极的影响，结果出现了"文景盛世"。在中国两千年货币史中，铜钱流通几

---

100 昭明、马利清：《古代货币》，中国书店，1999年版，第115页。

101 西汉1铢折合现代0.651克，此后文中关于出土西汉时期半两钱实测重量若干克之后，均加括号注明折合若干铢，在折算中均采用四舍五入的方法，保留小数点后1位。

102 昭明、马利清：《古代货币》，第115页。

乎贯穿始终。然而，只有文帝四铢成功地实现了金属铸币的自由铸造。自由铸造是金属铸币铸造的基本原则，它能够使超过商品交换所需的铸币通过被熔化为金属原材料而退出流通，也能够将金属原材料随时地铸成金属铸币，补充商品交换中所需货币数量的不足。从而形成货币流通量市场自动调节机制，以满足商品交换对货币流通总量不断变化的需求。自由铸造的经济意义有二。一是可以使铸币价值与铸币所包含的金属价值保持一致。根据出土文帝四铢考证，文帝四铢基本足重 4 铢。即使是吴王或者邓通铸造的四铢半两钱，也能达到 4 铢的标准。彭信威先生说："所以西汉政府对于吴王和邓通等人的私铸，并不干涉，因为他们铸的钱，是遵照中央政府的标准。"[103] 二是可以保证铸币量自发地适应于商品交换对铸币流通总量的客观需求。汉文帝放铸之所以能够有效地推动当时经济的发展，正是因为放铸使铜钱具备了这样的功能。在此之前铸造的铜钱，虽然都是铭文"半两"，却大小轻重差距极大，优劣混杂，依靠法律强制，并行流通。汉文帝开放百姓铸造铜钱，官督民铸，法律禁止百姓铸造不合规制的铜钱进入流通，所以铜钱出现了前所未有的整体规范状况。

第八节　汉朝廷颁布的盗铸钱令

楚汉战争时期，汉王刘邦在他的军事占领区废止了秦朝的盗铸钱令，宣布法令允许百姓铸造铜钱。司马迁在《史记·平准书》中说："汉兴……于是为秦钱重难用，更令民铸钱，一黄金一斤"。[104] 如前文所述，这事情发生的时间，应该在汉高帝二

103　彭信威：《中国货币史》，第 162 页。
104　《史记》卷三〇《平准书》，第 1417 页。

年（公元前205年）。刘邦下令允许百姓铸造铜钱，使汉军获得了必需的军事物资，却搞得当时的半两钱制度土崩瓦解。然而，就在全国货币崩溃，物价狂涨的情况下，刘邦经过了三年的战争，终于在汉高帝五年（公元前202年）打败了项羽，取得了国家政权。

1. 汉高帝刘邦恢复盗铸钱令

战争结束后，经济需要恢复，货币需要稳定，朝廷需要开支，汉王朝需要把铜钱铸造权收回到朝廷手中。于是，汉高帝八年（公元前199年），刘邦就恢复了盗铸钱令。

上文我们讲到，据文献记载，汉惠帝三年（公元前192年）已经实行了禁止百姓铸造铜钱的法令。那么，禁止百姓铸造铜钱的法令是什么时候下达的？根据分析，禁止百姓铸造铜钱的法令并不是汉惠帝开始执政的这三年中下达的，而是汉高帝刘邦在位时就已经下达。

刘邦在汉高帝十二年（公元前195年）去世，他的儿子刘盈即位，是为汉惠帝。汉惠帝在位七年，权力掌握在吕后手中。汉惠帝期间，盗铸钱令已经在执行。汉高帝刘邦于楚汉战争期间下令允许百姓铸造铜钱，战争后又恢复盗铸钱令，重新禁止百姓铸造铜钱，两者皆出于政治的需要。汉初期恢复盗铸钱令的时间，不应在汉惠帝时期，而应在汉高帝时期。对此，王献唐先生有非常严谨精辟的推论，其理由如下。（1）文献记载，贾山反对汉文帝开放百姓铢钱时说，"变先帝法，非是。"[105]所谓先帝，应是指汉高帝刘邦，而非汉惠帝刘盈。刘邦曾在公元前205年下令允许百姓铸造铜钱，贾山说此时"变先帝法"，说明刘邦在下令允许百姓铸造铜钱之后，又下达过禁止百姓铸造铜钱的法令。（2）"惠帝与文帝，只为兄弟。山以先帝为言，所以

105　《汉书》卷五一《贾山传》，第2337页。

抑制文帝。若指惠帝，其力甚微。且惠帝之法，即吕后之法。吕后不理于众口，即或立法，必为当世所轻。文帝仅变惠帝之法，山即引为大非，分际亦似不合。盖惟高帝威灵，始能如此。"[106]汉惠帝时期的立法，多由吕后决定。吕后死后，诸吕氏主要成员被诛杀，结果是汉文帝即皇帝位。贾山不会说改变吕后决定的立法为"非是"。（3）萧规曹随。"禁铸为食货大政，夺万民之利，悉归中朝。高帝能之，惠帝不能也。"[107]曹参继萧何宰相职务后坚持萧何的各项法规，所以汉惠帝时期不能有这样大的法律改变。（4）"禁铸所以整顿币政，亦所以增裕财富。惠帝之时，天下已定，国用渐充，不须力行此策。"[108]汉惠帝时期，天下安定，经济好转，不会采取这种收敛利益于朝廷的巨大政策改变。所以，西汉朝廷恢复禁止百姓铸造铜钱法令的时间，应该是在汉高帝时期，由汉高帝刘邦决定下达的。

汉高帝刘邦取得天下后，仅活了7年。刘邦在这期间的哪一年恢复了盗铸钱令？张南先生认为汉高帝刘邦实施禁铸是与抑商政策同时出台的，所以应该发生在汉高帝八年。"约在汉高祖八年（前199年），刘邦颁布盗铸钱令，禁止民间私铸。又下抑商令，重租税以困辱商贾。"[109]

刘邦恢复盗铸钱令发生在汉高帝八年，则放铸与禁铸两项法令的下达时间间隔仅为6年。在这6年里，有3年处于楚汉战争期间，战争结束后3年，就恢复了盗铸钱令。在这6年期间，半两钱文曰"半两"，大幅减重，直径1厘米左右，重约2克（3.1铢），结果物价腾飞，经济秩序混乱。于是，战争结束后不久，刘邦就恢复了禁止百姓铸造铜钱的法令。为什么刘邦会

　　106　王献唐：《中国古代货币通考》，第213～214页。

　　107　王献唐：《中国古代货币通考》，第214页。

　　108　王献唐：《中国古代货币通考》，第214页。

　　109　张南：《秦汉货币史论》，第32页。

如此迅速地恢复盗铸钱令，其原因上文已有说明，即楚汉战争带来了严重的通货膨胀，此局面急需扭转，以保证社会稳定。同时，榆荚半两钱劣币泛滥，民间铸钱过多，西汉政权也需要通过垄断铸币权来增加财政收入。所以，朝廷不得不迅速采取措施，恢复了盗铸钱令。

但是，恢复盗铸钱令并不等于恢复了半两钱的重量。"高祖后期，半两愈铸愈小，重不到一铢，是为'荚钱'。"[110] "荚钱"在汉高帝实施盗铸钱令之后继续泛滥，原因主要是朝廷实行虚币敛财政策，百姓继续盗铸也起到了推波助澜的作用。

2. 汉高后颁布《钱律》规定盗铸者处死

汉高后二年（公元前186年），西汉朝廷颁布《二年律令》，其中《钱律》规定：

盗铸钱及佐者，弃市。[111]

盗铸铜钱者和协助者，都要处以死刑。

朝廷禁止百姓铸造铜钱，违禁者杀头，协助者也要杀头。《二年律令》的颁行，是对已有法律的系统规范。

3. 汉景帝下令铸钱伪黄金者处死

汉高后《二年律令》颁行11年之后，又发生了汉文帝放铸的事情。汉文帝前五年（公元前175年）开放百姓铸造铜钱。汉文帝开放百姓铸造铜钱，不同于汉高帝刘邦开放百姓铸造铜钱，刘邦开放百姓铸造铜钱是为了扰乱货币制度，破坏敌国经济，获取军用物资，是战争的需要。而汉文帝开放百姓铸造铜钱，则是国民经济恢复过程中发生了整体经济过热的问题，需要采取紧缩的货币政策。汉文帝开放百姓铸造铜钱，规定铜钱重量为4铢，增加了每枚铜钱的重量，结果是大幅度地减少了

---

110 昭明、马利清：《古代货币》，第114页。

111 张家山二四七号汉墓竹简整理小组：《张家山汉墓竹简·钱律》，第35页。

货币流通总量。通过开放百姓铸造铜钱，汉文帝就将增加铜钱重量的铸造成本，转嫁给百姓承担。汉文帝开放百姓铸造铜钱，采取了官督民铸的方式，此项政策实行时间持续甚久，自汉文帝前五年（公元前 175 年）放铸，至汉景帝中六年（公元前 144 年）恢复禁止百姓铸造铜钱的法令，放任百姓铸造铜钱的法令共持续了 31 年。

汉景帝中六年（公元前 144 年），汉王朝恢复了盗铸钱令，规定对盗铸铜钱及伪造黄金者处以死刑。《汉书·景帝纪》载：

六年冬十月，行幸雍，郊五畤。十二月，改诸官名。定铸钱伪黄金弃市律。[112]

中六年冬（公元前 144 年）十月，汉景帝驾临雍县，郊祭五帝祠。十二月，改诸官名称，制定铸铜钱伪造黄金者处以死刑的法律。

【应劭注】文帝五年，听民放铸，律尚未除。先时多作伪金，伪金终不可成，而徒损费，转相诳耀，穷则起为盗贼，故定其律也。[113]

应劭注释说，汉文帝前五年（公元前 175 年），朝廷颁布了允许百姓自由铸造铜钱的法令。到了汉景帝中六年（公元前 144 年），该项法令尚未被废除。在此之前，许多百姓伪造黄金，但均不能成功，各自耗费了许多资财，却相互欺诈炫耀。资财耗尽的百姓，因穷困而转为盗贼。所以，朝廷制定这条法令，目的是为了用来禁止伪造黄金的活动。

【孟康注】民先时多作伪金，故其语曰："金可作，世可度。"费损甚多而终不成。民亦稍知其意，犯者希，因此定

---

112 《汉书》卷五《景帝纪》，第148页。
113 《汉书》卷五《景帝纪》，第148页，应邵注。

律也。[114]

　　孟康注释说，此前许多百姓伪造黄金，所以民谣说："黄金可以做，日子就可以过。"百姓伪造黄金损费了许多资财，但始终并无成功者。百姓逐渐知道黄金是不能制作的，所以造金者就少了下去。法律不能制裁多数人，既然造金者少了，于是朝廷就制定了法律来制裁伪造黄金者。

　　从应劭和孟康的解释来看，两人都认为伪造黄金费损无益，结果是劳神伤财，穷则为乱，影响了社会治安。就像现代人热衷于赌钱似的，伪金是一种不良嗜好，不利于社会的安定。所以，法律打击伪金的主要目的并非因其扰乱金融市场，而是因其不利社会治安。但是，对伪造黄金的打击力度与汉高后时期有所不同。《二年律令》规定："盗铸钱及佐者，弃市。"[115]盗铸铜钱者及协助者，处以死刑。"为伪金者，黥为城旦舂。"[116]伪造黄金者，处以黥刑，即在面上刺字，并罚做建造城墙或舂米的劳役。而汉景帝时期规定，不论盗铸铜钱或伪造黄金，一律处以死刑。

　　伪造黄金伤财误农，产生贫困及犯罪，所以朝廷对其加大了打击力度。但是，铸造铜钱一定是有利可图的。此时，流通中的铜钱是汉文帝四铢半两钱，由于经过汉文帝时期的经济恢复，市场商品日益丰富，铜钱流通总量又出现了不足，钱贵而物贱，给百姓铸造铜钱行为带来了更多的利益。

　　汉文帝前五年（公元前175年）放铸时，发生了经济过热，需要实施通货紧缩的政策。当时，需要将三铢铜钱改铸成四铢铜钱，为了将增重成本转嫁给百姓，汉文帝实施了放铸。而汉景帝时，出现了相反的情况，铸钱又可以获得超额利润了。所

114　《汉书》卷五《景帝纪》，第148页，孟康注。

115　张家山二四七号汉墓竹简整理小组：《张家山汉墓竹简·钱律》，第35页。

116　张家山二四七号汉墓竹简整理小组：《张家山汉墓竹简·钱律》，第35页。

以，汉景帝又将铜钱铸造权收回朝廷垄断行使。

　　4. 汉武帝赦免盗铸自首者

　　汉景帝后元三年（公元前141年），汉景帝去世，太子刘彻即位，是为汉武帝。汉武帝即位之后，没有颁布新的盗铸钱令，只是继续贯彻汉景帝关于铸钱伪黄金者处以死刑的法令。然而，汉武帝即位后不久，就爆发了长期的汉匈战争和严重的自然灾害，国家财力大伤。于是，就在汉匈决战的这一年，即元狩四年（公元前119年），为了解决地方官府的困难，朝廷命令各地官府销毁半两钱，更铸三铢钱。三铢钱面文"三铢"，法定重量也是三铢。"令县官销半两钱，更铸三铢钱，文如其重。"[117]同时，为了解决中央朝廷的经济困难，汉王朝采取了虚币敛财政策，发行了皮币及白金三品。

　　又造银锡为白金。以为天用莫如龙，地用莫如马，人用莫如龟，故白金三品：其一曰重八两，圜之，其文龙，名曰'白选'直三千；二曰以重差小，方之，其文马，直五百；三曰复小，椭之，其文龟，直三百。[118]

又用银锡做成白金。当时认为天上用的没有什么比得上龙；地上用的没有什么比得上马；人间用的没有什么比得上龟，所以把白金分为三等：第一等重八两，圆形，花纹是龙，称为"白选"，价值三千钱；第二等重量稍轻，方形，花纹是马，价值五百钱；第三等重量更轻，椭圆形，花纹是龟，价值三百钱。

　　白金三品为银锡合铸，迄今并无实物出土，估计是因为银锡合金易于氧化，难以持久。白金的形制为圆、方、椭，应合天、地、人。币重仅知文龙者重八两，其余重量依次减少。

　　虚币敛财政策具有打击持币者、扩大朝廷财政实力的效果，

117　《史记》卷三〇《平准书》，第1427页。
118　《史记》卷三〇《平准书》，第1427页。

但是也引发了数不清的盗铸行为。由于白金三品盗铸可以取得暴利，尽管朝廷强调盗铸罪死，而盗铸行为依然泛滥成灾。

盗铸诸金钱罪皆死，而吏民之盗铸白金者不可胜数。[119]

盗铸各种金钱的人都处以死刑，可是官吏和百姓盗铸白金者仍然数不胜数。

这里所说的"盗铸诸金钱"，"金"系指白金三品，"钱"指的是三铢钱和半两钱。尽管汉王朝此时已令各级地方官府销毁半两钱，更铸三铢钱，但更铸三铢需要时日，必不能即刻见效。三铢钱与半两钱处于并行流通状态，加上白金三品，币制更加混乱。此时，盗铸诸金钱，大概均可盈利，而盗铸白金最能盈利。于是，民间盗铸盛行，官吏也禁不住这种暴利的诱惑，所以，吏民之盗铸白金者不可胜数。此后，汉朝廷又下令地方铸造郡国五铢，不久又令京师铸造赤侧五铢，币制越发混乱不可收拾，民间的盗铸也就发展到了登峰造极的地步。

自造白金五铢钱后五岁，赦吏民之坐盗铸金钱死者数十万人。其不发觉相杀害者，不可胜计。赦自出者百余万人。然不能半自出，天下大抵无虑皆铸金钱矣。犯者众，吏不能尽诛取。[120]

开始铸造白金和五铢钱后的第五年，赦免官吏和百姓中因犯盗铸金钱而被判处死刑的人共数十万。没有被官府发觉，却互相残杀的人不可胜数。赦免了自首的一百多万人。可是自首的人还不到一半，天下没有什么让朝廷忧虑的事情，只剩下盗铸金钱的事情了。犯法的人太多，官吏不能对其全部捕杀。

此事闹得刑及贵族。元狩五年（公元前118年），慎阳侯栾

119　《史记》卷三〇《平准书》，第1427页。

120　《史记》卷三〇《平准书》，第1433页。

买之"坐铸白金弃市，国除"。[121]侯爵是有封地的，慎阳侯因盗铸白金被处死，其封地也被朝廷收回。从《史记·平准书》中我们看到："自造白金五铢钱后五岁，赦吏民之坐盗铸金钱死者数十万人"，"赦自出者百余万人。然不能半自出"。由此可以推论，当时的盗铸者应有二三百万之众，这些人所盗铸的金钱，主要是白金三品，因为盗铸白金三品的利益最大。

　　盗铸的人数太多了，汉武帝就下令赦免对自首者的处罚，"赦自出者百余万人"。

　　121　《史记》卷一八《高祖功臣侯年表》，第 954 页。

第二章 秦汉立法保护
铜钱流通与借贷

朝廷垄断铜钱的铸造权，减重铸造铜钱可以使朝廷获得更多的铸造利益，于是朝廷铸造的铜钱就越铸越小，市场上便出现了大、小钱混合流通的局面。百姓收藏大钱，支出小钱，小钱流通的作用就更加重要，并且具备了相当比例的信用货币性质，依靠朝廷的信用和法律的强制行使货币职能。黄金为称量货币，依靠本身的价值承担支付手段和储藏手段的货币职能。布为百姓织造，具有日常生活必需的使用价值，法律禁止劣质布作为货币流通。然而，半两钱大小轻重相差数倍，百姓不愿接受小钱，铜钱流通就出现了问题。因此，秦、汉初期货币立法的重点就集中在如何保护朝廷铸造的铜钱流通方面。

此外，随着商品经济的迅速发展，铜钱使用日益广泛，铜钱借贷活动逐步繁荣。秦汉初期的货币立法，开始增加对铜钱借贷活动的法律保护，并且已经从重点保护债权人利益，转向兼顾债权人和债务人双方的利益。

第一节 秦律保护不足值铜钱流通

中国古代的货币立法，我们可以看到的最直接的资料是1975年在湖北云梦睡虎地秦墓中发现的竹简，其中有《金布律》15条，是现存我国最早的货币立法文献。我们无法确定《金布律》订立的确切年代，但可以断定其行用时间在于秦始皇统一六国之前的战国晚期，是战国晚期秦国的立法，秦灭六国后被推行到全国使用。

　　整理出的云梦睡虎地秦墓竹简有 1155 支，内容大部分是法律、文书，不仅有秦律，而且有解释律文的问答和有关治狱的文书程式。据学者考证，云梦睡虎地秦墓的墓主是墓中发现竹简所载《编年记》中所提到的喜。简中记载，喜生于秦昭王四十五年（公元前 262 年），秦始皇元年（公元前 246 年）傅籍，秦始皇三年（公元前 244 年）进用为史，即从事文书事务的小吏，秦始皇四年（公元前 243 年）为安陆狱史，秦始皇六年（公元前 241 年）为安陆令史，秦始皇七年（公元前 240 年）为鄢令史，秦始皇十二年治狱鄢，即为鄢地狱掾，审理法律案件。简文终于秦始皇三十年（公元前 217 年），即秦统一全国后第 4 年，是年喜 46 岁，与墓中人骨鉴定年龄符合。喜一生在秦始皇治下历任各种与司法有关的职务，经历了秦始皇建立全国统一政权和实现全国法律统一的过程。因此可以相信，云梦睡虎地秦墓竹简所载的秦代货币立法文献，是考证秦代货币流通规则最直接、最可靠的资料。《金布律》共 15 条，其中有关钱币法律 2 条、布币法律 3 条，我们将在本节中逐条进行讨论；另外有关债务法律 4 条，我们将在第七节中进行讨论，其余 6 条关于财物管理，不在本书中进行讨论。

　　由于朝廷垄断铜钱的铸造，秦《金布律》强调法律对朝廷所铸劣质铜钱的流通给予保护，从而使铜钱自全国统一流通初始就具备了信用货币的性质。百姓在商品交易时，不得拒绝接受劣质铜钱。《金布律》规定一切商品均需明码标价，价值在 1 枚铜钱以下的商品可以不标价，因此就赋予铜钱法定价值尺度的职能。《金布律》还规定布也是法定流通货币，并且是与铜钱相同地位的法定流通货币，当人们进行货币收付时，各级官府和百姓都不得在铜钱和布之间进行选择。

　　然而，法律保护朝廷铸造的劣质铜钱的流通，但不允许百姓织造的劣质布作为货币流通，这就使铜钱和布两者的法律地位和流通特点出现了差异。因此，布作为法定货币流通，必须符合法定的规制和质量。布作为法定货币流通的价值，是与铜钱挂钩的，法律规定 11 钱折合 1 布，这就使布的货币流通价值有可能与其本身的价值相脱离。而黄金则不同，黄金作为法定流通货币，并不具有法定的形制。黄金是称量货币，依赖其本身的价值进入流通。但是，《金布律》仍然要求黄金与铜钱之间的兑换比率，要遵照法律的有关规定。

　　1. 法律保护朝廷铸造的不足值铜钱的流通

　　朝廷垄断了铜钱的铸造，为了节约铸造成本，在铸造铜钱时经常减少铸造铜钱的用铜量，使铜钱达不到法定的重量。因此，自秦始皇统一货币初始，铜钱就已经不是足值的金属货币，而是具有一定信用货币性质的金属货币。当时的铜钱文曰"半两"，折合 12 铢，而其实际重量已经降低至 8 铢左右，即只有法定重量的三分之二。

　　人们对于货币的认识，可以分为两种不同的观点，即金属主义和名目主义。金属主义注重货币的金属价值，认为货币是一种商品，其价值即为金属价值所决定，所以强调货币金属的足值。金属主义认为商品交换是等价交换，货币作为一般等价物来媒介商品交换，应具有价值尺度、流通手段、支付手段、储藏手段和世界货币五种职能，不足值货币难以承担货币职能。名目主义则认为货币不过是一种符号，在某种信用的支持下，不足值货币为人们所广泛接受，即可充当流通手段、支付手段的职能。

　　秦、汉初起的铜钱，表面铭文"半两"，属于纪重铜钱，理应注重其重量与铭文相符，切实做到法律规定的"重如其文"，以保障其货币职能的充分发挥。但是，自我国统一的纪重铜钱流通体系肇建初始，铜钱就出现了不足值或磨损、残坏等问题，需要依靠法律的强制力进入流通。

《金布律》第 1 条：官府受钱者，千钱一畚，以丞、令印印。不盈千者，亦封印之。钱善不善，杂实之。出钱，献封丞、令，乃发用之。百姓市用钱，美恶杂之，勿敢异。[122]
官府收入钱币，以 1000 枚钱装为一畚，用其丞、令官员的印封缄。钱数不满 1000 枚的，也应封缄。钱质好的和不好的，应装在一起。出钱时，要把印封呈献丞、令验视，然后启封使用。百姓在使用钱币交易商品时，钱币质量好坏，要一起通用，不准对好坏钱币进行选择。

这就是朝廷通过法令赋予铜钱，特别是不足值或磨损、残坏的劣质铜钱法定流通的职能。官府收取钱时，不得拒绝劣质铜钱。百姓交易用钱，也不得拒绝劣质铜钱。

从这条规定的文字中还可以看出，官府收支铜钱时是封印的。朝廷垄断铜钱的铸造权，并统一铸行铜钱和回收铜钱，便在货币市场流通的循环中，具备了中央银行的功能。由此可以推论，朝廷铸造发行铜钱，一定也有严格的程序。铸造出来的铜钱由中央朝廷统一管理和使用，也可能会基于某种用途调配地方官府使用。地方官府收缴的铜钱，可能会代中央朝廷窖藏或送交中央朝廷。于是，朝廷收支铜钱便产生了铜钱发行和铜钱回笼的循环流动。秦、汉初期，朝廷收支使用铜钱的数额，占全国铜钱收支总和的比例是相当大的。所以，朝廷收支是铜钱流通的重要组成部分。

为了杜绝为官府收取铜钱时出现经手人员贪污或者偷换好钱的行为出现，《关市律》规定：

为作务及官府市，受钱必辄入其钱缿中，令市者见其入，

122　睡虎地秦墓竹简整理小组：《睡虎地秦墓竹简·金布律》，第 55 页。

不从者赀一甲。[123]

从事手工业和为官府出售产品，收钱时必须立即把钱投进钱䍐里，使买者看见投入，违反法令的罚一甲。

　　就是说官府工作人员在收取铜钱时，必须当着支付人的面，将铜钱投入不能取出的那种罐子里，以避免有关工作人员作弊。

　　法律赋予铜钱不足值流通的能力，就使铜钱具有了信用货币的性质。于是，铜钱就不完全依赖其本身的含铜量价值，而是依赖其名义价值，充当价值尺度和流通手段的职能。

　　2. 法律规定铜钱作为价值尺度

　　《金布律》第 2 条：有买及买殹，各婴其贾。小物不能各一钱者，勿婴。

有所买卖，应分别系籤标明价格。小件物品每件价值不足 1 钱的，不必系籤标明价格。

　　法律规定商品必须明码标价，并以铜钱作为标价货币，就赋予铜钱法定价值尺度的职能。秦律明文规定，只有价值不足一枚铜钱的商品，才可以不标价，铜钱的价值尺度职能，就被充分地发挥出来。即便现代经济社会，也不可能要求对所有商品明码标价。秦律要求对买卖商品"各婴其贾（价）"，在秦代轻罪重罚的立法理念统治下，百姓一定会对商品进行标价，因为当时不按法律行事是十分危险的。

　　3. 布是法定流通货币

　　战国晚期的秦国，流通着一种具有法定货币形制的布。这种布是麻织品，当时平民是以麻织品作为主要衣服材料的。所以，这种布不仅作为货币充当流通手段的职能，而且还具有日常生活必需品的使用价值。

　　（1）布的货币形制。

123　睡虎地秦墓竹简整理小组：《睡虎地秦墓竹简·关市律》，第68页。

《金布律》第 3 条：布袤八尺，福（幅）广二尺五寸。布恶，其广袤不如式者，不行。[124]

布长 8 尺，幅宽 2 尺 5 寸。布的质量不好，长宽不合标准的，不得作为货币流通。

布作为货币流通，具有法定的标准形制。战国晚期秦国 1 尺相当于现代 23.1 厘米，8 尺相当于现代 184.8 厘米；2 尺 5 寸相当于现代 57.75 厘米。因此，标准货币形制的布的面积为现代的 10672.2 平方厘米，折合 1.06722 平方米。布长 8 尺，幅宽 2 尺 5 寸。布的质量不好，长宽不合标准，不得作为货币流通。尽管布和铜钱都是法定流通的货币，但是布不同于铜钱，铜钱可以"美恶杂之"，被赋予信用货币的性质，依赖法律的强制力行使货币职能。而布作为法定流通货币则必须足值，不仅要有量的标准，还要有质的要求。不合格的布，法律禁止其流通，只是在作为法定货币的概念上适用，而作为一种有价值和使用价值的商品，布在物物交换中仍然会被广泛地接受。因为，在古代商品交换经济中，货币媒介的交换行为与物物交换行为，长期以来都是同时并存的。布也应该可以作为普通商品用铜钱或者黄金来买卖，就像金属在被铸成钱币之前也可以作为普通商品被买卖一样。

（2）布与铜钱之间的比价。

《金布律》第 4 条：钱十一当一布。其出入钱以当金、布，以律。[125]

11 枚钱折合 1 布。如果出入钱来折合黄金或布，其折算比率，应按法律的规定。

布与铜钱之间有着法定的比价。显然，这里的铜钱指的是

124　睡虎地秦墓竹简整理小组：《睡虎地秦墓竹简·金布律》，第 56 页。

125　睡虎地秦墓竹简整理小组：《睡虎地秦墓竹简·金布律》，第 56 页。

半两铜钱，布即是长 8 尺，幅宽 2 尺 5 寸的标准货币形制的布。布与铜钱之间建立了法定的固定比价，就使作为法定货币的布，在价值上与铜钱挂钩。以铜钱标价的商品，如果以布进行交易，就可以直接按照铜钱的价格进行套算，并采用布的形式进行交易。从上述法条来看，铜钱与黄金之间也存在着法定的兑换方法。官府出入铜钱来折合黄金或布，都要按照法定的比率。但是，铜钱与黄金的比价究竟是多少，这里没有规定。从理论上讲，比较铜钱与布的比价，铜钱与黄金的比价更容易制定，也更容易操作和保持稳定，因为两者都是金属货币。然而，实际上的情况并不是如此。我们直到今天，尚未发现秦、汉初期的法定规制的黄金铸币出土。如果当时真的有以"溢"为法定规制单位的黄金铸币存在，那么它怎么不见了？铜钱经历过无数次收缴更铸的浩劫，大多种类的铜钱还是流传下来。就是更为久远的楚国的爰金，也有不少流传下来。而秦、汉初期是用金较多的时代，反而不见有法定规制单位的黄金铸币传世。金属总是会被窖藏或者陪葬，不可能被全部熔毁的。迄今未见黄金铸币出土，说明在战国晚期的秦国乃至秦、汉初期，按照法定规制铸造的溢金铸币根本没有存在过。当时流通的黄金货币，是以称量货币的形式存在的。黄金的称量单位，当时是"溢"。秦代法律规定过铜钱与黄金的比价，这比价也只是每称量单位的黄金折合多少铜钱。两者兑换时，黄金是要上秤称的。

为了方便铜钱与布的折算，当时财物价格常见铜钱数量为 11 的倍数。《金布律》中关于隶臣妾等所穿衣服的费用标准皆为 11 的倍数，即 33、44、55、77、110 等，应是为方便铜钱与布折算所作的安排。布不仅作为货币流通，基于其使用价值，布也作为生活用品发放给隶臣妾。

（3）布作为法定货币的流通能力。

《金布律》第 5 条：贾市居列者及官府之吏，毋敢择行钱、布；择行钱、布者，列伍长弗告，吏循之不谨，皆有罪。[126]
市肆中的商贾和官家府库的吏都不准对铜钱和布两种货币有所选择；有选择使用的，列伍长不告发，吏检察不严，都有罪。

　　尽管铜钱和布在法定流通规则上有所不同，即劣质铜钱的流通受到法律的支持，而劣质布的流通却受到法律的禁止，但是，两者都是法定流通货币，交易商和官吏均不得对铜钱和布的使用有所选择。因此，可以说当时的法律是在保护甚至强制良、劣铜钱与合格的布作为法定货币进入流通领域的。这种强制，对百姓、商贾和官府是一视同仁的。秦代法律对于官吏制裁的规定较多。官吏未能履行义务，而没有触犯刑律，可以不通过司法程序而直接实施行政处分。秦代的行政处分有：谇、赀、免、废。谇是斥责，赀是以财自赎，免是免职，废是永远免除官职。官吏触犯了刑律，除了与罪犯同罪刑罚外，还有耐、迁等刑罚方式。耐是剃鬓须的刑罚，迁是流放刑罚。

　　（4）布、铜钱和黄金货币职能的异同。

　　秦代的布、铜钱和黄金，都是法定流通货币。但是，三者的货币职能是不同的，各自有着不同的流通形态：铜钱可以作为不足值的法币流通，它可以不依赖本身的价值及质量标准进入流通领域，并且好坏混在一起充当商品交换的媒介，具有一定的信用货币性质。铜钱用于官府的收支和民间的交易，在货币体系中处于价值尺度和流通手段的核心地位。黄金则是称量货币，是依赖其本身价值流通的，使用时要用秤称其重量。虽然，法律规定了黄金与铜钱的比价计算方法，但只是一定称量的黄金与铜钱的比价，并非是两种规制铸币之间的比价。黄金与铜钱发生兑换时，还需要用秤称量黄金的重量。黄金用于大宗贸易、朝廷收支、赏赐等。布是具有日常生活必需品的使用

126　睡虎地秦墓竹简整理小组：《睡虎地秦墓竹简·金布律》，第57页。

价值的、具有典型的商品性质的法定流通货币。布作为流通货币，法律规定其标准的形制和质量。布的尺寸标准容易掌握，质量标准则不易掌握。作为法定货币的布的价值，与铜钱挂钩，依附于铜钱行使货币职能。布被用于民间交易、缴纳租、税及作为奴婢生活用品等。

第二节　汉律对秦律的继承

1983 年底至 1984 年初，湖北江陵张家山 247 号汉墓出土了 1236 支竹简，其中有久佚的汉律。律令简文中，有一支简的背面，明文载有"二年律令"四字。但是，"二年"究竟是哪一年，学者们还有不同的看法。多数学者经考证认为，二年律令中的"二年"当指汉高后二年（公元前 186 年）。理由是法条中涉及"吕宣王"，而"吕宣王"是吕后之父吕公的谥号，是吕后元年（公元前 187 年）始有的。因此，二年律令的成文年代不应在吕后元年之前。但是，也有学者经考证认为，二年律令中的"二年"是指汉高帝二年（公元前 205 年）。理由是法条中出现惠帝名讳甚多，二年律令的成文年代不应在汉高帝在位之后。然而，二年律令是西汉初期律令，则是无可置疑的。

从汉初期半两钱形制演变的角度来考察，《二年律令》的成文年代，不应是汉高帝二年，而应是汉高后二年。

《二年律令·钱律》继承了秦律中保护朝廷铸造劣质铜钱流通的规定，但是，对于铜钱的最低直径标准进行了限制。《二年律令·钱律》加大了对铜钱盗铸者的打击力度，盗铸者及协助盗铸者都是死罪。《二年律令·钱律》还继承了秦律中自首从轻的刑法原则，盗铸者或协助盗铸者，如果能够协助官府去捕捉其他盗铸者或协助盗铸者，若能首告并捕到罪犯，即能除罪。《二年律令·金布律》规定了黄金与半两钱之间的折算方法。

《二年律令·津关律》规定禁止黄金和铜出境。

　　1.《二年律令》的成文年代

　　从汉初期半两钱形制演变的角度来考察,《二年律令》的成文年代,不应是汉高帝二年,而应是汉高后二年。《二年律令·钱律》:"钱径十分寸八以上,虽缺铄,文章颇可智(知),而非殊折及铅钱也,皆为行钱。"[127] 汉初期的 1 寸,折合现代的 2.31 厘米。"十分寸八"为 0.8 寸,便是 1.848 厘米。汉高帝二年正处于楚汉战争时期,汉高帝因"秦钱重难用,更令民铸钱"[128]。于是,榆荚半两钱流通,充斥市场。榆荚半两钱文曰"半两",但文重不符,相差悬殊。根据昭明、马利清先生对出土实物的测量,汉初榆荚半两钱,直径只有 1 厘米左右,[129] 远不达"十分寸八"的法条规定,其重量在 2 克左右,即约为 3.1 铢。汉高祖后期,榆荚半两钱愈铸愈小,重量不到 1 铢。从山东临沂银雀山汉墓出土的榆荚半两钱来看,一般直径在 1.0 ~ 1.1 厘米,重量为 1.8 ~ 2.1 克,穿孔甚大,最轻的只有 0.4 克(0.6 铢)。[130] 山东章丘出土榆荚半两钱石范,钱径为 0.6 厘米;山东博兴出土三件汉文帝以前的榆荚半两钱石范,钱径最小的仅 0.4 厘米。[131] 综合目前发现的汉初榆荚半两钱实测资料,可以相信,汉初榆荚半两钱直径为 1 厘米左右。而《二年律令》要求流通半两钱的直径不得小于 1.848 厘米。这与汉高帝二年半两钱流通状况是不相符合的。流通中的半两钱直径多为 1 厘米左右,如果法律要求 1.848 厘米以下半两钱不得流通,岂不是将所有流通中的半两钱都废止了吗?况且,榆荚半两钱的流通

　　127　朱红林:《张家山汉简〈二年律令〉集释》,第 134 页。

　　128　《史记》卷三〇《平准书》,第 1417 页。

　　129　昭明、马利清:《古代货币》,第 114 页。

　　130　钱剑夫:《秦汉货币史稿》,第 35 页。

　　131　昭明、马利清:《古代货币》,第 114 页。

一直延续到高皇后二年（公元前186年）"行八铢钱"[132]之时。从汉高帝二年（公元前205年）到汉高后二年（公元前186年），其中经历了19年榆荚半两钱流通的时期。如果《二年律令》是从汉高帝二年开始实施，直径仅有1厘米左右的榆荚半两钱继续流通19年是不可能的。八铢钱是朝廷统一铸造的文曰"半两"的铜钱，根据昭明、马利清先生对出土实物的测量，汉高后时期铸行的八铢钱直径在2.6~3.1厘米，铭文半两，重5~7克（7.7~10.8铢），[133]后期铸造亦有减重。铸行八铢钱之际，法律要求流通中的半两钱直径不得小于1.848厘米，在逻辑上还是可以解释得通的。

所以，《二年律令》的成文年代并不是汉高帝二年。那么，《二年律令》的成文年代是否为汉文帝前元二年（公元前178年）呢？从半两钱形制的角度来分析，《二年律令》的成文年代，汉文帝前元二年比汉高后二年更为合理。与《二年律令》规定半两钱直径相比较，汉高后二年流通的八铢半两钱直径偏大，八铢半两钱直径在2.6厘米至3.1厘米之间，《钱律》要求不得低于1.848厘米，而实物比规定下限大了40.69%~67.75%，这其中差距仍然较大。汉文帝前元二年流通的半两钱是五分钱。高皇后六年"行五分钱"。[134]汉文帝前元五年，因"荚钱益多，轻，乃更铸四铢钱。"[135]在此期间的汉文帝前元二年，市场流通的主要是五分钱。五分钱是指"半两"的五分之一，即2.4铢的半两钱。根据昭明、马利清先生对出土实物的测量，五分钱的直径在2.2厘米左右，重量在1.9~2.0克

132　《汉书》卷三《高后纪》，第97页。

133　昭明、马利清：《古代货币》，第114页。

134　《汉书》卷三《高后纪》，第99页。

135　《史记》卷三〇《平准书》，第1419页。

（2.9～3.1 铢）。[136]流通中的货币直径 2.2 厘米左右，法律规定不得低于 1.848 厘米，即不得低于一般实物的 84%，允许有 16%的误差，是比较合理的。

但是，我们不能仅从半两钱形制的角度来判断《二年律令》的成文年代。判断《二年律令》成文年代不在汉文帝前元二年有两个理由。其一，二年律令中有"连坐"法；汉文帝前元元年，诏曰：

法者，治之正也。今犯法已论，而使无罪之父母、妻子、同产坐之，及为收孥，朕甚不取！其除收孥诸相坐律令。[137]

法律是治理天下的依据。现在的法律对违法者本人作了处罚之后，还要诛连到他本来没有犯罪的父母、妻子、兄弟，以至将他们收为官奴婢。汉文帝认为这样的法律十分不可取！自今以后废除各种收罪犯家属为奴婢及各种相连坐的律令。

二年律令简文中载有"连作"法，"连坐"法在汉文帝前元元年就被废除了，因此二年律令成文应在汉文帝前元元年之前。其二，《二年律令》简文中有优待"吕宣王"及其家属的规定：

吕宣王内孙、外孙、内耳孙玄孙，诸侯王子、内孙耳孙，徹侯子、内孙有罪，如上造、上造妻以上。[138]

吕宣王的内孙、外孙、内耳孙、内玄孙，他的诸侯王子以及王子的内孙、耳孙，徹侯子及其内孙等人有罪，比照对上造、上造妻的法令治罪，即当刑及当为城旦舂者，可减轻处罚为鬼薪白粲。

吕宣王是吕后之父的谥号，始用于高皇后元年（公元前 187

136　昭明、马利清：《古代货币》，第 115 页。

137　《资治通鉴》卷十三《文帝前元年十一月》，第 441 页。

138　张家山二四七号汉墓竹简整理小组：《张家山汉墓竹简·二年律令·具律》，第 21 页。

年）。"太后临朝称制。……追尊吕公为吕宣王。"[139]汉高后八年
（公元前 180 年）诛诸吕，吕宣王家属的优待应该被废止了。吕
宣王家属被优待应该在高皇后元年到八年之间，期间的二年只
有高皇后二年。所以，《二年律令》的成文年代，应该是在高皇
后二年。《二年律令》中有《钱律》8 条，我们在下面逐条进行
讨论。

2.《二年律令·钱律》继续保护朝廷铸造的不足值铜钱的
流通

《钱律》第 1 条：钱径十分寸八以上，虽缺铢，文章颇可智
（知），而非殊折及铅钱也，皆为行钱。金不青赤者，为行金。
敢择不取行钱、金者，罚金四两。[140]

铜钱直径达到 0.8 寸以上者，虽有磨损，铭文可辨，而不是断
碎或铅钱，都是流通法币。金不是伪金，就是流通法金。拒绝
接受流通法币的，或拒绝接受流通法金的，应该接受处罚，罚
金四两。

汉初期的货币立法，继承秦律的原则，继续保护朝廷铸造
的不足值铜钱的流通。此时流通中的铜钱应是高皇后二年（公
元前 186 年）铸行的八铢钱。八铢钱面文"半两"，法重 8 铢。
根据昭明、马利清先生对出土实物的测量，多数八铢钱重 5～7
克（7.7～10.8 铢），直径 2.6～3.1 厘米，体大而薄，通常无
廓。汉初期每铢折合现代 0.651 克。所以，汉初期八铢应重
5.208 克。当时铸行的八铢钱，基本上达到了 8 铢的重量。但
是，八铢钱面文"半两"，应为 7.812 克，所以八铢钱仍然是重
文不符的铜钱。汉初期每寸折合现代 2.31 厘米。《钱律》要求
铜钱直径达到 0.8 寸，即 1.848 厘米。与八铢钱实测中间值

139　《汉书》卷九七上《外戚传上》，第 3939 页。

140　朱红林：《张家山汉简〈二年律令〉集释》，第 134 页。

2.85 厘米相比较，《钱律》要求的最小直径比实物低了 35.16%。与正常流通半两钱直径还有较大的差距，就可以在法律的支持下成为行钱，说明汉代《二年律令·钱律》与秦代《金布律》中规定相同，也以法律强制的手段支持不足值劣质半两钱的流通。此外，金只要不是伪金，就是法定流通货币。赤金是指伪金。《史记·平准书》曰："金有三等，黄金为上，白金为中，赤金为下。"[141]黄金是我们现代所讲的金；白金指的是银；赤金指的是丹阳铜。以铜伪金，自然不能算数。而金的成色不足，看来是可以进入流通的。如果有人拒绝接受这些法定流通货币，则将受到处罚，即罚金四两。四两金的价值在汉初期约值两千多枚半两钱，是相当可观的一大笔钱了。但是，与秦律相比较，汉律对于拒绝接受不足值劣币的处罚，似乎还是轻了一些。秦《金布律》对择行钱布者的处罚，累及列伍长和主管的吏，而汉律只是对违犯者处罚金钱。

3.《二年律令·钱律》禁止百姓销毁流通中的铜钱

《钱律》第 2 条：故毁销行钱以为铜、它物者，坐臧（赃）为盗。[142]

故意销毁法定流通的铜钱，将其熔为铜材料或制造成其他铜器物者，要按"盗"的罪名处罚。

虽然汉代已经扭转了秦代重刑主义的立法思想，但是，对盗的处罚依然十分严厉。反秦战争时期，刘邦率军攻入秦都咸阳时，废除了秦朝苛法，与关中父老约法三章，对杀人者处于死刑，对伤人者及盗者治罪。"杀人者死，伤人及盗抵罪。"[143]三章便定位在杀、伤、盗上。随着汉王朝政权的确立，政治经济

141　《史记》卷三〇《平准书》，第 1426 页。

142　张家山二四七号汉墓竹简整理小组：《张家山汉墓竹简·二年律令·钱律》，第 35 页。

143　《史记》卷八《高祖本纪》，第 362 页。

形势发生了变化，只对三种犯罪给予制裁，已经不足以抵御社
会上的犯罪问题。"三章之法，不足以御奸。"[144]于是，相国萧何
制定《九章律》，确立了汉王朝的法律制度。《二年律令》应是
在萧何《九章律》基础上建立的法律。　《二年律令·盗律》
规定：

> 盗臧（赃）直（值）过六百六十钱，黥为城旦舂。六百六
> 十钱到二百廿钱，完为城旦舂。不盈二百廿十到百一十钱，耐
> 为隶臣妾。不盈百一十钱，到廿二钱，罚金四两。不盈廿二钱
> 到一钱，罚金一两。[145]

盗窃赃物的价值超过 660 钱，脸上刺字，罚做建筑城墙或舂米
的劳役；220 钱至 660 钱，免去肉刑，剃去头发和鬓须，罚做建
筑城墙或舂米的劳役；110 钱至 220 钱，剃去鬓须，罚做隶臣
妾；22 钱至 110 钱，罚金 4 两；1 钱至 22 钱，罚金 1 两。

　　销毁法定流通的铜钱，一定也是按照销毁数值量刑。销毁
铜钱 110 枚，"坐臧（赃）为盗"，按照《盗律》的量刑，便达
到了耐为隶臣妾的罪过，即剃去鬓须，罚做隶臣妾。汉初法律
对毁销行钱为铜，给予了如此严厉的打击，说明当时存在着一
定程度的钱荒。高皇后二年（公元前 186 年），战争已经结束大
约 20 年了。经历了一段和平时代的休养生息，社会生产和社会
财富得到大幅度增加，青铜铸币的流通增量可能跟不上社会财
富的增量，因而出现了铜钱流通总量不足的问题。此外，上述
法条中的数字均为 11 的倍数。用 11 的倍数作为法条中半两钱的
数量，源于秦《金布律》中关于 11 钱为 1 布的法定钱布比价。
经历了反秦战争和楚汉战争的长期动荡和铜钱减重，又经历了
西汉初期的经济恢复和帛布替代，很难想象还能维持 11 枚铜钱

144　《汉书》卷二三《刑法志》，第 1096 页。
145　朱红林：《张家山汉简〈二年律令〉集释》，第 54 页。

折合 1 布的比价。由此推论，可能是萧何制《九章律》时吸收了《秦律》的法条，维持了铜钱数量采用 11 的倍数的习惯。

4. 《二年律令·钱律》加大了对协助犯法者的打击力度

《钱律》第 3 条：盗铸钱及佐者，弃市。同居不告，赎耐。正典、田典、伍人不告，罚金四两。或颇告，皆相除。尉、尉史、乡部、官、啬夫、士吏、部主者弗得，罚金四两。[146]

盗铸钱者及协助盗铸者，处以死刑。同居不向官府告发，罚款并剃去鬓须。主管官员正典和田典，或伍人连坐者不向官府告发，罚金 4 两。上述人员若向官府告发，便免除对他们的处罚。上级相关官员，尉、尉史、乡部、官、啬夫、士吏、部主等未能及时察觉，罚金 4 两。

盗铸是可以谋利的手段。因此，法律对盗铸的打击十分严厉，不仅对盗铸者要判处死刑，对协助盗铸的人也要判处死刑，对同居者没有能够告发，地方负责人和连保人没有能够告发，地方官员没有能够察觉，都要给予处罚。同居，泛指同一户籍的成员。汉律所说同居，系指包括同居一户的父母妻子儿女之外的亲属。这些亲属是与户主一起生活的。《汉书·惠帝纪》颜师古注："同居，谓父母妻子之外若兄弟及兄弟之子等见与同居业者，若今言同籍及同财也。"[147]

《钱律》第 4 条：智（知）人盗铸钱，为买铜、炭，及为行其新钱，若为通之，与同罪。[148]

知道某人盗铸钱，却帮助他买铜材料、炭，或将盗铸的铜钱投入市场流通者，与盗铸的人同罪，也是判处死刑。

146　张家山二四七号汉墓竹简整理小组：《张家山汉墓竹简·二年律令·钱律》，第 35 页。

147　《汉书》卷二《惠帝纪》，第 88 页，颜师古注。

148　张家山二四七号汉墓竹简整理小组：《张家山汉墓竹简·二年律令·钱律》，第 35 页。

5. 《二年律令·钱律》规定对协助官府打击犯法者给予奖励

《钱律》第 5 条：捕盗铸钱及佐者死罪一人，予爵一级。其欲以免除罪人者，许之。捕一人，免除死罪一人，若城旦舂、鬼薪白粲二人，隶臣妾、收入、司空三人以为庶人。[149]
捕获盗铸钱者 1 人或捕获协助盗铸钱者 1 人，爵位提高 1 级。如果他要求免除罪人，也可以。捕获盗铸钱者 1 人或捕获协助盗铸钱者 1 人，可免除死罪 1 人；或免除城旦舂、鬼薪白粲 2 人；或免除隶臣妾、收入、司空 3 人。

为了提高打击盗铸的效率，法律规定对协助官府打击犯法者给予奖励。这里所讲到的城旦舂，指的是男女犯人。男犯为城旦，从事筑城的劳役；女犯为舂，从事舂米的劳役。比城旦舂轻一些的处罚是鬼薪白粲：鬼薪是男犯，砍柴以供宗庙祭祀；白粲是女犯，择米供宗庙祭祀。更轻一级的处罚是隶臣妾、收入司空，司空是指在司空服役的刑徒。

6. 《二年律令·钱律》规定犯法者自首可以从轻处罚

《钱律》第 6 条：盗铸钱及佐者，智（知）人盗铸钱，为买铜、炭、及为行其新钱，若为通之，而颇能行捕，若先自告，告其与，吏捕颇得之，除捕者罪。[150]
盗铸钱者、协助盗铸钱者、知道有人盗铸钱而为其购买铜材、炭者、将盗铸的钱拿去使用者，若能协助官府去捕捉其他盗铸者或协助盗铸者，若能自首并告发同伙，并捉到同伙犯法者，即能除罪。

从这里看，汉律继承了秦律中自首从轻的刑法原则。

149　张家山二四七号汉墓竹简整理小组：《张家山汉墓竹简·二年律令·钱律》，第 36 页。
150　张家山二四七号汉墓竹简整理小组：《张家山汉墓竹简·二年律令·钱律》，第 36 页。

7. 《二年律令·钱律》规定对犯罪未遂者的处罚

《钱律》第 7 条：诸谋盗铸钱，颇有其器具未铸者，皆黥以为城旦舂，智（知）为买铸钱具者，与同罪。[151]
计划盗铸铜钱，已经准备了器具，但并没有铸造者，处罚为脸上刺字并罚做城旦舂的劳役。知道某人准备盗铸铜钱，帮助该人购买铸钱器具者，同罪处罚。

有谋划动机及器具，尚未实施盗铸者也要判最重的徒刑"黥以为城旦舂"，协助购买器具，结果盗铸者并没有实施盗铸，这个协助者也是同罪，即"黥以为城旦舂"。这一法条，体现了商鞅"刑用于将过"[152]思想的延续。但是，汉律中对预备犯或未遂犯的处罚比较秦律还是减轻了一些。云梦睡虎地秦墓竹简《法律问答》载："甲谋遣乙盗，一日，乙且往盗，未到，得，皆赎黥。"[153]"赎黥"是秦律对一般盗窃的常刑，犯罪未遂与实施犯罪同等处罚，充分体现了"刑用于将过"的立法思想。而汉律则对预备犯罪的处罚轻于实施犯罪。对盗铸处以死刑，而对谋划盗铸者处以"黥以为城旦舂"。

8. 《二年律令·钱律》规定对伪造黄金者处以徒刑

《钱律》第 8 条：为伪金者，黥以为城旦舂。[154]
对伪造黄金者，处罚为脸上刺字并罚做城旦舂的劳役。

以其他金属假充黄金，即是伪金。金也是法定流通货币。所以，对伪造黄金者要处以黥刑及徒刑。42 年之后，到了汉景帝中六年（公元前 144 年），对伪造黄金者处罚加重，处以死

151　张家山二四七号汉墓竹简整理小组：《张家山汉墓竹简·二年律令·钱律》，第 36 页。

152　严万里校：《商君书·开疆》，商务印书馆，1937 年版，第 17 页。

153　睡虎地秦墓竹简整理小组：《睡虎地秦墓竹简·法律问答》，第 152 页。

154　张家山二四七号汉墓竹简整理小组：《张家山汉墓竹简·二年律令·钱律》，第 35 页。

刑。《汉书·景帝纪》载："定铸钱伪黄金弃市律。"[155]

第三节　汉律规定铜钱与黄金的折算方法

张家山汉墓竹简《二年律令》中有《金布律》11 条。与秦《金布律》相比较，由于《二年律令》中专设了《钱律》，其《金布律》中涉及铜钱和黄金的法规就只剩有两条。第 1 条：

有罚、赎、责（债），当入金，欲以平贾（价）入钱，及当受购、偿而毋金，及当出金、钱县官而欲以除其罚、赎、责（债），及为人除者，皆许之。各以其二千石官治所县十月金平贾（价）予钱，为除。[156]

有罚金、赎罪，以及其他原因形成的对官府的负债，愿意以官方比价缴纳铜钱的；以及应当得到奖赏黄金，不要黄金而取铜钱的；以及应当缴纳黄金、铜钱给官府，用来抵消其罚金、赎罪，以及其他原因形成的对官府的负债的；以及为他人抵消各种对官府负债的，都允许使用铜钱，不必使用黄金。用铜钱代替黄金时的比价，应采用其所在二千石官治所县地方十月的金平价。

汉初期，关于处罚、赎罪，以及其他原因形成的官府债权，是以黄金计价的，债务人可以用铜钱代替黄金来缴纳。以钱代金的价格，是根据二千石官治所县十月金平价折算。这说明，汉初期黄金与铜钱之间并没有固定的官方比价。官方对黄金与铜钱的折算要依赖民间市场价格。市场价格是自由浮动价格，围绕黄金价值和铜钱购买力的比率随市场供求关系波动。汉初期以十月为岁首，就相当于现代的年初。所以，官方黄金

155　《汉书》卷五《景帝纪》，第 148 页。
156　张家山二四七号汉墓竹简整理小组：《张家山汉墓竹简·二年律令·金布律》，第 67 页。

与铜钱的折算率，以年初市场平均价格为准。因此，黄金与铜钱在不同的年度里应有不同的官方折算率。由此推想，秦《金布律》中规定"钱十一当一布。其出入钱以当金、布，以律。"[157]，其中"以律"并不一定是指法律规定了铜钱与黄金的固定比价，而是规定了铜钱与黄金的折算方法。譬如说，规定以年初二千石官治所县平价折算。汉初期朝廷收入以黄金计价，是因为铜钱发生了严重的通货膨胀，购买力急剧波动，朝廷为避免铜钱价格波动造成损失，而采取了黄金计价保值的措施。

　　秦律中，赀罚刑主要是赀甲、赀盾，这也是为了避免铜钱价值波动造成损失而采取的实物保值措施。保值所采用的实物为什么是甲和盾，原因是秦国属于军事帝国，军事物品是普遍流通的具有类同价值的物品。汉律却是以罚金为主。《二年律令》中关于罚金的规定甚多，几乎在各篇中都有罚金的法条。《二年律令·贼律》共42条，其中12条适用罚金。《二年律令·盗律》共18条，其中3条适用罚金。《二年律令·具律》共23条，其中3条适用罚金。《二年律令·襍律》共14条，其中2条适用罚金。《二年律令·钱律》共8条，其中2条适用罚金。《二年律令·置吏律》共10条，其中3条适用罚金。《二年律令·田律》共13条，其中2条适用罚金。《二年律令·行书律》共8条，其中4条适用罚金。《二年律令·户律》共222条，其中5条适用罚金。《二年律令·置后律》共18条，其中2条适用罚金。《二年律令·兴律》共9条，其中2条适用罚金。《二年律令·史律》共6条，其中2条适用罚金。为了便于观察，我们将《二年律令·具律》中的罚金法条列举如下：

157　睡虎地秦墓竹简整理小组：《睡虎地秦墓竹简·二年律令·金布律》，第56页。

吏、民有罪当答，谒罚金一两以当答者，许之。[158]
官吏或百姓有罪，应当处以答刑的，要求罚金 1 两来抵消答刑的，可以允许。

赎死，金二斤八两。赎城旦春、鬼薪白粲，金一斤八两。赎斩、府（腐），金一斤四两。赎劓、黥，金一斤。赎耐，金十二两。赎迁，金八两。[159]
缴纳黄金可以抵消罪刑。赎死刑，缴纳黄金数量为 2 斤 8 两。赎城旦春或鬼薪白粲的罪刑，缴纳黄金数量为 1 斤 8 两。赎斩、腐刑，缴纳黄金数量为 1 斤 4 两。赎劓、黥刑，缴纳黄金数量为 1 斤。赎剃鬓须刑，缴纳黄金数量为 12 两。赎流放刑，缴纳黄金数量为 8 两。

由于铜钱的购买力不稳定，所以罚金就以黄金计价，但多是按一定的折算比价收缴铜钱，而不是收缴黄金。

《二年律令·金布律》中另一项关于铜钱的法条涉及官府对百姓收支的现金管理。第 2 条：

官为作务、市及受租、质钱，皆为缿，封以令、丞印而入，与参辩券之，辄入钱缿中，上中辩其廷。质者毋与券。租、质、户赋、园池入钱县道官，勿敢擅用，三月一上见金、钱数二千石官上丞相、御史。[160]
官府收取的手工业钱、市场税收、租金、押金，都应放在不可取出的罐内，封上令、丞的印章后存入官府。其内容要用三联单书写记载，上联与钱缿一起放置，中联交送上级官府，下联

158　张家山二四七号汉墓竹简整理小组：《张家山汉墓竹简·二年律令·具律》，第 21 页。

159　张家山二四七号汉墓竹简整理小组：《张家山汉墓竹简·二年律令·具律》，第 25 页。

160　张家山二四七号汉墓竹简整理小组：《张家山汉墓竹简·二年律令·金布律》，第 67 页。

代缴钱者保管。租金、押金、赋税、园池收入等钱皆送交地方官府，不得挪用。收缴黄金、铜钱的数量，每3个月一次上报给二千石官员，由二千石官员上报丞相和御史。

这里讲到官府收取铜钱的项目有6项：作务、市、租、质、户赋、园池，可以理解为手工业收入、市场收入、租金收入、押金款项、户赋收入和园池收入。其中"质钱"应该是一种保证金之类的押金款项，保证为或不为某项行为。

第四节　汉律禁止黄金和铜材出境

《二年律令·津关令》中有3条涉及黄金和铜出入关隘的管理事宜。

《津关令》第1条：制诏御史，其令扞关、郧关、武关、函谷〔关〕、临晋关，及诸其塞之河津，禁毋出黄金，诸奠黄金器及铜，有犯令……[161]

御史大夫命令，扞关（今四川省奉节县东）、郧关（今湖北省郧县东北）、武关（今陕西商州东）、函谷关（今河南灵宝市西南）、临晋关（今陕西大荔县东朝邑镇东北），及各河津要塞，禁止黄金、各种黄金器皿和铜出境，有违犯命令者……

据此，我们知道，汉初期黄金和黄金装配的器皿以及铜材、铜器等，都是法律禁止出境的。法条中所讲述的"关"，从北向南连成一线，扼守着西汉通向西域主要道路的关隘。我们现在看到的该法条只残存半条，下文应是对违禁者的处罚办法。由于下文佚失，我们不知道对违禁者规定了何种处罚。但是，我们可以从《津关令》中其他关于违令处罚规定中发现一些信息。

161　张家山二四七号汉墓竹简整理小组：《张家山汉墓竹简·二年律令·津关令》，第83页。

《津关令》对擅自出关者有如下的处罚办法。

《津关令》第 2 条：御史言，越塞阑关，论未有□，请阑出入塞之津关，黥为城旦春；越塞，斩左止〔趾〕为城旦；吏卒主者弗得，赎耐；令、丞、令史，罚金四两。[162]

御史大夫说，没有批件出入关塞者，要论罪处罚。没有批件出入津关，处以脸上刺字，罚做城旦春的劳役；出入要塞，斩左脚趾，罚做城旦。有关负责官吏未能及时察觉，罚款并剃鬓须。上级官员，令、丞、令史，处罚黄金 4 两。

"无符传出入为阑"[163]。从上述法条看，各类人等出关越塞，都需要有朝廷的批件。没有批件便出关越塞，要受到严厉的处罚。违令者的主管及相关官员，都要受到牵累和处罚。比较而言，越塞比阑关的处罚更重。《津关令》中另一项法条规定了金器入关复出的合法程序。

《津关令》第 3 条：制诏御史，其令诸关，禁毋出私金器□□。其以金器入者，关谨籍书，出复以阅，出之。籍器，饰及所服者不用此令。[164]

御史大夫命令，各关隘禁止金器出境。有人带金器入关，要填写携带金器入关表格，待出关时检阅，情况属实则可将金器携带出境。已有登记的金器、首饰、身上佩戴的金饰，不在此命令管辖之内。

金、铜是不能出境的。但是，如果有人带金入关，可以登记，出关时凭登记带出。身上饰物金，不登记便可带进带出。由此可见，汉初期，商品经济的发展，需要更多的货币金属。

162　张家山二四七号汉墓竹简整理小组：《张家山汉墓竹简·二年律令·津关令》，第 83 页。

163　《史记》卷一二〇《汲黯传》，第 3110 页，《史记集解》，引臣瓒言。

164　张家山二四七号汉墓竹简整理小组：《张家山汉墓竹简·二年律令·津关令》，第 84 页。

因此，黄金及铜都是限制输出而不限制输入的。黄金及铜过关，不仅受到严格的限制，而且可能要纳税。《九章算术·均输章》第 15 题：

今有人持金十二斤出关。关税之，十分而取一。今关取金二斤，偿钱五千。问金一斤值钱几何？答曰：六千二百五十。[165]

有人带黄金 12 斤出关，关税是十分之一。交给关隘黄金 2 斤，退还铜钱 5000 枚。问：黄金 1 斤值铜钱多少？回答：黄金 1 斤值铜钱 6250 枚。

《九章算术》给我们传递的信息是，如果带金出关具备朝廷的批文，也是要征税的，其税率是 10%。《九章算术》给我们的信息与《津关令》中的规定之间存在矛盾。根据《津关令》，黄金与铜是不能出关的。《九章算术》却说黄金出关要缴纳 10% 的关税。究竟如何，是否秦、汉初期相关法规有过一些变化，还需要进一步的考证。

第五节　铜钱借贷活动的发展

秦汉时期的铜钱借贷，基本上是一种没有抵押的信用借贷行为。铜钱借贷的放款人，多是拥有较多货币资产的富人，属于社会强势群体。铜钱借贷的借款人，多是小商人或贫苦民众，属于社会弱势群体。借款人的货币借贷需求源于为了获取生产、交换或生活必需品而产生的临时性货币需求。他们的偿债能力具有许多不确定性。因此，这种信用借贷的风险较大，利率便非常之高。所以，秦、汉初期的铜钱借贷，基本属于高利贷活动。汉武帝时期，朝廷颁布了限制铜钱借贷最高利率的法令。

秦汉初期，法律保护铜钱借贷业务的稳定、可持续发展。

165　郭书春译注：《九章算术》，辽宁教育出版社，1998 年版，第 359 页。

秦律禁止追债以人为质，体现了法律从重点保护债权到兼顾债权、债务双方利益；从追偿至债务人人身，维护债务奴隶制度，发展到只执行债务人财产。汉律更进一步强调保护债权、债务双方利益，一方面确立了借贷利率上限，降低高利贷对借款人社会弱势群体的盘剥程度，进而保证社会的和谐稳定；另一方面对欠债逾期或欠债不还者，给予法律制裁，严格保护债权，使铜钱借贷业务得以可持续发展。

司马迁在《史记·货殖列传》中讲述了许多商业活动之后，讲到了铜钱借贷活动：

子贷金钱千贯，节驵会，贪贾三之，廉贾五之，亦比千乘之家。[166]

放贷款 1000 贯给市场经纪人，对贪财的商人抽 3 分利息，对实在的商人抽 5 分利息。这样放贷款的人家也可以比得上有千乘马车的贵族之家了。

这里所说的"子"，指的是货币借贷的利息。货币借贷资本被称为"子钱"；经营货币借贷资本的人被称为"子钱家"。《史记索隐》案："子谓利息也。"[167]以千贯铜钱放贷取息者，贷给贪财的商人抽 3 分利息，贷给实在的商人抽 5 分利息，其收入可以抵上有千乘马车的贵族之家。司马迁讲到货币借贷的收入十分丰厚，可以与封建主收取租税相比较：

封者食租税，岁率户二百。千户之君，则二十万，朝觐聘享出其中。庶民农工商贾，率亦岁万，息二千，百万之家则二十万，而更徭租赋出其中。衣食之欲，恣所美好矣。[168]

封君依靠租税过生活，每年每户收租税 200 枚铜钱。千户的封君，每年就有 20 万枚铜钱的租税收入。朝拜天子、访问诸侯和

166　《史记》卷一二九《货殖列传》，第 3274 页。

167　《史记》卷一二九《货殖列传》，《史记索隐》，第 3277 页。

168　《史记》卷一二九《货殖列传》，第 3271～3272 页。

祭祀的费用都从这里开支。从事农业、工商业活动的一般平民，按每年有 1 万枚铜钱的资金平均获利 2000 枚铜钱来计算，有 100 万枚铜钱作为资本的人家，每年就有 20 万枚铜钱的利润。这样，扣除更赋和租税外，这人家就能充分满足其丰衣美食的物质欲望了。

产生铜钱借贷活动的原因有许多，其中一个重要的原因是朝廷征收赋钱。秦、汉初期的租税，多采用收缴谷帛实物的方式，赋则采用收缴铜钱的方式。赋的用途为出车徒给徭役，即出车打仗，用于战争时期，而非平时缴纳。赋的这种性质，春秋时期还是比较明显的。秦、汉初期，赋演化而出现口赋、算赋、口钱、更赋等不同名称和项目，成为定期缴纳的项目。汉高帝四年（公元前 203 年）八月，西汉朝廷开始向百姓征收铜钱税赋。《汉书·高帝纪》载："（汉高帝四年）八月，初为算赋。"[169]该处魏如淳注："《汉仪注》：'民年十五以上至五十六出赋钱，人百二十为一算，为治库兵车马。'"[170]即百姓年龄在 15 岁至 56 岁之间者，每人每年要缴纳官府 120 枚铜钱，作为朝廷储备的战争费用。除此以外，女子晚嫁将被处罚 5 倍的赋钱，少年也要缴纳少量的赋钱。《汉书·惠帝纪》载："女子十五以上至三十不嫁，五算。"[171]女人 15 岁还没有结婚，就要缴纳 5 倍的赋税作为惩罚，直到她年满 30 岁，如果一直不结婚，每年都要缴纳 600 枚铜钱。汉初期 7 岁到 14 岁的少年，也要出口赋称口钱。《汉仪注》：

民年七岁至十四，出口赋钱，人二十三，二十钱以食天子，其三钱者，武帝加口钱，以补车骑马。[172]

169　《汉书》卷一上《高帝纪上》，第 46 页。

170　《汉书》卷一上《高帝纪上》，第 46 页，魏如淳注。

171　《汉书》卷二《惠帝纪》，第 91 页。

172　《汉书》卷七《昭帝纪》，第 230 页，魏如淳注引《汉仪注》。

百姓7岁至14岁，要向官府缴纳口赋钱，每人每年缴纳23枚铜钱，其中20枚铜钱是给皇帝的，另外3枚铜钱是汉武帝额外增收的，为的是补充战争费用。

朝廷赋钱征敛无时，农民就经常需要借债，这是高利贷活动兴盛的一个重要原因。

秦、汉初期商品交换经济的发展，导致了严重的贫富两极分化。富豪的产生和巨额金钱的集中，为铜钱借贷活动的资金供给提供了必要的条件。因此，放款人多为富商大贾、社会豪强，借款人多为贫困农民、城市贫民等社会弱势群体。人们借取铜钱的原因，除了应对官府无时的征敛之外，还有为了应对春耕粮种、青黄不接时节的日常生活必需柴粮之需等。由于社会弱势群体的偿债能力存在着许多不确定因素，放款风险很大，利率也就非常之高。除了这些社会弱势群体作为货币借贷的借款人之外，随着商品交换经济的发展，小商贩阶层日益增多，对铜钱借贷的需求增加。

第六节　铜钱借贷的利率和期限

西汉初年的法律对铜钱借贷的利率和期限并无明确的规定，到了汉武帝时期，法律才开始对铜钱借贷设定最高利率限制。

汉武帝时期之前铜钱借贷的利率常常是取一偿二，即按照本钱的金额收取利息，属于极端的高利贷性质。《管子》一书成文于西汉时期，对战国以来高利贷盘剥农民的情形作了如下的描述：

凡农者月不足而岁有余者也，而上征暴急无时，则民倍贷以给上之征矣。耕耨者有时，而泽不必足，则民倍贷以取庸矣。秋籴以五，春粜以束，是又倍贷也。故以上之征而倍取于民者四，关市之租，府库之征粟什一，厮舆之事，此四时矣当一倍贷矣。夫以一民养四主，故逃徒者刑而上不能止者，粟少而民无积也。[173]

凡是从事农业的人，按月计算则收入不足，按年计算才会有盈余。但是朝廷征税紧急，又不根据时节。农民只好用加倍的高利贷来满足朝廷税收。但是耕地除草都有季节性，而雨水不一定充足，农民又只好借加倍的高利贷来雇人浇地。秋天农民卖粮的价格是"五"，春天农民从市场上买粮的价格却是"十"。这又是一种加倍的高利贷。因此，把上面的征收算起来，成倍索取农民的款项就有四项。关市的租税、府库征收十分之一的征粮、各种劳役等事，一年四季加起来，又等于一项加倍的高利贷了。一个农民要养四个债主，那么即使对外流者有处刑，国君也不能制止农民的外流。这都是因为粮食少而农民没有积蓄造成的。

一个农民养了四个债主。官府征敛要借贷才能缴付，春耕雇佣要借贷，春天无粮要借粮，各种租税、劳役要借贷，这四个方面的借贷，可能都要求加倍偿还的。偿还的时间，当然是在秋收之时，绝不会拖到第二年春天无粮的季节。因此，这种借贷只是半年的借贷，而需要加倍偿还。这就是说，农民借取高利贷的年利率是200%。

汉文帝时，晁错指出农民累于债务的困境，并说明农民贷款的利息是"倍称之息"，也是说取一偿二：

勤苦如此，尚复被水旱之灾，急政暴〔赋〕，赋敛不时，朝令而暮改。当具有者半贾而卖，亡者取倍称之息，于是有卖田宅鬻子孙以偿责者矣。[174]

这样辛勤劳苦，况且再遇到水旱天灾，加以官府催逼赋税残暴

173　戴望：《管子校正》卷一五《治国》，中华书局，1954年版，第262页。
174　《汉书》卷二四上《食货志上》，第1132页。

横虐，征收又没有定时，早上下命令，晚上就要改。等到准备缴纳时，有东西可卖的人，只好半价出卖，没有东西可卖的人，就以加倍的利息去借贷。于是就出现了卖田地、卖房屋，甚至卖子孙来还债的事情。

此处魏如淳注："取一偿二谓倍称。"[175] 借贷 1 个钱，偿还 2 个钱，就叫做"倍称"。

现代多数学者在讲到秦汉时期的铜钱借贷时，说这种倍称之息便是年利率100%。其实不然，农民偿还贷款的时间应该是秋收之后，而借贷的时间一定不是上一年的秋天，借贷的期限多是从春天到秋天的大约半年之内。所以说，半年付倍称之息，年利率就应该是200%。特殊时期，还有更高的利率。汉景帝三年（公元前154年），爆发了吴楚七国之乱。长安列侯封君为筹措军费借款，出现了"息什倍"，即1000%的贷款利率。

吴楚七国兵起时，长安中列侯封君行从军旅，赍贷子钱，子钱家以为侯邑国在关东，关东成败未决，莫肯与。唯无盐氏出捐千金贷，其息什之。三月，吴楚平。一岁之中，则无盐氏之息什倍，用此富埒关中。[176]
吴、楚等七国起兵反叛时，长安城中的列侯封君为了跟随部队作战，向高利贷者借钱。高利贷者想到列侯封君的封地在关东，关东战局成败未定，就不肯借钱。唯有无盐氏拿出1000斤黄金借给他们，利息是本钱的10倍。3个月后，西汉朝廷平定了吴、楚等国，于是，无盐氏在一年之中就得到了相当于本钱10倍的利息，由此成为关中最大的富翁。

这事情说明：（1）民间资金十分雄厚，仅无盐氏一家同意贷款，就支持了长安列侯封君行从军旅的资金需要；（2）子钱

175　《汉书》卷二四上《食货志上》，第1133页，魏如淳注。

176　《史记》卷一二九《货殖列传》，第3281页。

家们是社会豪强，即便是在战争时期，朝廷也没有强令他们贷款；（3）汉景帝时期，朝廷对贷款利率还没有规定最高限额。上述事例的贷款期限，是在一年之内，"一岁之中，则无盐氏之息什倍"。因此，可以说这笔贷款的年利率达到了 1000%。但是，到了汉武帝元鼎元年（公元前 116 年），就出现了旁光侯刘殷"取息过律"的事情。旁光侯刘殷，

> 坐贷子钱不占租，取息过律，会赦，免。[177]

旁光侯刘殷贷子钱收息不纳税，且取息过律，两罪并罚，比较严重。但是，恰逢元鼎元年"夏五月，赦天下"[178]，从宽处理，旁光侯刘殷受到"免侯"的处罚。

该处颜师古注：

> 以子钱出贷人，律合收租，匿不占，取息利又多也。[179]

旁光侯犯了两项法规，一是借贷铜钱给他人，按照法律应该纳税，但是他隐匿不报，偷税漏税；二是他收取的利息超过的法律关于借贷利息的最高限额。

由此可见，西汉初期限制高利贷最高利率法令出台的时间，是在汉景帝三年（公元前 154 年）至汉武帝元鼎元年（公元前 116 年）之间。

第七节　秦律禁止追债以人为质

关于秦代货币借贷活动的文献资料甚少，但是秦律竹简文字中却有禁止追债偿以人为质的条文。秦朝的法律继承战国晚期秦国的法律。睡虎地秦墓竹简中所记载的战国晚期秦国的法律，是禁止债务追偿以人为质押的。

177　《汉书》卷十五上《王子侯表第三上》，第 447 页。

178　《汉书》卷六《武帝纪》，第 181 页。

179　《汉书》卷十五上《王子侯表第三上》，第 447 页，颜师古注。

百姓有责（债），勿敢擅强质，擅强质及和受质者，皆赀二甲。廷行事强质人者论，鼠者不论；和受质者，鼠者论。[180]

百姓间有债务，不准擅自强行索取人质，擅自强行索取人质以及双方同意质押的，均罚二甲。向他人强行索取人质的人应论罪，把人质给人的人不论罪；双方同意质押的，把人质给人的人也要论罪。

"百姓有责"是说民间借贷已经发生。"勿敢擅强质"是不准许民间自行强制索取人质。并且进一步规定，如果发生这种情况，强索人质和同意质押的双方都要论罪，处罚是罚缴两副铠甲。对强索人质的债权人而言，立法处罚是可以理解的。这里存在的问题是：为什么要处罚受质者？原因是受质者同意受质而违反了法令。"受质者"是指接受或同意以人为质的债务人。如果债务人不同意以人为质，他就不是"受质者"。那么，受质者有无力量不同意受质？逻辑地分析起来，这里可能有两种情况：一是债务人为了借到钱或物，事先与债权人约定以人为质，因而违反了法令；二是事先并无约定，只是在债务到期时因无力偿还，债务人同意以人为质。从规定的上文"百姓有责（债），勿敢擅强质"来看，应是出现了第二种情况。所以，法律条文的后段说，"廷行事强质人者论，老鼠者不论"。强行索取人质者要论罪，被迫给予人质者不论罪。但是，法律为了提高其实施的有效性，对同意以人为质的债务人，也与主动行为违反法令的债权人一样，实施了等量的处罚打击。在这里，人质和"受质者"应该并不是同一主体，人质可能是债务人的奴婢或亲属。所以，此条法令的立法意图还是保护无辜的最弱势群体的。"受质者"应该还有些财产，否则"赀二甲"的处罚规定就因不具备可操作性而全无意义了。

180　睡虎地秦墓竹简整理小组：《睡虎地秦墓竹简·法律问答》，第214页。

　　秦律中关于债的追偿，在《金布律》中有 4 条规定，其中包括货币债务偿还方法和公物损失而产生的"债"的赔偿方法。

　　关于官府与百姓之间的债权债务关系，《金布律》规定：

　　《金布律》第 6 条：有责（债）于公及赀、赎者居他县，辄移居县责之。公有责（债）百姓未赏（偿），亦移其县，县赏（偿）。[181]

欠官府债和被判处赀、赎者住在另一县，应即发文给所住的县，由该县负责索缴。官府欠百姓的债而未偿还，也应发文书给百姓所在的县，由该县偿还。

　　关于发生债务人死亡的情况，其债务清偿方法，《金布律》也有具体的规定：

　　《金布律》第 7 条：百姓假公器及有责（债）未赏（偿），其日（足）以收责之，而弗收责，其人死亡；及隶臣妾有亡公器、畜生者，以其日月减其衣食，毋过三分取一，其所亡众，计之，终岁衣食不（足）以稍赏（偿），令居之，其弗令居之，其人［死］亡，令其官啬夫及吏主者代赏（偿）之。[182]

百姓借用官府器物或欠债未还，时间足够收回，而未收回，该债务人死亡，令该官府啬夫和主管其事的吏代为赔偿。隶臣妾有丢失官府器物或牲畜的，应从丢失之日起按月扣除隶臣妾的衣食，但不能超过衣食的三分之一，若所丢失过多，算起来隶臣妾整年衣食都不够全部赔偿，应令隶臣妾居作，如果不令隶臣妾居作，该人死亡，令该官府啬夫和主管其事的吏要代为赔偿。

　　从这条律文看，当时法律重点保护的是公家的利益，即皇家的利益。它不仅要防范百姓欠债不还，而且还要防范主管官

181　睡虎地秦墓竹简整理小组：《睡虎地秦墓竹简·金布律》，第 60 页。
182　睡虎地秦墓竹简整理小组：《睡虎地秦墓竹简·金布律》，第 60 页。

员督察不力。官员督察不力，延误了时间，债务人死亡，负责官员要赔偿；处置不当，债务人死亡，负责官员也要赔偿。

秦律要求百姓必须履行各种繁重的义务，若不履行义务则会受到法律制裁。这种制裁是由行政机关直接施予的，可称行政强制。即在义务人不肯履行法定义务的情况下，行政机关对其直接执行行政强制。隶臣妾丢了公物或牲畜，必须赔偿，可以直接从其衣食供应中扣除相当的份额；赔偿额过大，则以服劳役抵偿损失。前者是对隶臣妾所支配的财务直接采取的行政强制，后者是对其人身所采取的行政强制。秦律往往把对一般义务人执行行政强制与对罪犯执行依法判决的刑罚等同。《司空律》曰：

有罪以赀赎及有责（债）于公，以其今日问之，其弗能入及赏（偿），以今日居之，日居八钱。[183]

有罪应赀赎以及欠官府债务的，应依判决规定的日期加以讯问，若无力缴纳赔偿，即自规定日期起使之以劳役抵偿债务，每劳役一天抵偿 8 钱。

"有罪以赀赎"者，是经过法律程序判决的犯人，应对其执行刑事强制；"有责（债）于公"者，是没有能够履行行政法规定的纳税义务，因此欠了官府的债，应对其执行行政强制。秦律将两者混在一起交给司空来执行，是把行政强制变成了刑事强制。

"啬夫"是乡级行政区划负责税赋与司法的官员。秦代地方政府为郡县制。县令为一县最高行政长官，负责一县的政务和司法。县令之下设丞，协助县令从事政务活动。县之下有乡，"有秩"为一乡的主管官吏，其下有"三老"负责教化；"啬夫"负责税赋与司法；"游缴"负责社会治安。

183　睡虎地秦墓竹简整理小组：《睡虎地秦墓竹简·司空律》，第 84 页。

对县、都官因过失需要赔偿而产生的债务如何偿还,《金布律》也有明确的规定:

《金布律》第8条: 县、都官坐效、计以负赏(偿)者,已论, 啬夫即以其直(值)钱分负其官长及冗吏, 而人与参辩券, 以效少内, 少内以收责之。其入赢者, 亦官与辩券, 入之。其责(债)毋敢逾岁, 逾岁而弗入及不如令者, 皆以律论之。[184]

县、都官在点验或会计中有罪而应赔偿者, 经判处后, 有关官府啬夫即将其应偿钱数分摊其官长和群吏, 发给每人一份木制三联券, 以便向少内缴纳, 少内凭券收取。如有盈余应上缴的, 也由官府发给木制三联券, 以便上缴。欠债不得超过当年, 如超过当年仍不缴纳, 以及不按法令规定缴纳的, 均依法论处。

官员免职、复职情况下, 对其所欠公家的债, 如何处理,《金布律》也有规定:

《金布律》第9条: 官啬夫免, 复为啬夫, 而坐其故官以赏赏(偿)及有它责(债), 贫窭毋(无)以赏(偿)者, 稍减其秩、月食以赏(偿)之, 弗得居; 其免殹(也), 令以律居之。官啬夫免, 效其官而有不备者, 令与其稗官分, 如其事。吏坐官以负赏(偿), 未而死, 及有罪以收, 抉出其分。其已分而死, 及恒作官府以负责(债), 牧将公畜生而杀、亡之, 未赏(偿)及居之未备而死, 皆出之, 毋责妻、同居。[185]

机构的啬夫免职, 以后又任啬夫, 由于前任时有罪应缴钱财赔偿, 以及有其他债务, 而贫困无力偿还的, 应分期扣除其俸禄和口粮作为赔偿, 不得令他服劳役以抵偿损失; 如已免职, 则

184　睡虎地秦墓竹简整理小组:《睡虎地秦墓竹简·金布律》, 第61~62页。

185　睡虎地秦墓竹简整理小组:《睡虎地秦墓竹简·金布律》, 第62~63页。

应依法令他服劳役以抵偿损失。机构的啬夫免职，点验其所管物资而有不足数的情形，应令他和他属下的小官按各自所负责任分担。吏由于官的罪责而负欠，尚未分担而死去，以及有罪而被捕，应免去其所分担的一份。如已分担而死去，以及为官府经营手工业而负债，或放牧官有牲畜而将牲畜杀死、丢失，尚未偿还及服劳役以抵偿损失未能完成而死去，都可免除，不必责令其妻和同居者赔偿。

秦律对官吏过失处罚比较严厉。秦朝对官吏的管理也十分严格。秦朝实行"考课"制度，即对官吏定期进行考核，并依考核的结果进行奖惩。除了县级官府对下属官吏进行考核外，中央朝廷对县级官吏也要进行考核，并将考核结果作为对官吏升降赏罚的依据。

第八节　汉律保护借贷双方利益

汉初期，商品交换经济进一步发展，铜钱借贷活动空前繁荣起来。在这种情况下，汉朝法律对铜钱借贷活动的保护也愈加严谨成熟。汉武帝时期，法律对铜钱借贷的保护可以分成两个方面：一是设置利率上限，降低高利贷对借款人社会弱势群体的盘剥程度，进而维护社会的和谐稳定；二是对欠债逾期或欠债不还者，给予法律制裁，严格保护债权，使铜钱借贷活动得以可持续的发展。

1. 设置利率上限，保护借款人的利益

汉武帝之前，货币借贷市场采取自由市场利率，许多贷款利率极高。汉文帝及汉景帝时期的货币市场借贷利率并无法律限制。汉武帝时期，法律规定了关于货币借贷的最高利率上限，放款人超过法律规定的利率上限收取利息，将会受到严厉的处罚。汉武帝元鼎元年（公元前116年），旁光侯刘殷，"坐贷子

钱不占租，取息过律，会赦，免。"[186] 因取息过律，旁光侯刘殷
受到"免侯"的处罚。这种处罚，还是因为赶上了天下大赦，
获得从宽处理的结果。

汉武帝颁布限制借贷利率最高限额的法律以后，货币借贷
市场的利率一般在 20% 左右。《史记·货殖列传》曰："庶民农
工商贾，率亦岁万，息二千，百万之家则二十万。"[187] 有 1 万的
本金，每年就可以得到 2000 的利息。家里有 100 万，每年就有
20 万的利息。从这里看，货币借贷的年利率当时是 20%。

2. 保护放款人利益，对欠债逾期或欠债不还者，法律规定
予以制裁

早在汉武帝的祖父汉文帝执政时期，法律对债权的保护就
已经十分到位。即使是贵族，欠债不还超过法定的拖欠期限，
也会受到法律的严厉制裁。河阳严侯陈涓的子嗣陈信，拖欠贷
款超过 6 月，受到"免侯"的处罚。

孝文元年，信嗣，三年，坐不偿人责过六月，免。[188]
汉文帝元年（公元前 179 年），陈信继承了陈涓河阳严侯的爵
位。汉文帝三年（公元前 177 年），陈信因借钱不还，拖欠债务
超过 6 个月，受到免除爵位的惩罚。

汉律保护借贷双方利益，贷款业得到较大的发展。放款人
经营的规模越来越大。

鲁人俗俭啬，而曹邴氏尤甚，以铁冶起，富至巨万。然家
自父兄子孙约，俛有拾，仰有取，赏贷行贾偏郡国。[189]
鲁人一般都俭朴小气，其中曹县的邴氏更为突出。他以冶铁业
发家，家产上亿。但他家里从父亲、兄弟到子孙，都有一个规

186　《汉书》卷十五上《王子侯表第三上》，第 447 页。
187　《史记》卷一二九《货殖列传》，第 3271～3272 页。
188　《汉书》卷一六《高惠高后文功臣表第四》，第 561 页。
189　《史记》卷一二九《货殖列传》，第 3279 页。

定：俯有所拾，仰有所取。即一举一动都要获得利益。曹家放债和行商的范围遍及各通都大邑。

秦律规定在货币借贷中禁止追债以人为质，体现了法律保护借款人权利的立法精神。这说明，秦代法律已经从对债权的保护，开始走向对借贷双方当事人的保护。法律对债权的保护程度，在不同的时期有着不同的表现。其变化反映了不同历史时期债权人群体与债务人群体相对的社会地位。法律对债务违约所实施的强制，从执行债务人人身，到执行债务人财产，再到执行债务企业法人财产，体现了市场经济逐步走向成熟的历史过程，也描绘了世界性债权保护强制力量的逐步减弱。

从世界史的角度来看，在古代社会，社会货币借贷以直接借贷的高利贷为主，一般没有金融中介参与。因此，债权人多是富人，债权人群体属于社会强势群体。债务人多为商人和贫苦民众，属于社会弱势群体。贫困民众的货币借贷需求源于为了获取生活必需品而产生的临时性货币需求。贫困民众的偿债能力具有许多不确定性。因此，贷款回收率较低，风险较大，利率便非常之高。而借款人本身，除了劳动能力之外，可供支配的财产十分微薄。为了保护债权，法律维护债务奴隶制度。无力清偿债务的贫苦民众，便沦为奴隶或奴婢，以人身或劳役抵偿债务。到了古罗马后期，社会货币借贷需求的主体逐步向商人阶层转移。社会上占据主流地位的债务人群体出现由贫苦向富有的转化。债务人有了更多的可供抵债的财产。于是，财产委付制度在古罗马兴起，以对物的执行代替了对债务人人身的执行。秦律规定在商业借贷中禁止以人为质，具有与古罗马后期出现的财产委付制度相似的含义。继承秦律的立法精神，汉律也有保护债务人的内容。一方面，汉律禁止放款人在货币借贷中取息过律，也是对债务人的一种法律保护措施。另一方面，从我们现有的文献资料看，汉律对债权的保护也非常严格，欠债逾期或欠债不还，会受到严厉的惩罚。因此，汉律体现了法律保护货币借贷双方当事人利益的原则，这种双向保护，无疑为秦、汉初期铜钱借贷的发展提供了较好的法律条件，有效地促进了铜钱借贷活动的繁荣和商品经济的发展。

第三章　汉唐铜钱法律 制度的曲折发展

　　汉初至唐初，自汉初元鼎四年（公元前 113 年），汉武帝诏令铸行上林三官五铢钱，并废止其他一切铜钱的流通，至唐初武德四年（公元 621 年），唐高祖诏令铸行开元通宝，其间 734 年是五铢钱全国统一流通的时期。

　　汉初至唐初，中国古代商品经济发生了从繁荣到衰败、从衰败到复苏的漫长的周期变化。在这种变化的影响下，货币流通制度也随之出现了曲折发展的态势。在此期间，东汉末年的战争使得中国逐步出现了南北政权对立的局面，对当时的货币流通产生了巨大的影响。汉初至唐初，中国古代货币流通制度曲折发展的态势表现在两个方面。一是随着商品经济发展的周期变化，货币流通呈现出从繁荣到萧条、从萧条到复苏曲折发展的走势。在这种曲折发展的过程中，货币制度也出现了相应的变化。黄金数量大幅度减少，其货币职能出现了明显的削弱。同时，随着商品经济的衰败和自然经济的形成，铜钱的流通也逐步出现了一度的衰退，而布帛则随之替代了铜钱在货币体系中成为最主要的价值尺度和流通手段。此后，随着商品经济的复苏和铜钱流通的复苏，铜钱在货币制度中的地位又得到了恢复。二是随着东汉末年的战争和南北朝两大政权对峙局面的形成，以及后期中国南北政权的统一，货币流通制度从全国统一走向南北分立，然后又从南北分立重新归于全国统一。

　　东汉时期，商品经济持续发展，自战国以来的经济繁荣，至此达到中国古代城市商品经济发展的顶峰。随着贫富分化的加深，土地兼并问题日益严重，东汉末期社会经济走向衰退。城市繁荣的诱惑、土地兼并的压力，使大量农民离开土地，走向城市。土地失耕使农业经济遭受破坏，农业经济的衰退严重影响了城市商品经济的发展，农业人口在城市里无以为业，形成流民，生活无着，只好铤而走险，打家劫舍，举旗造反。人民起义和军阀混战经久不息，黄巾起义、董卓之乱、三国战争，以至东汉王朝彻底结束之后，商品经济已经基本上为自然经济所代替。至此，城市虚空，人口大减，坞堡兴起，各地区各坞堡之间经济联系非常薄弱，形成了以坞堡为基本单位的自给自足的自然经济社会。同时，货币制度也随之崩溃，五铢钱被废弃不用，以货币为媒介的商品交换方式被以物易物的商品交换方式所代替。

魏晋时期呈现典型的自然经济特征，铜钱虽有使用，但其作用远不如布帛。布帛货币性质明显增强，在货币体系中替代了铜钱作为价值尺度和流通手段的核心作用。

南北朝时期商品经济逐步复苏，铜钱流通逐步恢复。但是，此时的货币制度已经不是统一的五铢钱制度，而是南北分立的货币制度。南朝商品经济复苏较早，建立了四铢钱制度，随后又转为五铢钱制度；北朝商品经济复苏较迟，直接恢复了五铢钱制度。

隋文帝实现南北政权统一，基本上沿袭了北朝的制度，货币经济并不比南朝时期发达。因此，隋至唐初，布帛的货币性质仍然较为明显。唐代的布帛甚至取得了法定流通货币的地位。

比较半两钱的流通，五铢钱的流通呈现出新的特点。全国统一流通半两钱的制度是典型的单一铜钱制度，除了铭文"半两"、大小轻重不等的半两钱流通之外，并无其他种类的铜钱与之并行流通。五铢钱则不同，除了铭文"五铢"的铜钱流通之外，多次出现其他种类的铜钱与之并行流通，形成了单一铜钱制度为主，复合铜钱制度交叉出现的曲折发展过程。

第一节　半两钱制度转向五铢钱制度

秦、汉初期是半两钱流通的时代。半两钱始铸于战国时期秦国秦惠文王二年（公元前336年）。秦王政二十六年（公元前221年），秦灭六国，废除了各国不同的货币，将战国时期秦国的货币推广到全国使用，半两钱成为全国统一流通的铜钱。

全国统一的半两钱制度为汉初期经济的繁荣提供了必要的货币条件，促进了汉初期商品经济的发展。汉武帝即位初期，国家的经济、军事实力达到了空前的高度，于是，就爆发了汉匈战争。十几年的战争，再加上连年不断的水灾，使汉王朝财政虚空，经济濒临崩溃。汉武帝卖官鬻爵，纳币赎刑，搅乱了吏治和刑法，所得金钱仍不足以奉战士。为了减轻经济压力，扩大财政收入，元狩四年（公元前119年），正值汉匈决战之际，汉武帝采取了虚币敛财政策。为解决中央财政困难，朝廷发行了皮币和白金三品。皮币定价40万枚半两钱，以供诸侯贵族朝觐聘享；白金上品定价3000枚半两钱、中品定价500枚半两钱、下品定价300枚半两钱，用于军事开支及赏赐战士。为解决地方财政困难，朝廷命令地方官府销毁半两钱，更铸三铢钱，规定三铢钱表面铭文"三铢"，法定重量也是3铢。"县官销半两钱，更铸三铢钱，文如其重"[190]。销毁铭文"半两"、实重4铢的铜钱，更铸铭文"三铢"、实重3铢的铜钱，两者等价兑换，铸造者就在铸造的每一枚三铢钱上获得了1铢的利益。三铢钱铸行之后，翌年即废，历时甚短，传世极少。但是，铸

190　《史记》卷三〇《平准书》，第1427页。

行三铢钱的意义深远，它标志着全国统一流通已逾百年的半两钱即将退出流通领域，新的纪铢铜钱即将进入流通。

皮币效仿古代的贡物，用于诸侯贵族，并非流通货币。平民取皮币无用，诸侯贵族也只能向朝廷购买皮币，万不敢冒险伪造。所以，伪造皮币的事情不会发生。而白金三品不同，尽管朝廷强调盗铸罪死，但盗铸仍泛滥成灾。

盗铸诸金钱罪皆死，而吏民之盗铸白金者不可胜数。[191]

法律规定私自偷铸各种钱币的人都要被判处死刑，但官吏和百姓中偷铸白金钱币的人还是多得数不清。

这里所说的"盗铸诸金钱"，"金"系指白金三品，"钱"指的是三铢钱和半两钱。尽管朝廷已令县官销毁半两钱，更铸三铢钱，但更铸三铢钱需要时日，必不能即刻见效。三铢钱与半两钱处于并行流通状态，加上白金三品，币制更为混乱。此时，盗铸诸金钱，大概均可盈利，而盗铸白金最能盈利。于是，民间盗铸盛行，犯禁者以数百万计，搞得朝廷杀也杀不过来。皮币及白金三品的发行，显然对当时的半两钱制度起到了严重的破坏作用。因此，白金在汉武帝元鼎二年（公元前115年），即发行后的第五年，终于被废止了。

白金稍贱，民不宝用，县官以令禁之，无益。岁余，白金终废不行。[192]

白金钱贬值，百姓不爱使用，县官虽下令干预，但无济于事。过了一年多，白金钱终于被淘汰。

汉武帝的虚币敛财政策，破坏全国统一流通已逾百年的半两钱制度，不得不加紧进行进一步的货币改制。汉武帝元狩五年（公元前118年），有司奏请诸郡国铸五铢钱。实施后，各郡

191　《史记》卷三〇《平准书》，第1427页。
192　《史记》卷三〇《平准书》，第1434页。

国不堪钱币加重的成本，郡国五铢钱的质量遂不能保证。于是，汉武帝元鼎元年（公元前116年），朝廷收铸币权于中央，改铸赤侧五铢，法定一枚赤侧五铢兑换5枚郡国五铢。为推行赤侧五铢，法律规定朝廷税赋收支必须采用赤侧五铢，"赋官用非赤仄不得行"，[193]赋予赤侧五铢钱法定流通的地位。汉武帝元鼎四年（公元前113年），汉王朝政府又废赤侧五铢，并令天下非上林三官五铢钱不得行。于是，上林三官五铢钱最终取代了过去半两钱的地位，成为货币体系中最主要的价值尺度和流通手段，而半两钱则彻底退出了流通领域。

　　其后二岁，赤侧钱贱，民巧法用之，不便，又废。于是悉禁郡国无铸钱，专令上林三官铸。钱即多，而令天下非三官钱不得行。诸郡国所前铸钱皆废销之，输入其铜三官。而民之铸钱益少，计其费不能相当。唯真工大奸乃盗为之。[194]

过了两年，赤侧五铢又贬值。老百姓没有按照法令规定的价值使用赤侧五铢，感到不方便，因而又将其废弃。于是，天子下令各个郡国都不得铸钱，专令上林三官铸钱。铸钱数量很多之后，就下令全国：不是上林三官铸的钱不许用，各个郡国以前所铸的钱币全部销毁，把毁钱所得的铜交给三官，结果民间铸币更少了。因为百姓铸币所花工本费高于币值，很不合算，只有那些技艺高强和不怕犯法的人才敢盗铸钱币。

　　铸行上林三官五铢钱的一个重要特点，就是将铜钱铸造机构集中到皇帝的私有经济之中。秦始皇时，掌管国家度支的官员是治粟内史，掌管宫廷度支的官员是少府。秦时主管统一铸造铜钱的机构归属治粟内史。《汉书·百官公卿表》云：

　　治粟内史，秦官，掌谷、货，有两丞。景帝后元年更名大

193　《汉书》卷二四下《食货志下》，第1169页。
194　《史记》卷三〇《平准书》，第1434～1435页。

农令，武帝太初元年更名大司农。[195]

治粟内史是秦时的官职，有两丞，一个管粮食，一个管货币。汉景帝后元年（公元前 143 年）改名为大农令，汉武帝太初元年（公元前 104 年）改名为大司农。

秦朝设有固定的管理货币的官署，是在掌管国家度支的治粟内史属下。汉代掌管国家度支的仍然是治粟内史，汉景帝后元年更名为大农令，汉武帝太初元年更名为大司农，掌管宫廷度支的仍然是少府。该处颜师古注释说：大司农供应国家政府及军队的开支，少府供应皇帝的开支。"大司农供军国之用，少府以养天子也。"[196]汉武帝元鼎二年（公元前 115 年）增设水衡都尉。《汉书·百官公卿表》载：

水衡都尉，武帝元鼎二年初置。掌上林苑，有五丞。属官有上林、均输、御羞、禁圃、辑、钟官、技巧、六厩、辨铜九宫令、丞。[197]

水衡都尉是汉武帝元鼎二年（公元前 115 年）设置的官职，掌管上林苑，有五丞。下面管辖着上林、均输、御羞、禁圃、辑、钟官、技巧、六厩、辨铜九个部门的令、丞。

此处应劭注释说，钟官是主管铸钱的官员。辨铜是主管铜材质量的官员。"钟官，主铸钱官也。辨铜，主分别铜之种类也。"[198]水衡都尉所辖资产是天子财产。汉宣帝本始二年（公元前 72 年）春天，朝廷用水衡官署所储钱修整汉昭帝的平陵，并资助平陵的徙民建造房屋。"二年春，以水衡钱为平陵，徙民起第宅。"[199]此处应劭注：

195　《汉书》卷一九上《百官公卿表上》，第 731 页。
196　《汉书》卷一九上《百官公卿表上》，第 732 页，颜师古注。
197　《汉书》卷一九上《百官公卿表上》，第 735 页。
198　《汉书》卷一九上《百官公卿表上》，第 735 页，应劭注。
199　《汉书》卷八《宣帝纪》，第 242 页。

水衡与少府皆天子私藏耳。县官公作，当仰给司农，今出水衡钱，言宣帝即位为异政也。[200]

水衡与少府都是皇帝的财物管理机构。官府开支，应当依靠司农。这里说为移民盖房使用水衡钱，是说汉宣帝打破了过去的常规，用皇帝自己的钱办公家的事情。《汉书·王嘉传》曰：

孝元皇帝奉承大业，温恭少欲，都内钱四十万万，水衡钱二十五万万，少府钱十八万万。[201]

汉元帝即皇帝位后，平和恭顺少有欲望，都城内库有钱40亿枚，水衡积钱25亿枚，少府积钱18亿枚。

朱德贵先生说："水衡都尉的职掌主要负责皇室土（地）管理、赋税征收、货币铸造等具体事项。……东汉以后皇室财政的收入日趋缩小，水衡都尉由此也被裁撤，'并其职于少府。'"[202]水衡是负责皇室财政收支的，铸币机构放在水衡，铸币利润就形成皇室收入。

秦代铜钱是朝廷统一铸行的。自汉王刘邦打破了秦朝垄断铜钱铸币权的制度，"令民铸钱"以来，百多年中地方是可以铸币的。中央朝廷统一铸币，不允许地方或民间铸币，是秦始皇暴政的标志之一。因此，汉武帝恢复中央朝廷统一铸币，停止郡国铸币，臣民是不赞同的。慑于酷吏的压力，汉武帝在位时大家未敢反对。汉武帝死后六年，汉昭帝始元六年（公元前81年）的盐铁会议上，贤良文学就提出了反对上林三官专铸的意见：

废天下诸钱，而专命水衡三官作，吏匠侵利，或不中式，

200　《汉书》卷八《宣帝纪》，第242页，应劭注。
201　《汉书》卷八六《王嘉传》，第3494页。
202　朱德贵：《汉代商业财政经济论稿》，中国财政经济出版社，2004年版，第57页。

故有薄厚轻重。[203]
废黜天下各种铜钱，命令水衡属下三官专营铸造铜钱，结果是管理的官吏和工匠们从中牟利，铸造的铜钱不符合规定的标准，所以流通中的铜钱出现了厚薄轻重不统一的情形。

　　贤良文学的观点是十分明确的：汉武帝将铸币权集中到中央朝廷，专命三官铸造五铢钱，结果是吏匠侵利，引起了钱币质量的下降，轻重厚薄也出现了不统一的状况。废除诸币，中央朝廷集中铸造上林三官五铢钱的事情，发生在汉武帝元鼎四年（公元前113年），盐铁会议则发生在汉昭帝始元六年（公元前81年），两者相距32年。贤良文学中应该有人经历了朝廷集中铸造上林三官五铢钱这个币制改革过程。并且，盐铁会议时，贤良文学在日常生活中所用的钱币，正是上林三官五铢钱。因此，贤良文学必然十分清楚当时五铢钱的质量情况。盐铁会议上，贤良文学的辩论对手是时任御史大夫的桑弘羊，贤良文学显然处于弱势地位，必不敢无中生有、造谣生事。所以，上林三官五铢钱的质量十分糟糕，是无可置疑的。

　　然而，现代学者在对待这个问题的看法上，与当时的贤良文学相比较，有着截然相反的观点。现代学者多认为钱币铸造集中到中央朝廷，钱币质量必然会提高，钱币形制必然会规范。钱剑夫先生说："因此，从这时起汉代的'五铢钱制'才完全奠定比较牢固的基础，型制亦较完善。"[204]萧清先生说："铜币铸造权收归中央，币制的统一，则使西汉初年以来长期存在的币值不稳、货币流通混乱的问题获得解决。"[205]叶世昌先生说："三官五铢是中国历史上质量最好的钱币之一，被后人视为铸钱的楷模。三官五铢的铸造权完全集中于中央，这在中国历史上也具

203　（汉）桓宽：《盐铁论·错币》，中华书局，1959年版，第5页。
204　钱剑夫：《秦汉货币史稿》，第47页。
205　萧清：《中国古代货币史》，第113页。

有首创性。"[206]

从法律制度的角度来看，秦汉时期的法律制度，保护朝廷铸造的劣币与良币混合流通，打击民间放铸时期民间铸造的劣币。因此，民间铸造钱币形制必然规范，朝廷铸造钱币形制难免厚薄轻重不一，是可以想见的事情。汉武帝改革币制，始铸五铢时，汉文帝时期民间自由铸造的半两钱多有流通，两者比较，自然是朝廷铸造钱币形制规范较差。贤良文学身处其时，所述当属实情，就是辩论对手桑弘羊，也没有对这一观点提出异议。

然而，尽管中央朝廷集中铸造钱币的质量难以保证，上林三官五铢钱制度的确立，在中国货币史上仍然具有十分重要的意义。

第一，真正实现了铸币的中央朝廷统一铸造。《史记·平准书》云：

于是悉禁郡国无铸钱，专令上林三官铸，钱即多，而令天下非三官钱不得行。[207]

于是，天子下令各个郡国皆不得铸钱，专令上林的三官铸钱，钱铸得很多之后，就下令全国不是三官铸的钱不许使用。

第二，形成了合乎中国古代社会经济发展需要及价格水平对货币单位要求的钱币制度。五铢钱轻重适中，流通便利，因此，自汉至隋700多年持续延用不废。五铢钱是我国历史上行用最为长久的钱币形态。

第三，有利于皇帝独裁统治。五铢钱制度不仅将铸币权集中到中央朝廷，而且是集中到皇室手中。铸币收益从中央朝廷转移到皇室，扩大了皇室的收入，加强了皇室的经济实力。同

206　叶世昌：《中国金融通史》，第52页。
207　《史记》卷三〇《平准书》，第1434~1435页。

时，在中国古代，货币是重要的统治工具。贾山就曾经向汉文帝提出：钱是王者使用的工具，可以用来交易富贵。富贵是王者治理天下的把柄。《汉书·贾山传》曰："钱者，亡用器也，而可以易富贵。富贵者，人主之操柄也。"[208]掌握货币，特别是掌握货币发行权，不仅可以获取铸币收益，而且是加强皇帝独裁统治的重要手段。

第四，有利于打击盗铸。集中统一的铸造，防伪工艺提高，民间盗铸困难加大。《史记·平准书》云：

> 而民之铸钱益少，计其费不能相当。唯真工大奸乃盗为之。[209]

民间铸币更少了。因为铸币所花工本费高于币值，很不合算，只有那些技艺高强和不怕犯法的人才敢偷铸钱币。

第五，有利于中央集权统治，可有效控制地方势力的扩大。郡国铸钱，使地方政权经济实力增强，提高其与中央朝廷抗衡的实力。汉文帝时，地方铸钱，经济实力增强，曾出现于中央朝廷对抗的局面。《史记·平准书》云：

> 故吴，诸侯也，以即山铸钱，富埒天子，其后卒以叛逆。邓通，大夫也，以铸钱财过王者。故吴、邓钱布天下，而铸钱之禁生焉。[210]

吴王刘濞是一个诸侯王，就地开采铜山铸钱，发了大财，豪富程度竟和天子相等，后来终于发展到反叛朝廷。邓通是一位大夫，因为铸钱，他财产多得胜过王侯。所以，吴、邓两家的钱财遍布全国各地。于是朝廷制定了禁止百姓私自铸钱的禁令。

汉武帝时，将郡国铸钱的权利收归中央，有利于中央集权统治。

---

208 《汉书》卷五一《贾山传》，第 2337 页。
209 《史记》卷三〇《平准书》，第 1434～1435 页。
210 《史记》卷三〇《平准书》，第 1419 页。

上林三官五铢钱铸行之后，一切旧钱均被废止，半两钱彻底退出了流通领域，实行已逾百年的半两钱制度，即为五铢钱制度所代替。

第二节　三国魏晋五铢钱流通的萧条

西汉末年发生了严重的社会危机，导致了王莽的政治改革和大刀阔斧的货币改制。居摄二年（公元7年），王莽正式启动货币改制，开始铸造虚币大钱以兑换流通中的五铢钱。此后，货币改制措施层出不穷，五铢钱制度逐步被虚币大钱及五物六名二十八品的"宝货制"等复杂多变的货币制度所代替。王莽的货币改制极不成功，钱法大乱，物价暴涨，每次货币改制，都造成大量百姓破产，并出现许多百姓因盗铸铜钱而遭受刑罚的情形。"每壹易钱，民用破业，而大陷刑"。[211]王莽搞垮了经济，搞得人民无法生活，全国各地爆发了起义。王莽自食其果，被起义军斩杀于渐台。此后，人民无法使用铜钱进行交易，只好杂用布帛金粟。东汉政权建立之后，建武十六年（公元40年），在陇西太守马援的建议下，朝廷恢复了五铢钱的铸行。

五铢钱制度的恢复，为东汉王朝的经济发展提供了必要的货币条件，社会经济得以持续好转。东汉时期，商品经济持续上升，逐步达到中国古代城市商品经济空前发展的顶峰。东汉末年，社会贫富分化日益明显，土地兼并问题日益严重，失去土地的农民成为流民，终于爆发了规模宏大的黄巾大起义。

汉灵帝中平元年（公元184年）二月，黄巾起义爆发。同年十一月，黄巾起义失败，战斗总共持续了九个月。黄巾起义的结果是全国各地形成了军阀割据，东汉王朝成为名存实亡的

211　《汉书》卷二四下《食货志》，第1184页。

"空架子"。就在这种形势下，汉灵帝中平三年（公元 186 年），东汉王朝铸行了"四出五铢"钱。

> 复修玉堂殿，铸铜人四，黄锺四，及天禄、蝦蟆，又铸四出文钱。[212]

重建玉堂殿，铸造了四个铜人，四个黄钟，以及天禄、蝦蟆铜兽，又铸造四出文钱。

"四出五铢"钱的背面内廓四角有四条直线放射连接周廓，正面文"五铢"，铜色黄白，铜质不好，钱面、背面都有大大小小许多沙眼，重量一般为 3.5 克（6.1 铢）左右。这种钱在辽宁辽阳、河南洛阳、湖北武昌、甘肃武威等地都有出土。[213]《后汉书·宦者列传·张让传》载：

> 又铸四出文钱，钱皆四道。识者窃言侈虐已甚，形象兆见，此钱成，必四道而去。及京师大乱，钱果流布四海。[214]

（东汉王朝）还铸造了四出文钱，钱上都有四条纹路。有见识的人私下说朝廷奢侈暴虐已经过分，具体已现出征兆，这种钱铸成，必然分四路离去。等到京师大乱，钱果然流到全国各地。

铸造四出五铢钱之后四年，汉献帝刘协初平元年（公元 190 年），董卓就火焚宫室，挟汉献帝西迁长安，并且废五铢更造小钱。

> 及董卓辱戈，火焚宫室，乃惊鸾驾，西幸长安，悉坏五铢钱，更铸小钱，尽收长安及洛阳铜人飞廉之属，以充鼓铸。又钱无轮郭，文章不便。[215]

到军阀董卓发动武装政变，火烧洛阳皇宫，劫持汉献帝西走长安，把五铢钱全部销毁，改铸成小钱，并全部收缴长安和洛阳

---

212 《后汉书》卷八《孝灵帝纪》，中华书局，1965 年版，第 353 页。
213 详见《文物参考资料》1995（3）和（12）。
214 《后汉书》卷一〇八《张让传》，第 2537 页。
215 《晋书》卷二六《食货志》，中华书局，1974 年版，第 781 页。

的铜人、铜鸟之类的铜器，销毁后用来铸钱。这些铸出来的钱铸工粗糙，周边没有凸起的轮廓和标识币值的文字，用起来很不方便。

董卓铸小钱，发生在迁都长安之时。迁都长安使朝廷财力大伤，民间亦惨遭其苦。迁都之日，董卓逮捕洛阳城中富豪，加以罪恶之名处死，把他们的财物没收，死者不计其数。驱赶剩下的数百万居民，都向长安迁徙。命步兵、骑兵在后逼迫，马踏人踩，互相拥挤，加上饥饿和抢掠，百姓不断死去，沿途堆满尸体。董卓自己留驻在毕圭苑中，命部下焚烧一切宫殿、官府及百姓住宅，二百里内，房屋尽毁，不再有鸡犬。又让吕布率兵挖掘历代皇帝陵寝和公卿及以下官员的墓地，搜罗珍宝。在此浩劫下，朝廷和数百万人众一下子失去了日常生活所必需的全部物资。一大群乱兵，却搜罗到无数"饥不能食、寒不能衣"的珍宝。在此情况下，董卓不得不铸造铜钱，用来到各地收购生活物资，以解决新都军民的生活问题。铸造钱币需要铜材，铜材一时难以采矿冶炼，所以"尽收长安及洛阳铜人飞廉之属，以充鼓铸"。[216] 董卓铸行的铜钱轻薄恶小，既无轮廓，又无纹饰。这种小钱铸多了，就发生了严重的通货膨胀。董卓倒行逆施，自然不得长久。两年之后，董卓就被部将吕布杀死。董卓死后，其部将李催、郭汜、樊稠以替董卓报仇为名，率兵攻入长安。不久，李催、郭汜又发生了火并，直接以长安为战场，董卓小钱的通货膨胀就达到了登峰造极的地步。

董卓坏五铢钱，更铸小钱，悉取洛阳及长安铜人、钟（虚）、飞廉、铜马之属以铸之，由是货贱物贵，谷石至数万钱。[217]
董卓废除五铢钱，更铸小钱，把洛阳及长安所有的铜人、鹿头

216　《晋书》卷二六《食货志》，第781页。
217　《资治通鉴》卷五九《汉纪五十一》，第1916页。

龙身铜像、雀头鹿身蛇尾铜像、铜马等都熔掉铸钱，从此钱贱物贵，物价猛涨，每石谷价高达数万钱。

　　悉椎破铜人、铜（虚）、及坏五铢钱，更铸为小钱，大五分，无文章，肉好无轮郭，不磨鑪。于是货轻而物贵，谷一斛至数十万。自是后钱货不行。[218]

把所有的铜人、铜全部砸碎，又毁掉五铢钱，熔化更铸成小钱，大五分，上面没有文字和花纹，钱的边缘和孔轮廓不分明，不加磨治。因此钱币贬值而物价昂贵，一斛粮食的价钱达到几十万钱。从此以后钱币就不能通行。

　　及卓诛死，李傕、郭汜自相攻伐，于长安城中以为战地。是时谷一斛五十万，豆麦二十万，人相食啖，白骨盈积，残骸余肉，臭秽道路。[219]

后来董卓被杀，部将李傕和郭汜自相攻杀，把长安城中当成了战场。这时物价飞涨，一斛谷子值 50 万钱，豆、麦值 20 万钱，到处可见吃人的惨象，白骨成堆，残余尸骸的臭腐之气充满道路。

　　谷 1 斛的价格涨到 50 万枚小钱，即使每枚小钱的重量只有 1 铢，50 万枚小钱的重量也要达到 50 万铢，就是 1302 斤，折合现代 289 公斤。[220] 而东汉末年 1 斛谷的重量折合现代 13.5 公斤。[221] 因此，这时候的铜、谷比价就达到了 21.2∶1，即 21.2 斤青铜才能换到 1 斤谷。

　　218　《三国志》卷六《董卓传》，中华书局，1959 年版，第 177 页。

　　219　《晋书》卷二六《食货志》，第 782 页。

　　220　东汉、三国、魏晋及南朝 1 斤折合现代 220 克，即 0.22 公斤，东汉 1302 斤，折合现代大约 286 公斤；1 铢折合现代 0.5729 克。此后文中关于出土东汉、三国、魏晋及南朝文物在实测重量若干克之后，均加括号注明折合若干铢，在折算中均采用四舍五入的方法，保留小数点后 1 位。

　　221　东汉 1 斛 20000 毫升，以现代谷子装入 20000 毫升容器，可装 13.5 公斤。

董卓之乱很短，董卓不久便被杀身死。然而，董卓铸造的小钱却成为流通货币，持续了相当一段时间。董卓铸造的小钱被废止，发生在建安十三年（公元 208 年）。建安元年（公元196 年），曹操将汉献帝从洛阳接到许县，开始挟天子以令诸侯。建安五年（公元 200 年），曹操大败袁绍于官渡。建安十一年（公元 206 年），曹操基本统一北方。建安十三年（公元 208年），曹操兵败赤壁。然而，就在兵败赤壁这一年，曹操废黜董卓小钱，再行五铢钱。

及献帝初平中，董卓乃更铸小钱，由是货轻而物贵，谷一斛至钱数百万。至魏武为相，于是罢之，还用五铢。是时不铸钱即久，货本不多，又更无增益，故谷贱无已。[222]

至汉献帝初平年间（公元 190 年至公元 193 年），董卓更铸小钱，由此引起货币贬值和物价上涨，一斛谷子的价格卖到几百万文。到曹操任丞相时，便废除了这种小钱，恢复使用五铢钱。当时朝廷已经很久没有铸钱了，钱币本来不多，又加上没铸造新钱，所以粮价一路下跌。

董卓铸小钱，物价上涨。曹操废黜董卓小钱，行五铢钱，结果是谷价不断下跌。分析《晋书·食货志》所述谷价下跌的原因："是时不铸钱即久，货本不多，又更无增益，故谷贱不已。"谷价下跌，自然是指其货币价格的下降。董卓铸造小钱是在汉献帝初平元年（公元 190 年），至建安十三年（公元 208年），已经 18 年之久，朝廷一直没有铸钱，所以货币流通总量不多。而曹操行五铢，是命令起用五铢旧钱，代替董卓铸小钱以及物物交换，所以货币总量"更无增益"。废除了大量的小钱，又不铸造相应数量的五铢新钱，于是，谷价不断下降。

至此，董卓铸造的小钱基本上退出了流通领域，曹操用旧

222　《晋书》卷二六《食货志》，第 794 页。

的五铢钱替代了董卓铸造的小钱，五铢钱重新成为法定的价值尺度和流通手段。

曹操废黜董卓小钱，行五铢钱，发生在建安十三年（公元208年）。曹操的货币改制没有成功。虽然董卓铸造的小钱基本上退出了流通领域，但是五铢钱仍然不为民间所广泛使用，商品交换大多采用物物交换的方式。13年之后，到了黄初二年（公元221年），曹操的儿子曹丕再一次试图恢复五铢钱制度。然而，曹丕也遭受了失败，结果是不得不颁布废钱令，并令百姓使用谷米和布帛作为交换手段。

汉献帝延康元年（220年）十月，曹丕代汉称帝，国号魏，建元黄初，定都洛阳。第二年，曹丕又一次试图恢复五铢钱：

三月，加辽东太守公孙恭为车骑将军。初复五铢钱。[223]
黄初二年（公元221年）三月，曹丕任命辽东太守公孙恭为车骑将军。开始恢复五铢钱的流通。

前文已经讲过，早在建安十三年（公元208年），曹操就已经废止了董卓所铸小钱，行五铢钱。那么，过了13年之后，到了黄初二年（公元221年），曹丕怎能又来"初复五铢钱"。由此可见，曹操在建安十三年（公元208年）所下达的"行五铢钱"的法令，可能在不久之后就被废黜了。无独有偶，曹操的儿子曹丕，在"初复五铢钱"的当年十月，再次废除五铢钱，而令百姓"以谷帛为市"。

及黄初二年，魏文帝罢五铢钱，使百姓以谷帛为市。[224]
至魏文帝黄初二年（公元221年），魏文帝又废除五铢钱，禁止钱币流通，让百姓用谷米、布帛作为市场交易的手段。

曹氏父子两代，在恢复五铢钱制度方面都遭到了失败，其

223　《三国志》卷二《文帝纪》，第78页。
224　《晋书》卷二六《食货志》，第794页。

原因值得探讨。战争期间，发行不足值铜钱来购买军用物资是非常有效的办法，而发行足值铜钱便利生产和交换则可能招致敌对势力的破坏，成功的概率是极低的。此时，正当北方曹魏集团试图恢复五铢钱制度，采用足值铜钱便利经济发展的时候，西南蜀汉集团和南方东吴集团都在采用发行不足值虚币大钱向民间暴敛钱财的措施。蜀汉集团实施的虚币敛财措施，可能对曹丕试图恢复五铢钱制度的努力产生了不利的影响。

汉献帝建安十九年（公元 214 年），刘备攻打成都，取成都后，出现了军用不足的问题。于是，刘巴建议铸"直百钱"。

初攻刘璋，备与士众约："若事定，府库百物，孤勿预焉。"及拔成都，士众皆舍干戈，赴诸藏竞取宝物。军用不足。备甚忧之。巴曰："易而，但当铸直百钱，平诸物价，令吏为官市。"备从之，数月之间，府库充实。[225]

早年攻打刘璋的时候，刘备与众将士们约定："如果能够把成都攻打下来，刘璋各个库府中的财宝，都给予众将士，刘备不收缴这些财宝。"待到刘备的部队真的把成都攻打下来，众将士就都丢下武器，赶到各个库府中竞取财宝。结果是刘备付出了军事开支，却没有得到战争的收获，军中用度出现了困难。刘备非常发愁。刘巴建议说："这个事情很容易解决，我们铸造每枚价值一百的铜钱，令官员们使用这种直百钱到市场上用现行价格收购物资。"刘备听从了刘巴的建议，几个月后，刘备的库府就充满了物资。

刘备铸"直百钱"，以十数铢青铜代表五百铢青铜，有效地抢掠民间财富，"数月之间，府库充实"。刘备铸"直百钱"所获的价值，就用来支持蜀军所需的军事开支。

黄初二年（公元 221 年），曹丕"初复五铢钱"时，刘备统

225　《三国志》卷三九《刘巴传》，第 982 页，注引《零陵先贤传》。

治的蜀汉地区已经在流通"直百钱"。背靠如此一个虚币流通的邻邦，如果曹丕铸行足值五铢钱，那么，所铸五铢被邻国盗取更铸虚币的风险是存在的。因此，曹丕在恢复五铢钱制度几个月后，发现情况不妙，就果断地废黜了五铢钱制度，令百姓"以谷帛为市"。

　　东吴铸不足值大钱的时间较迟，嘉禾五年（公元236年），东吴朝廷铸造一当五百的大钱；两年之后，赤乌元年（公元238年）又造一当一千：

　　五年春，铸大钱，一当五百。诏使吏民输铜，计铜畀直。设盗铸之科。[226]

嘉禾五年（公元236年）春天，东吴朝廷铸造大钱，一枚大钱价值五百枚小钱。孙权下诏命令官员和百姓缴纳铜材，按缴纳铜材的重量付钱。同时，朝廷又制定了对百姓盗铸铜钱的惩治条例。

　　赤乌元年春，铸当千大钱。[227]

赤乌元年（公元238年）春天，东吴朝廷铸行价值一千枚流通中铜钱的大钱。

　　东吴政权为什么一而再地铸造大钱敛财呢？嘉禾、赤乌年间，魏、蜀、吴三国间局势平稳，久无战事。东吴政权用钱，可能是因为孙权经略辽东的活动所致。辽东与东吴之间，横隔着一个强大的敌对政权——曹魏。因此，东吴与辽东的交往需要跨越黄海。嘉禾年间，孙权多次派使团跨海与辽东公孙渊政权以及高句丽政权交往，耗费了大量的钱财。

　　黄初二年（公元221年），魏文帝曹丕"初复五铢钱"失败，不久便废除了五铢钱制度，令百姓"以谷帛为市"。以谷帛

226　《三国志》卷四七《孙权传》，第1140页。
227　《三国志》卷四七《孙权传》，第1142页。

为市，弊端很多。至魏文帝死，魏明帝曹叡即位，太和元年（公元227年）四月，曹魏政权便恢复了五铢钱制度。

太和元年……夏四月，行五铢钱。[228]

至明帝世，钱废谷用即久，人间巧伪渐多，竞湿谷以要利，作薄绢以为市，虽处以严刑而不能禁也。司马芝等举朝大议，以为用钱非徒丰国，亦所以省刑。今若更铸五铢钱，则国丰刑省，于事为便。魏明帝乃更立五铢钱，至晋用之，不闻有所改制。[229]

到了魏明帝的时候，废止钱币而用谷帛作为商品交换手段的时间已经很久。此时，投机取巧的事情逐渐增多，有的人竞相把粮食弄湿，把绢织薄来追求厚利。虽然官府对此采用严刑重罚惩处，但也禁止不了。司马芝等朝廷大臣举行会议商议，认为使用钱币不但可以使国家丰裕，也可以减少刑事犯罪。现在若恢复铸行五铢钱，就可以富国省刑，使各方面事情都有利。魏明帝于是恢复铸行五铢钱。铸行五铢钱的办法，一直到晋代仍然沿用，没听说再有改变。

曹丕令百姓"以谷帛为市"，改变了过去以物易物的商品交换方式，采用谷帛作为商品的价值尺度和流通手段。比较金属货币，谷帛具有严重的缺陷。因此，曹丕"以谷帛为市"的商品流通制度在实施几年之后就出现了严重的问题。民间织作薄绢，往粮食里面掺水，以求牟利，从而扰乱了正常的市场贸易，曹魏政权采取严刑打击也不能禁绝。司马芝在朝廷上议论此事时竭力主张恢复五铢钱制度，他提出铸钱流通有三大好处：一是增加国家控制的财富；二是可以减少对违法作弊者的刑罚，缓和社会矛盾；三是给商品交换活动带来便利。魏明帝曹叡听

228　《三国志》卷三《明帝纪》，第92页。

229　《晋书》卷二六《食货志》第794～795页。

从了司马芝的建议，开始铸行五铢钱。从此，五铢钱制度得到恢复和延续，直到晋代都没有更改过。

曹操恢复五铢钱，只是在法律制度上宣布恢复，并未实施铸造，因此货币供应量不足，造成谷价不断下跌，货币改制便随之失败。曹丕恢复五铢钱，时机似乎并不成熟。曹丕初篡帝位，四方未稳，军事冲突一触即发，曹魏朝廷当然不能将大量金属置于铸钱用途。不用金属铸钱，只好用谷帛为币。而谷帛为币的弊端甚多，于是很快也失败了。到了曹叡即位之时，刘备和孙权都已经称帝，三国稳定局面基本形成，此时恢复五铢钱制度就具备了客观环境上的基础。因此，曹叡恢复五铢钱制度，是通过更铸的方式来实现的。曹魏政权铸造五铢钱，便利了民间商品流通和经济发展，自然也有利于曹魏国力的增强。

尽管曹魏政权恢复了五铢钱制度，五铢钱的流通依旧十分萧条。魏元帝咸熙二年（公元265年），司马炎废魏自立，国号晋，史称西晋。遭五胡之乱，西晋灭亡，东晋继起，两晋相继执政156年，商品经济持续萧条，自然经济为主，朝廷一直没有铸行铜钱，除了以物易物作为主要的商品交换方式之外，流通中延用汉、魏的五铢钱及各种古钱。

第三节　南北朝五铢钱制度的分立

公元420年，刘裕代晋称帝，建都建康，国号宋，与鲜卑拓跋氏北魏政权南北对峙，开始了南北朝的历史。南北朝时期，商品经济逐步复苏，南北政权各自建立了自己的货币制度。当时，南朝经济发展速度优于北朝，北朝人口和军事实力优于南朝。南朝宋文帝元嘉七年（公元430年），朝廷立钱署，开始铸行铜钱。在此之前，南朝统治地区主要使用三国时期东吴流通的旧钱。此后，南朝商品经济的发展，对货币总量产生了更大的需求，南朝各王朝通过铜钱减重的方式增加货币流通总量，并通过这种方式达到掠取民间财富的目的。北朝统治地区商品经济相对落后，长期采用以物易物的商品交换方式。但是，北朝统治地区的经济也在逐步恢复，北魏孝文帝太和十九年（公元495年），北魏朝廷也开始铸行铜钱。为了战争的需要，北朝主要采用铸行虚币大钱的方式扩大名义货币流通总量，并通过这种方式达到掠取民间财富的效果。

1. 南朝建立四铢钱制度时期北朝以谷帛为币。

南方刘宋王朝（公元420年至公元479年）实行四铢钱流通的时期，北方拓拔氏统治的北魏（公元386年至公元534年）地区仍然采用谷帛为币的商品流通方式。宋文帝元嘉七年（公元430年），刘宋王朝立署铸造四铢钱。四铢钱与五铢钱大小相似，铸造并无利益，所以百姓不盗铸。

七年……冬十月……戊午，立钱署，铸四铢钱。[230]

先是元嘉中，铸四铢钱，轮郭形制，与五铢同，用费损，无利，故百姓不盗铸[231]

在这以前的元嘉年间，朝廷铸造四铢钱，轮廓形状，与五铢钱相同，铸造的费用大，无利可图，所以百姓不盗铸。

此时，南方社会经济已经出现逐步繁荣的景象。四铢钱的铸行，是社会局势稳定、商品经济发展的结果。从此，刘宋王朝结束了西晋以来约一个半世纪朝廷未曾铸钱的不正常状态。根据昭明、马利清先生的考证，刘宋四铢文曰"四铢"，实重3.0～3.5克（5.2～6.1铢）。[232]初铸的四铢钱，实际重量竟然超过了铭文重量。所以，百姓不盗铸。然而，这种局面未能维持多久即被打破，钱币逐渐减重。至元嘉二十四年（公元447

230　《宋书》卷五《文帝纪》，中华书局，1974年版，第78～79页。

231　《宋书》卷七五《颜竣传》，第1960页。

232　昭明、马利清：《古代货币》，第148页。

年），就出现了比较严重的盗铸问题。

先是患货重，铸四铢钱，民间颇盗铸，多剪凿古钱以取铜，上患之。二十四年，录尚书江夏王义恭建议，以一大钱当两，以防翦凿，议者多同。[233]

早先，朝廷担心钱币太重，用铜过多，所以下令铸造四铢钱，民间多有盗铸，大多翦凿古钱来取铜。皇上对此忧虑。元嘉二十四年（公元447年），录尚书江夏王刘义恭建议，用一个大钱当两个四铢钱使用，以防民间翦凿大钱。参与讨论的人多数表示同意。

从这里看，四铢钱已经出现了严重的减重问题，钱币轻薄，所以才引发了盗铸。如果钱币厚重，铸造成本高昂，百姓自然不肯盗铸。宋文宗在位近30年（公元424年至公元453年），社会经济逐步繁荣，被人们誉为"元嘉之治"，在南朝的170年中，可谓社会经济最好的时期。

宋文帝元嘉二十七年（公元450年），北魏拓跋焘以打猎为名，亲统十万骑兵突然侵入宋境，围攻悬瓠。愤怒之下，宋文帝决定用兵北魏。宋、魏大战开始，一直打到第二年，双方元气大伤。自此，刘宋王朝统治下的"元嘉之治"局面，宣告结束。

宋文帝元嘉三十年（公元453年）二月，太子刘劭发动宫廷政变，杀害了宋文帝。当年三月，刘劭的三弟武陵王刘骏起兵讨伐刘劭。刘劭兵败被杀，武陵王刘骏即位称帝，是为宋孝武帝，第二年改元孝建。宋孝武帝孝建元年（公元454年），刘宋王朝铸行孝建四铢。

孝建元年春正月……壬戌，更铸四铢钱。[234]

───────────

233　《宋书》卷六六《何尚之传》，第1734～1735页。

234　《宋书》卷六《孝武笛纪》，第113～114页。

孝建四铢正面铭文"孝建"，背面铭文"四铢"。根据昭明、马利清先生的考证，孝建四铢重2.8克（4.9铢）左右，仍属于超过铭文重量的钱币。[235]但是，与24年前所铸行的四铢钱相比较，孝建四铢减重约为15%。孝建四铢的减重，是朝廷公开采取钱币减重政策的典型措施。此后，刘宋王朝铸行钱币减重速度加快，至废帝刘子业永光元年（公元465年），朝廷铸行"永光"钱、"景和"钱和"二铢"钱，均为2铢小钱，根据对近年出土的实物进行测量，这些小钱的重量约为1.2克（2铢）。[236]

公元4世纪初，鲜卑族拓跋部在今山西北部与内蒙古等地建立代国。公元374年为前秦符坚所灭。公元386年拓跋珪称王，重建代国，同年改国号魏，史称北魏（公元386年至公元534年）。公元398年，拓跋珪建都平城，即今山西大同地区，次年称帝。北魏太延五年（公元439年），太武帝拓跋焘消灭北凉，结束了16国历史，统一了中国北方的黄河流域，与南朝刘宋王朝对峙。公元534年，北魏分裂为东魏和西魏。

升明三年（公元479年），萧道成代宋称帝，建立了南齐（公元479年至公元502年），刘宋王朝宣告结束。北魏铸钱始于孝文帝太和十九年（公元495年），那时南朝刘宋政权已经被萧道成建立的南齐所代替。因此，南朝刘宋四铢钱流通的时期，北方拓跋氏统治的北魏地区的商品交换，仍然采用谷帛为币的方式。

2. 南齐朝廷铸钱与北魏朝廷铸钱

南齐初年，人们继续延用刘宋末年旧钱。南齐政权共持续24年，其中，只有齐武帝萧赜永明八年（公元490年），在南广

235　昭明、马利清：《古代货币》，第148页。
236　昭明、马利清：《古代货币》，第148页。

郡西汉邓通铸钱旧址铸造铜钱千余万。

> 永明八年，悛启世祖曰："……"并献蒙山铜一片，又铜石一片，平州铁刀一口。上从之。遣使入蜀铸钱，得千余万，功费多，乃止。[237]

永明八年（公元490年），刘悛启奏齐武帝说："……"并献上蒙山铜一片，铜石一块，平州铁刀一口。齐武帝听从了他的建议，派遣使臣进蜀地去铸钱，铸了一千余万钱，因为工程花费太多，就停止了。

南齐铸钱，得不偿失，无功而息。对于南齐这样一个大国而言，千余万铜钱对社会经济生活是微不足道的。

南齐货币经济萧条之时，北方的北魏政权却开始铸行"太和五铢"钱。北方自西晋以来，久不铸钱，商品交换主要采用物物交换，或以谷帛为币。北魏始铸铜钱，发生在北魏孝文帝太和十九年（公元495年）。北魏实行五铢钱制度，是太和改制中的一个环节。太和十七年（公元493年），魏孝文帝迁都洛阳，开始推行汉化政策。两年之后，太和十九年（公元495年），北魏王朝就铸行了"太和五铢"钱。

> 魏初至于太和，钱货无所周流，高祖始诏天下用钱焉。十九年，冶铸粗备，文曰"太和五铢"，诏京师及诸州镇皆通行之。内外百官禄皆准绢给钱，绢匹为钱二百。在所遣钱工备炉冶，民有欲铸，听就铸之，铜必精练，无所和杂。世宗永平三年冬，又铸五铢钱。肃宗初，京师及诸州镇或铸或否，或有止用古钱，不行新铸，致商货不通，贸迁颇隔。[238]

从北魏初年到太和年间，钱币没有在各地流通，各地实行粟帛实物交易。到了孝文帝时，才下诏令全国使用钱币。太和十九

237　《南齐书》卷三七《刘悛传》，中华书局，1972年版，第653页。

238　《魏书》卷一一〇《食货志》，中华书局，1974年版，第2863页。

年（公元 495 年），冶炼铸造钱币开始起步。新铸的钱币钱文为"太和五铢"，有诏书令在京师和各州镇全面流通使用。朝廷内外各级官员的俸禄都比照原先所给绢的数额给钱，每匹绢折合钱二百。各地放遣铸钱工自备冶铸炉具，民众有愿意铸钱的，听任他们铸造，但用铜必须精炼，不得掺和杂料。宣武帝永平三年（公元 510 年）冬天，又铸造五铢钱。到孝明帝初年，京师和各州镇有的铸造新钱，有的不铸造，有的只行用古钱，不使用新铸的钱，以致商贾不能流通，贸易受到严重影响。

太和五铢钱的铸行，使官俸由绢转为铜钱，每匹绢折合 200 枚太和五铢钱。太和五铢钱的铸造，可以是官督民铸。太和五铢的铭文，增加了年号，它不再仅铭文"五铢"，而是铭文"太和五铢"。根据昭明、马利清先生的考证，太和五铢重约 3.0 克（5.2 铢）。[239]

3. 萧梁铁钱与北魏、北齐铜钱

公元 502 年，萧衍代齐称帝，国号梁，改元"天监"，称梁武帝。梁武帝登基后立即铸行"天监五铢"。梁武帝建国初期，梁朝统治下的货币流通地区可以分为三种：钱币流通区、谷帛流通区和金银流通区。梁武帝为整顿货币制度，登基肇始便急不可待地铸行"天监五铢"钱。根据昭明、马利清先生的考证，"天监五铢"钱面文五铢，面、背皆有内外廓，重约 3.4 克（5.9 铢），铸造工整。[240] 然而，百姓并不买梁武帝的账，继续采用劣币作为流通手段。"天监五铢"由于精美足值，可能被人们收藏而大量退出流通。人们使用的直百五铢、太平百钱、定平一百等钱币，应该都是刘备蜀汉时期铸造的旧钱。到了梁武帝普通四年（公元 523 年），梁朝开始铸行五铢铁钱，有铭文"五

239　昭明、马利清：《古代货币》，第 152 页。
240　昭明、马利清：《古代货币》，第 149 页。

铢"的铁钱，也有铭文"大吉五铢"、"大富五铢"和"大通五铢"的铁钱。这次铸钱，是我国历史上第一次大规模铸造铁钱。铁贱易得，铸造有利可图，于是私铸泛滥，铁钱流通总量过多，物价腾贵。梁武帝崇信佛教，不忍杀戮，刑法宽仁，难以齐众，于是钱法大乱。

至侯景之乱，太清三年（公元 549 年），梁武帝被软禁困死，宗室成员不能共同对敌，而是展开了相互残杀，于是梁王朝走向崩溃。梁元帝承圣年间（公元 553 年至公元 555 年），梁王朝曾铸行"二柱五铢"钱。"二柱五铢"钱文曰"五铢"，方孔较大，正面穿之上下各铸一星纹，故称"二柱五铢"。梁敬帝太平二年（公元 557 年），梁王朝又铸行"四柱五铢"。"四柱五铢"钱面穿上下加背穿上下共四星纹，谓之四柱，重约 2.3 克（4.0 铢）。"四柱五铢"法定兑换 20 枚流通中的小钱，后来又改为法定兑换 10 枚流通中的小钱。这立即导致货币危机爆发，政局难以维持，当年陈霸先代梁称帝，建立了陈朝。

萧梁钱币流通繁杂混乱之时，北魏却执行着比较单一的五铢钱制度。北魏宣武帝元恪永平三年（公元 510 年），北魏朝廷又铸五铢钱。这次铸行的五铢钱，不再继续"太和五铢"年号钱币制度，而是铸造只铭文"五铢"二字的钱币。

正值南方萧梁政权铸行天监五铢的时候，北魏开始铸行只铭文"五铢"二字的铜钱。到了北魏熙平二年（公元 517 年），尚书崔亮奏请开矿冶铜，被朝廷批准。此后，北魏所通行的钱币，民间大多私自铸造，逐渐变得又小又薄，价值越来越低。及至尔朱荣进京，立宗室元子攸为帝，建义初年（公元 528 年），加强了对盗铸钱币的禁止。永安二年（公元 529 年），更铸"永安五铢"。"永安五铢"的铸造是为了整顿币制，朝廷还拿出绢来稳定钱币价值，结果并不理想。朝廷贱卖绢匹，不仅没有使钱币价值得到稳定，而且进一步激发了大规模的盗铸。

市场价格是 300 枚五铢钱买 1 匹绢，朝廷希望钱贵，所以将藏绢在市场上出售，价格是 200 枚五铢钱 1 匹。相对 200 枚 1 匹绢而言，五铢钱是相对价值不足的，或者说是相对轻薄的，所以铸造有利可图，由此引发了更大规模的盗铸。

南方梁朝于太平二年（公元 557 年）铸行四柱五铢的时候，北方已经演变为北齐政权，并且已经开始铸行"常平五铢"。永熙三年（公元 534 年），高欢拥立魏宗室元善见为帝，迁都于邺，即为东魏。武定八年（公元 550 年），高欢的儿子高洋代魏称帝，国号齐，改元天保。齐文宣帝高洋天保四年（公元 553 年），齐王朝铸行"常平五铢"。

4. 陈五铢与北齐、北周五铢

南朝永定元年（公元 557 年），陈霸先代梁称帝，国号陈，铸行五铢钱，世称"陈五铢"。此时，梁朝铸造的铁钱已经不再通行，流通的钱币主要是两柱钱、四柱钱和鹅眼钱。两柱钱和四柱钱都是铭文"五铢"的钱币。陈文帝陈蒨天嘉三年（公元 562 年），陈王朝铸行五铢钱，1 枚五铢钱兑换 10 枚鹅眼钱。陈朝铸行的五铢钱，比汉五铢钱小些，重 2.27 ~ 2.89 克（4.0 ~ 5.0 铢）。[241]陈霸先的政权传至第四帝，陈霸先的侄子陈顼，是为陈宣帝。陈宣帝陈顼太建十一年（公元 579 年），陈王朝铸行太货六铢。太货六铢钱面文"太货六铢"，从上向下曰"太货"，从右向左曰"六铢"，重约 3.0 克（5.2 铢），[242]面、背肉好，周廓整齐，篆文清晰，匀称瑰丽，制作精美绝伦，居南朝钱币之冠。但是，1 枚"太货六铢"可以兑换 10 枚五铢，显然比价不对，人们无法接受。所以，大家造谣起哄，说这钱的形象不好，有不利官家的征象。果不其然，皇帝马上就病死了。于是，太

241　邹志谅：《苏州出土陈五铢》，载《中国钱币》，1992（2）。

242　昭明、马利清：《古代货币》，第 152 页。

货六铢被废黜，法令仍旧流通五铢。陈朝铸行面文"太货六铢"的钱币，只流通了3年，就又恢复到五铢钱的制度上来。从此，南朝五铢钱的流通，直至后主祯明三年（公元589年）陈朝灭亡，无所更改。在这一时期，岭南地区，仍然使用盐米布作为交换媒介，并不使用铜钱。

公元557年，陈霸先登基之时，北方政权已经从东魏和西魏变为北齐和北周。东魏、北齐流通的钱币主要是永安五铢及常平五铢。西魏、北周流通的钱币则主要是西魏五铢钱、布泉、五行大布和永通万国钱。

北魏孝武帝元脩永熙三年（公元534年），元脩不堪高欢的擅政，逃往长安依附军阀宇文泰。高欢立元善为帝，迁都邺，史称东魏，公元550年为高欢的儿子高洋所代，转为北齐。公元535年，宇文泰杀元脩，立元宝炬为帝，建都长安，史称西魏。西魏（公元535年至公元557年）曾于大统六年（公元540年）、大统十二年（公元546年）两次铸造五铢钱，作为西魏的主要流通钱币。魏恭帝元廓恭帝三年（公元556年），宇文泰病死。当年，元廓被逼禅位，宇文泰次子宇文觉代魏称帝，国号周，史称北周（公元557年至公元581年）。北周初年，仍使用西魏五铢钱。武帝保定元年（公元561年），更铸布泉钱。

后周之初，尚用魏钱。及武帝保定元年七月，及更铸布泉之钱，以一当五，与五铢并行。时梁、益之境，又杂用古钱交易。河西诸郡，或用西域金银之钱，而官不禁。[243]

北周初年，还沿用西魏的钱。到周武帝保定元年（公元561年）七月，才改铸布泉钱币，以一当五，与五铢钱并行流通。当时梁州、益州地区，又杂用古钱进行交易。河西各郡，有的还使用西域的金银钱币，而官府也不加以禁止。

---

243 《隋书》卷二四《食货志》，中华书局，1973年版，第691页。

北周朝廷铸造布泉钱。《周书·武帝纪》亦云："秋七月……更铸钱,文曰'布泉',以一当五,与五铢并行。"[244] 1 枚布泉可以兑换 5 枚五铢钱,两者并行流通。从出土实物观察,布泉钱面文"布泉",铭文自左向右,重约 4.3 克(7.5 铢)。[245]"布泉"已经不是铭文"五铢"的钱币。

周武帝建德三年(公元 574 年)六月,北周王朝又铸造五行大布钱。周武帝建德四年(公元 575 年)七月,北周王朝下令禁止五行大布钱出入四关,布泉钱只可流入不可流出。

建德三年六月,更铸五行大布钱,以一当十,大收商估之利,与布泉钱并行。四年七月,又以边境之上,人多盗铸,乃禁五行大布,不得出入四关,布泉之钱,听入而不听出。[246]
周武帝建德三年(公元 574 年)六月,又铸五行大布钱,以一当十,大收商家之利,与布泉钱并行流通。建德四年(公元 575年)七月,又因边境很多人盗铸这种钱,才下令禁止五行大布出入边关,布泉钱只准许流入不准许流出。

周武帝建德五年(公元 576 年),因布泉钱价值逐渐低贱而百姓不愿使用,就将其废除。周武帝建德六年(公元 577 年),北周灭掉北齐,统一了中国北方。此后,原北齐统治地区的人们,继续杂用北齐的旧钱。周静帝大象元年(公元 579 年)十一月,北周王朝又铸造永通万国钱。

至宣帝大象元年十一月,又铸永通万国钱。以一当十,与五行大布及五铢,凡三品并用。[247]
到周宣帝大象元年(公元 579 年)十一月,又铸造永通万国钱,以一当十,与五行大布钱和五铢钱一起,共三种钱币并行流通。

244　《周书》卷五《武帝纪》,中华书局,1971 年版,第 65 页。

245　昭明、马利清:《古代货币》,第 154 页。

246　《隋书》卷二四《食货志》,第 691 页。

247　《隋书》卷二四《食货志》,第 691 页。

第四节　隋朝五铢钱制度重归一统

　　三国鼎立结束之后，中国历史上出现了西晋政权的短期统一，不久即陷于分裂，形成南北朝长期对峙的局面。江南出现了东晋、宋、齐、梁、陈五个汉族政权的"偏安"，南方社会经济得到一定的发展。北方经历了五胡十六国的连年混战，继而形成北魏、东魏、北齐、西魏、北周的局部统一，社会经济也逐步得到恢复。北周建德六年（公元577年），北周武帝宇文邕灭掉北齐，实现了中国北方的统一。北周大定元年（公元581年），杨坚取代北周，建立隋王朝，是为隋文帝。开皇九年（公元589年），隋灭陈，实现了南北政权的统一。隋王朝建立之后，采取了一系列积极的经济措施，社会经济得到较好的发展。隋文帝登基的当年，就铸行了五铢钱。初期，隋五铢钱与前朝各种旧钱，主要包括北周的五行大布、永通万国及北齐的常平五铢，并行流通。此后，隋王朝采取了循序渐进、逐步统一的方式，用了5年的时间，扩大了隋五铢钱的流通量，终于禁绝了旧钱的流通，将北方地区的钱币统一为新铸行的隋五铢钱。开皇九年（公元589年），隋灭陈，南北政权统一，隋五铢钱的流通范围继而覆盖到了南方，五铢钱制度终于重归一统。

　　北周大定元年（公元581年），杨坚代周称帝，此后陆续实施了一系列有利于国民经济发展的政策，其中主要有：（1）重新颁布均田制；（2）实施"轻徭薄役"的政策；（3）通过"大索貌阅"和"输籍之法"，扩大了国家编户的数量。这些经济政策有效地促进了隋初期社会经济的发展，社会经济的发展对货币流通总量产生了更大的需求。开皇元年（公元581年），隋文帝铸行五铢钱，重如其文。

高祖既受周禅，以天下钱货轻重不等，乃更铸新钱。背面肉好，皆有周郭，文曰"五铢"，而重如其文。每钱一千，重四斤二两。[248]

隋文帝接受了北周的禅位，称帝之后，鉴于全国各地的钱币轻重贵贱不一，于是改铸现钱。新钱正反两面的外圆周边和中间的方孔四周，都铸有框。新钱表面铸铭文字"五铢"，其法定重量与表面文字一致。每一千钱，重四斤二两。

隋文帝铸行五铢钱，目的在于使全国流通钱币标准规范。从现代出土文物看，隋五铢钱质量较好，其重量也比较充足。根据昭明、马利清先生的考证，隋五铢钱的重量在 3.0 克[249]（5.2 铢[250]）左右，是文重相符的钱币。

隋朝承袭北周的度量衡制度，确定以古称 3 斤为 1 斤，对后世影响很大。从后世衡制沿革的情况来看，隋衡制的 1 斤，为 16 大两，48 小两，1152 铢。隋衡制的 1 斤，为古制的 3 斤，隋衡制的 1 大两，为古制的 3 两，隋衡制的 1 铢，依旧为古制的 1 铢。由于隋代历时较短，迄今未见可供参考的隋代铸铭重量的器物，文献中也未见关于衡制的具体记载。但是，我们可以从《旧唐书》中得到佐证。《旧唐书·食货志》载：

百黍之重为铢，二十四铢为两，三两为大两，十六两为斤。[251]

一百粒秬黍的重量为一铢，二十四铢为一两，三两为一大两，十六两为一斤。

1000 枚五铢钱，应为 5000 铢，按照隋朝的衡制，应是 4 斤

248　《隋书》卷二四《食货志》，第 691 页。

249　昭明、马利清：《古代货币》，第 158 页。

250　根据隋朝改变度量衡之后的衡制，1 斤为现代 660 克，1 两为现代 41.25 克，1 铢为现代 0.5729 克。

251　《旧唐书》卷四八《食货上》，中华书局，1975 年版，第 2089 页。

5 两 32 铢。而《隋书·食货志》云，1000 枚五铢钱，制度 4 斤 2 两，与衡制 5000 铢为 4 斤 5 两 32 铢之间，相差 3 两 32 铢。这 3 两 32 铢，大约相当于 1000 枚五铢钱总重量的 4.96%。这个差距可能是为了便利生产，隋王朝规定允许铸造者在铸造 1000 枚五铢钱时，总共不能超过的误差。

隋朝开国初始，百废待兴，将流通中钱币全部更换为新币，在操作上存在相当大的困难。所以，朝廷对于民间盗铸新钱的行为采取了比较宽容的态度。

是时钱既新出，百姓或私有镕铸。三年四月，诏四面诸关，各付百钱为样。从关外来，堪样相似，然后得过。样不同者，既坏以为铜，入官。诏行新钱已后，前代旧钱，有五行大布、永通万国及齐常平，所在用以贸易不止。[252]

当时新钱刚出来，百姓中也有人私自熔铸。开皇三年（公元 583 年）四月，隋文帝下诏东西南北四境边关，各颁发给一百个钱作为样品。凡是从关外带来的钱，都必须对照样钱进行勘验，与样钱相似的才允许通过。如经过比较检验发现有与样钱不同的，当即毁坏熔以为铜，没收入官。诏令颁行新钱以后，前朝的旧钱，有五行大布、永通万国和齐常平五铢钱，在其原先所流通的地区的贸易中仍可使用，不予禁止。

朝廷铸行了新钱，民间即随之翻版盗铸。朝廷与民间同时铸钱的情况，延续了大约两年，在开皇三年（公元 583 年）四月，隋文帝才下令对不合规范的五铢钱销毁成铜。当时民间铸钱者多居关外，以躲避官府的缉拿。所以，隋文帝的办法是发给四面关口各百枚标准规范的样钱，据以核对入关的铜钱，相符合格者可以入关，不符者销毁成铜，没入官府。此时，朝廷对于民间铸造符合规范的五铢钱，视同官府铸造，允许进入流

252　《隋书》卷二四《食货志》，第 691 ~ 692 页。

11111111111111

通。前朝旧钱如北周的五行大布、永通万国、北齐的常平五铢等，仍旧用于交易，没有废止。

四年，诏仍依法不禁者，县令夺半年禄。然百姓习用既久，尚犹不绝。五年正月，诏又严其制。自是钱货始一，所在流布，百姓便之。[253]

开皇四年（公元584年），隋文帝下诏对仍不能依法禁止旧钱流通的地方的县令，剥夺其半年的俸禄。然而百姓习用已久，还是不能禁绝旧钱的流通。开皇五年（公元585年）正月，隋文帝再次下诏，严令执行禁绝旧钱的法令。从此以后，钱币才统一起来。全国各地普遍流通新钱，百姓也感到很方便。

从开皇三年四月到开皇四年之间，似乎有过禁止前朝旧钱流通的法令。所以，开皇四年隋文帝下令，对于没有依法禁止旧钱流通的地方，对县令进行处罚，扣发其半年的俸禄。但是，由于百姓习惯使用旧钱，法令仍然不能彻底奏效。开皇五年，隋文帝下令加大打击力度，终于实现了流通钱币的统一。隋五铢钱的流通，取得了良好的效果，方便了民间商品交易。至此，虽然隋五铢钱的流通获得了统一，但是民间盗铸的问题仍然十分严重。

是时见用之钱，皆须和以锡镴。锡镴既贱，求利者多，私铸之钱，不可禁约。其年，诏乃禁出锡镴之处，并不得私有采取。[254]

当时使用的钱币，都必须掺和锡镴铸造。由于锡镴价格低贱，逐利的人又多，私铸的钱还是不能完全禁止。为此，隋文帝就在开皇五年（公元585年）这一年颁布诏令：凡出产锡镴的地方，一律禁止私人采取。

253　《隋书》卷二四《食货志》，第692页。
254　《隋书》卷二四《食货志》，第692页。

民间盗铸隋五铢钱的原因，是隋五铢钱中含有锡镴，锡镴比铜的价格低，所以铸造利益丰厚，由此引发盗铸。于是，朝廷限制锡镴采炼，从源头上解决民间盗铸的问题。

当隋文帝实现了隋五铢钱在北方的统一流通之时，南方陈朝流通的是陈五铢钱。陈五铢钱比隋五铢钱轻小，从出土文物看，重量为 2.27～2.89 克（4.0～5.0 铢）。开皇九年（公元589 年），晋王杨广统制 51 万大军南下伐陈，俘获陈后主，实现了南北政权的统一。

当时北方的人口，远远超过南方人口。因遭受侯景之乱，梁末南方的人口出现了大幅度的减员。《南史·梁元帝纪》云：自从侯景战乱之后，南梁统治下各州县的人口多半逃至北魏政权统治地区，南梁统治地区户籍中的户数不足三万。"自侯景之难，州郡太半入魏……人户著籍，不盈三万。"[255]这说法虽有夸张，但是，当时南方人口下降的问题，确实十分严重。人们或死于战乱，或四处逃亡。加之地方官府机构瘫痪，户籍散失，纳税无据，编户人口大减。陈朝时期，南方人口有所上升。根据路遇、滕泽之先生的考证，陈朝末年的人口，大约为 680 万。"这里再通观一下南北朝末期南北三方的人口，北齐 2200 多万，北周 1250 多万，陈 680 万，合计 4130 万。"[256]

南北统一战争，隋以 3450 多万人口之国，征伐 680 万人口的南陈，可以说是以强伐弱。而陈王朝统治集团正处于醉生梦死之时，陈后主陈叔宝，恰似后世南唐李后主、北宋徽宗，是琴棋书画无所不精的高雅之君。陈叔宝带着整个朝廷"玩高雅"，自然十分费钱，需要从民间横征暴敛来补充。朝廷腐败，民间愁怨，给隋文帝伐陈提供了可乘之机。开皇八年（公元 588

255　《南史》卷八《梁本纪下·元帝纪》，中华书局，1975 年版，第 244 页。

256　路遇、滕泽之：《中国人口通史》，山东人民出版社，2000 年版，第 302 页。

年），隋文帝派晋王杨广、秦王杨俊及大将杨素为行军元帅，发
兵 51 万，分属 90 总管，皆归晋王指挥，大举伐陈。隋文帝又发
布诏书历数陈后主罪状，散发 30 万份于江南。隋军东至沧海，
西到巴蜀，旌旗舟楫，绵延数千里，以排山倒海之势向陈压来。
结果不言而喻，隋军攻入城中，活捉了陈后主，陈朝灭亡，中
国南北分裂二百年的局面终于结束。

隋朝统一中国，是形势使然。造成这种形势的一个重要原
因是北周武帝宇文邕击灭了北齐。武成二年（公元 560 年），宇
文邕 18 岁即位称帝，朝廷政权掌握在大冢宰宇文护手中。天和
七年（公元 572 年），宇文邕 30 岁时设计杀掉宇文护，夺回了
朝政大权。北周 1250 万人口，其中大约 10% 是寺院人口。为了
扩大国家编户人口，周武帝下令灭佛。建德三年（公元 574
年），周武帝下敕断佛、道二教，销毁佛像，焚烧经书，驱逐僧
人，破坏佛塔。宝塔寺院都改成百姓的住宅，僧人都还俗为普
通百姓。"融佛焚经，驱僧破塔……宝塔伽蓝皆为俗宅，沙门释
种悉作白衣。"[257]周武帝采用的方法是勒令僧尼还俗、焚烧佛教
经典、没收寺院财产。周武帝灭佛行动取得了明显的效果，北
周的赋役和兵源都得到了增长。建德五年（公元 576 年），周武
帝亲率 14 万大军攻取平阳。齐后主亲率大军来救平阳，双方在
平阳城外进行了激战，齐军大败。齐后主逃到晋阳，仍觉不安，
计划逃奔突厥，结果北齐官员纷纷投降北周。建德六年（公元
577 年），周军俘获了齐后主，北齐灭亡。此后，周武帝将灭佛
措施推行到北齐地区。平阳的战争，是一场硬仗，周武帝据
1250 万人口的北周，攻占了拥有 2200 万人口的北齐，使其统治
人口达到 3450 万。周武帝击灭北齐后，统一度量衡、释放奴

257 王仲荦：《魏晋南北朝史》，上海人民出版社，1980 年版，第 871 页。传
引（隋）费长房《历代三宝记》。

婢、整军讲武，计划南下灭陈，北伐突厥。但是，宣政元年
（公元 578 年），就在北齐被灭后的第二年，周武帝病死，年仅
36 岁。周武帝击灭北齐，为隋文帝实现南北政权统一提供了坚
实的基础。

周武帝去世，太子宇文赟即位，是为周宣帝。第二年，周
宣帝就将皇位传给了 7 岁的儿子宇文衍，自己做了太上皇，并
且在做太上皇的第二年就去世了。朝廷的大权，就逐步落在大
冢宰杨坚身上。周宣帝去世后的第二年，北周大定元年（公元
581 年），杨坚取代了北周，建立隋王朝。开皇九年（公元 589
年），隋王朝建立之后的第九年，隋击灭南陈，建立了全国统一
的政权。

南北政权的统一，为社会经济的发展提供了和平的环境，
商品经济得以恢复，对钱币流通总量提出了更大的需求。

开皇十年（公元 590 年），江南发生了婺州人汪文进、会稽
人高智慧等领导的叛乱，范围遍及今江、浙、赣、闽、广等省。
杨素出军平定后，隋文帝将晋王杨广从并州总管调任扬州总管。
南北统一战争和江南的叛乱使朝廷花费了大量的钱财，于是，
隋文帝批准他第二个儿子晋王杨广在扬州立五炉铸钱。

十年，诏晋王广，听于扬州立五罏铸钱。其后奸狡稍渐磨
罏钱郭，取铜私铸，又杂以锡钱，递相仿效，钱遂轻薄。乃下
恶钱之禁。京师及诸州邸肆之上，皆令立榜，置样为准。不中
样者，不入于市。[258]

开皇十年（公元 590 年），隋文帝下诏命令晋王杨广在扬州设立
五个炉子铸钱。其后奸诈之徒又逐渐采取磨销钱的内外框，取
其铜屑用于私铸，并掺杂以锡铸钱，这样互相仿效，钱币又变
得越来越轻薄。于是，朝廷又下令禁止铸造和使用这种坏钱。

258　《隋书》卷二四《食货志》，第 692 页。

朝廷命令在京师和各州的客栈商铺张榜布告，陈设钱样作为标准。不合乎标准钱样的钱币，不准许进入市场交易。

　　杨广铸造的五铢钱可能比较轻薄，所以引发了民间的盗铸。钱币轻薄，用铜较少，铸造者便有利可图，自然盗铸蜂起。此后奸诈狡猾的人开始磨锉钱的边廊，获取铜来私下铸钱，又掺杂锡钱，流通中的五铢钱就日益滥恶，朝廷不得不下达禁止恶钱流通的命令。京城和各州的旅舍店铺之上，都张设榜文，置放样钱作为标准，与样钱不符的钱币，不得流入市场。开皇十八年（公元598年），隋文帝派他的第五子汉王杨谅率水陆军30万征伐高丽。

　　十八年……乙巳，以汉王谅为行军元帅，水陆三十万伐高丽。……九月乙丑，汉王谅师遇疾疫而旋，死者十八九。[259]

开皇十八年（公元598年）二月乙巳，隋文帝任命汉王杨谅为行军元帅，水军陆军三十万人征讨高丽。当年九月乙丑，杨谅军队遇到疫病撤回，死亡人数十有八九。

　　大规模远距离的征战，自然十分耗费钱财，隋文帝允许汉王杨谅立炉铸钱。

　　十八年，诏汉王谅，听于并州立五炉铸钱。是时江南人间钱少，晋王广又听于鄂州白紵山有铜鉓处，锢铜铸钱。于是诏令听置十炉铸钱。又诏蜀王秀，听于益州立五炉铸钱。[260]

开皇十八年（公元598年），隋文帝下诏命令汉王杨谅在并州设立五个炉子铸钱。这时江南民间流通的钱少，晋王杨广又奏请准许在鄂州白紵山有铜矿的地方冶铜铸钱。于是，隋文帝下诏准许晋王杨广在鄂州设立十个炉子铸钱。然后，隋文帝又下诏命令他的四儿子蜀王杨秀其在益州设立五个炉子铸钱。

259　《隋书》卷二《高祖纪》，第43页。
260　《隋书》卷二四《食货志》，第692页。

隋文帝允许他的第五个儿子汉王杨谅在并州立 5 炉铸钱，第二个儿子晋王杨广就说江南钱少，并且鄂州有铜矿，所以也被允许立 10 炉铸钱。接着，隋文帝第四个儿子蜀王杨秀也被允许在益州立 5 炉铸钱。皇帝允许儿子们放开手脚铸钱，于是钱制大乱，皇帝就不得不加大了对民间盗铸的打击力度。

是时钱益滥恶，乃令有司，括天下邸肆见钱，非官铸者，皆毁之，其铜入官。而京师以恶钱贸易，为吏所执，有死者。数年之间，私铸颇息。[261]

这时候流通中的钱币就更加滥恶。于是，朝廷命令主管官员，在全国范围内搜查所有客栈、商铺的现钱。凡是不属官府铸造的钱，全部加以销毁，所熔得的铜金属没收入官。在京师用恶钱交易者，一旦为官吏捉获，有的就被处以死刑。这样抓了几年之后，私下铸钱的行为就大体上停息下来。

第五节　复合铜钱制度的建立

单一铜钱制度是法律规定一种铜钱流通而禁止其他种类铜钱流通的制度。复合铜钱制度是国家法律规定或允许两种以上铜钱并行流通的制度。我国古代全国统一的纪重铜钱主要有两种，一是半两钱，二是五铢钱。在半两钱流通时期和五铢钱流通时期，基本上实行了单一铜钱制度。

秦、汉初期，是半两钱流通的时代，只有半两钱流通，没有其他种类的铜钱出现。

汉初至唐初是五铢钱流通的时代，在此期间出现了复合铜钱制度。然而，复合铜钱制度存在着明显的缺陷，作为朝廷虚币敛财的手段，往往昙花一现，难以持久。单一铜钱制度则具

261　《隋书》卷二四《食货志》，第 692 页。

有相当强盛的持续性。除了偶尔有短暂的复合铜钱制度出现之外，五铢钱单一铜钱制度，几乎贯穿了汉初至唐初整个时期的始终。

五铢钱流通时期，复合铜钱制度包括法律规定五铢钱与充当若干五铢钱的"大钱"并行流通的制度；法律允许五铢钱与国号钱、年号钱、吉语钱等非五铢钱币并行流通的制度；以及法律允许当朝铸行五铢钱与古钱并行流通的制度。

西汉时期使用五铢钱时期，一直采用单一铜钱制度。有文献记载朝廷首次下达法令规定实施复合铜钱制度的事情发生在西汉末年王莽篡权时期。居摄二年（公元7年），王莽推行了他的第一次货币改制：

五月，更造货：错刀，一直五千；契刀，一直五百；大钱，一直五十，与五铢钱并行。[262]

居摄二年（公元7年）五月，王莽诏令铸造新货币：错刀，一枚价值五千枚五铢钱；契刀，一枚价值五百枚五铢钱；大钱，一枚价值五十枚五铢钱，这三种大钱与五铢钱并行流通。

王莽居摄，变汉制，以周钱有子母相权，於是更造大钱。[263]

王莽居摄做假皇帝的时候，改变汉朝的币制。他认为周代有子母两种铜钱互相兑换并行流通的制度，于是效仿古代制度铸造大钱。

王莽改制，举的是"复古"的大旗。王莽实施复合铜钱制度，依据是周朝铜钱制度中有"子母相权"制度。《国语·周语下》载：

景王二十一年，将铸大钱。单穆公曰："不可。古者天灾降戾，于是乎量货币，权轻重，以振救民。民患轻，则作重币以

262　《汉书》卷九九上《王莽传》，第 4087 页。
263　《汉书》卷二四下《食货志》，第 1177 页。

行之，于是乎有母权子行，民皆得焉。若不堪重，则多作轻而
行之，亦不废重，于是乎有子权母而行，小大利之。今王废轻
而作重，民失其资，能无匮乎？若匮，王用将有所乏，乏则将
厚取于民。民不给，将有远志，是离民也。"王弗听，卒铸
大钱。[264]

周景王二十一年（公元前524年），周景王要铸大钱，单穆公出
来反对："不可以。古代发生天灾时，朝廷就要调控货币轻重，
以振救灾民。货币患轻，朝廷就铸行重钱，以轻钱为价值尺度，
重钱衡量轻钱进入流通，百姓就可以获得流通手段。货币患重，
朝廷就铸行轻钱，也不废除重钱，于是以重钱为价值尺度，轻
钱衡量重钱进入流通，百姓就可以得到方便。现在大王要废除
轻钱来铸造重钱，百姓原来使用的轻钱作废了，百姓就遭受了
损失，其财富就少了。百姓财富减少了，大王您的财富来源也
就减少了。大王您的财富减少了，您就得从百姓那里索取。百
姓不愿意给，就会离开我国远走他国。"周景王没有听从单穆公
的意见，按计划铸行了大钱。

　　从这段文字看，当时社会上发生了钱币轻薄的问题。所以，
周景王打算铸大钱来解决钱币轻薄、物价腾贵的问题。周景王
的解决方案是铸行大钱，并将轻钱作废，保持单一铜钱制。单
穆公则认为，可以采用复合铜钱制，允许重钱与轻钱并行流通。
结果是周景王没有理睬单穆公，铸行了大钱。单穆公并不是反
对铸行大钱，而是反对将正在流通中的轻钱作废。周景王不听，
结果当然是将正在流通中的轻钱作废了。在这里，周景王实施
的方案是很容易理解的，就是将正在流通中的轻钱废掉，铸行
更重一些的新钱。而单穆公所提出的方案理解起来就非常困难
了。如何"母权子行"，或者说如何建立两币并行的复合铜钱制

264　邬国义等撰：《国语译注》，上海古籍出版社，1994年版，第90页。

度，是可以有不同方式的：（1）两者代表相同的价值；（2）两者代表不同的价值，其比率根据两者各自铸铭的重量折算；（3）两者代表不同的价值，其比率根据两者实际的重量折算；（4）两者代表不同的价值，其比率根据朝廷的规定折算。究竟如何，我们无从得知。从单穆公所说的话里可以看出，单穆公所提出的"子母相权"制度，在周景王之前就曾经实施过。所以他说："古者天灾降戾，于是乎量货币，权轻重，以振救民。民患轻，则作重币以行之，于是乎有母权子行，民皆得焉。"从这段故事中，我们还知道，周景王没有采纳单穆公的建议。也就是说，周景王在这个时候并没有实施复合铜钱制度。然而，到了王莽的时候，王莽需要托古改制，就用到单穆公说的这些话了。

王莽最初实施的复合铜钱制度，是四品并行制度。在这四品并行制度中，五铢旧钱是价值尺度，新铸重钱衡量五铢钱进入流通，即新铸"大钱五十"、"契刀五百"、"错刀五千"。新铸三品皆代表若干五铢钱，代表数量分别为 50 枚、500 枚、5000 枚五铢钱。此时的商品价格，是以五铢钱标价的。如果采用大钱三品进行商品交易，都要以五铢钱价格数量套算。王莽实施货币改制之前，可能出现了钱轻物贵的情况，商品经济中产生了对"大钱"的需求。王莽实施的复合铜钱制度，正是"民患轻，则作重币以行之，于是乎有母权子行"的典型案例。但是，王莽的"母权子行"办法，并没有带来单穆公所言"以振救民"的效果，相反造成了大量百姓的破产，并引发了许多百姓盗铸大钱而被刑罚的情形，"民用破业，而大陷刑"。"民用破业"的原因，是朝廷铸行大钱，大量换取民间五铢钱，熔五铢而造大钱，引发了严重的通货膨胀。"而大陷刑"的原因，是造大钱利益巨大，引发了民间盗铸。由于盗铸泛滥成灾，朝廷采取了严厉打击的措施。当时法律规定私铸钱币者处以死刑，但是私铸钱币者太多了，杀也杀不过来，只好减轻刑法，改为没入官为奴婢。于是，私铸铜钱的人就更多了，王莽只好启用了连坐法，一人犯法，五人连坐。没入官为奴婢者为数众多，被槛车铁锁，成群结队，浩浩荡荡地押送长安。

　　王莽实施的四品并行复合铜钱制度延续了两年，就改为二品并行复合铜钱制度。这一次的改制，好像是托借了单穆公所言古代"若不堪重，则多作轻而行之，亦不废重，于是乎有子权母而行"的思路。王莽废除了五铢钱以及错刀和契刀，保留了正在流通的"大钱五十"。显然，这个"大钱五十"的流通，民"不堪重"。所以，朝廷在废除五铢钱以及错刀和契刀的同时，铸行1铢的小钱，以便使"子权母而行"。"大钱五十"是价值尺度，新铸轻钱衡量"大钱五十"进入流通，即新铸"小钱直一"50枚换取1枚大钱。"大钱五十"法重12铢，"小钱直一"法重1铢，12铢的大钱可以换取50枚1铢的小钱，其中显然存在问题，所以百姓纷纷抵制。王莽不得不加大打击力度，结果是农民和商人大量失业，经济衰败，处处可见百姓站在道路上哭泣，"于是农商失业，食货俱废，民人至涕泣于市道"[265]。

　　王莽实施的二品复合铜钱制度延续了一年，就改为"宝货制"。"宝货制"有五物、六名、二十八品，可以说是二十八品复合货币制度，其中青铜铸造布货10品，泉货6品，即"宝货制"包含16品并行复合铜钱制度。到此，王莽将复合铜钱制度推到了顶峰。这时候，通过多次新旧货币兑换，民间钱币财资已经所剩无几，商品交换已经转向物物交换方式了。王莽将"宝货制"实行了大约4年，就废除了大小钱，改行"货泉"和"货布"。"货泉"法重5铢，可以换取法重12铢的"大钱五十"。"货布"法重25铢，可以换取25枚"货泉"。频繁的货币改制和新旧货币兑换，使得大钱铸造者——王莽的朝廷将天下

　　265　《汉书》卷二四下《食货志》，第1179页。

钱财掠劫一空，各阶层人民普遍遭受了损失。于是，起义军风起云涌，迅速地推翻了王莽的政权，将王莽斩杀于渐台。此后，人们仍然无法使用铜钱，商品交易杂用布帛金粟。直到东汉政权建立之后，才重新恢复了五铢钱单一铜钱制度。

第六节 频繁出现的虚币大钱

虚币大钱与五铢钱并行流通，是典型的复合铜钱制度。

王莽之后，东汉王朝一直实行单一铜钱制度。到了三国时期，蜀汉铸行"直百五铢"，东吴铸行"大泉五百"和"大泉当千"。

蜀汉铸行"直百五铢"的目的，是为了掠夺民间钱财，支持蜀军所需的军事开支。刘备攻打成都时出现了军用不足的问题，刘巴提出铸行大钱、收敛民财的应急对策。"直百五铢"的流通，是与五铢旧钱并行流通，否则，就无法起到收敛民间钱财的目的。"直百五铢"重量一般为 8.0～9.5 克[266]（14.0～16.6 铢），与五铢旧钱并行流通，可以换取 100 枚五铢旧钱。蜀汉政权以 10 多铢青铜铸钱，换取法定重量总计为 500 铢的旧钱，可谓是快速敛财的好手段。所以，"数月之间，府库充实"。蜀汉铸行"直百五铢"，产生了"直百五铢"与五铢旧钱并行流通的二品复合铜钱制度。

东吴铸行"大泉五百"和"大泉当千"的目的，也是为了掠夺民间钱财，支持孙权经略辽东的战略目的。"大泉五百"铸行于嘉和五年（公元 236 年），重量约为 12 克（21.0 铢），后来逐步减重，为 8 克（14.0 铢）左右[267]。两年之后，东吴又铸

---

266 昭明、马利清：《古代货币》，第 140 页。
267 昭明、马利清：《古代货币》，第 142 页。

行"大泉当千"，重量约为 20 克（34.9 铢），以后不断减重，为 11 克（19.2 铢）左右。[268]"大泉五百"和"大泉当千"皆对五铢钱而言，与五铢钱并行流通，形成三品流通的复合铜钱制度。

南北朝时期，南梁铸行"四柱五铢"，北周铸行"布泉"、"五行大布"和"永通万国"，南北均出现过复合铜钱制度。

南梁敬帝太平二年（公元557年），南梁受到西魏和北齐的攻击和蚕食，南梁朝廷铸行"四柱五铢"，以解财政危机。"四柱五铢"与五铢钱并行流通，1 枚"四柱五铢"法定兑换 20 枚五铢钱，后来改为法定兑换 10 枚五铢钱。当年，陈霸先即代梁自立，建立了陈朝。不久，"四柱五铢"与五铢钱并行的制度，就被陈五铢所替代。

北周武帝保定元年（公元561年），北周王朝铸行"布泉"，法定兑换 5 枚五铢钱，与五铢钱并行流通。周武帝建德三年（公元574年），北周王朝铸行"五行大布"，法定兑换 10 枚五铢钱，与五铢钱并行流通，"布泉"逐步为人们废弃。周静帝大象元年（公元579年），北周王朝铸行"永通万国"，法定兑换 10 枚五铢钱，与"五行大布"和五铢钱一起形成三品并行流通的复合铜钱制度。

复合铜钱制度虽然频繁出现，但均源于朝廷危急或者是备战的需要，作为敛财的权宜之计。相关各种大钱的铸行，由于违背价值规律，所以皆不能持久，各自流通数年即被废黜。

第七节　纪重铜钱与非纪重铜钱并行制度

五铢钱流通时期，出现了各种非纪重铜钱种类，主要有：

268　昭明、马利清：《古代货币》，第142页。

当多大钱、年号钱、吉语钱、国号年号钱、泉、布钱等。非纪重铜钱并行制度指的是这些非纪重铜钱与五铢纪重钱并行流通的制度，是复合铜钱制度的一种形式。

当多大钱的铸行，主要发生在王莽货币改制和三国战乱时期，其种类繁多，前文已讲，不再赘述。魏晋南北朝时期，各地政权纷纷铸造铜钱。于是，在五铢钱长期持续流通时期，又出现了多种年号钱、吉语钱、国号年号钱、泉、布等类铜钱的铸造和并行流通。

年号钱的铸行，主要发生在东晋十六国时期及南北朝时期。东晋成帝成康四年（公元 338 年），成汉李寿改元"汉兴"，铸"汉兴"钱。南朝刘宋前废帝刘子业永光元年（公元 465 年），刘宋朝廷铸行"永光"钱，同年改元"景和"，又铸行"景和"钱。

吉语钱的铸行，主要发生在东晋十六国时期及南北朝时期。东晋元帝大兴二年（公元 319 年），羯族首领石勒建立后赵政权，铸行"丰货"钱。北周武帝建德三年（公元 574 年），北周朝廷铸行"五行大布"钱，其铭文寓意五行相生相克，循环不息。北周孝静帝大象元年（公元 579 年），北周朝廷铸行"永通万国"钱，其铭文寓意贸易畅通。

国号年号钱的铸行，主要发生在东晋十六国时期。大夏赫连勃勃于真兴元年（公元 419 年），铸行"大夏真兴"钱。

泉、布钱的铸行，主要发生在王莽货币改制和南北朝时期。天鳳元年（公元 14 年），王莽铸行"货泉"和"货布"两种钱币。北周武帝保定元年（公元 561 年），北周朝廷铸行"布泉"钱。

第八节　古今铜钱并行制度

　　五铢钱流通时期，出现今、古铜钱并行制度。今、古铜钱并行制度指的是法律规定或者法律允许新铸行的铜钱与流通中原有的旧钱并行流通的制度，也是复合铜钱制度的一种形式。

　　居摄二年（公元 7 年），王莽铸行了"大泉五十"、"契刀五百"和"一刀平五千"三种新型钱币，"与五铢钱凡四品，并行"，[269] 即与市场上原有的五铢旧钱并行流通。三国时期，蜀汉铸行"直百五铢"，东吴铸行"大泉五百"和"大泉当千"，皆与市场上原有的五铢旧钱并行流通。南北朝时期，南梁铸行"四柱五铢"，北周铸行"布泉"、"五行大布"和"永通万国"，也均与市场上原有的五铢旧钱并行流通。

　　秦、汉初期，只有半两钱流通，没有其他种类的铜钱与其并行。汉初至唐初，基本上是五铢钱流通，但多次出现为时短暂的复合铜钱制度。我们可以将这些复合铜钱制度粗略地归纳为三种形态：五铢钱与虚币大钱并行制度、五铢纪重钱与非纪重钱并行制度，以及五铢新钱与古钱并行制度。

269　《汉书》卷二四《食货志》，第 1177 页。

第四章　唐代两税法
对铜钱流通状况的影响

自唐高祖武德四年（公元 621 年）始铸开元通宝钱，中国古代纪重钱制度宣告结束，通宝钱制度宣告开始，铜钱流通的特点和规则也就随之出现了新的变化。

中国古代的通宝钱制度历时甚久，自唐高祖武德四年（公元 621 年）始铸开元通宝，至清宣统三年（公元 1911 年）清王朝灭亡，通宝钱制度历行总共 1290 年。在此期间，各王朝、各时期所铸行的铜钱，不再铸铭重量，而是铸铭朝廷年号或国号或吉语并加之以通宝或元宝或重宝等字样。相对纪重钱而言，有学者笼统地将这一时期流通的铜钱称为纪元钱。但是，称其为纪元钱不够贴切。因为，在这一时期所流通的铜钱不仅铸铭年号，也有铸铭国号或吉语或其他文字者。鉴于此时期铸行的铜钱大多铭文"宝"字，且于唐代以后，铸铭文字从通宝、元宝、重宝等称号逐步归集于更多地使用"通宝"为名，因此我们将其统称为"通宝钱"更为妥当。

通宝钱的流通，大体上可以分为三个阶段。第一个阶段是唐代开元通宝流通阶段。开元通宝虽然不再铭文本身的金属重量，但是法律上仍然规定了它的重量标准，即 10 钱 1 两。唐代基本上是开元通宝钱流通的时代，虽然在此期间出现过几种类型的虚币大钱，但均未能持久。开元通宝的流通则贯穿着唐代的始终。第二个阶段是宋代年号钱流通阶段。年号钱的表面铭文铸造的年号，年号后面铭文通宝、元宝、重宝等字样。第三个阶段是明清制钱流通阶段。在这个时期里，法律不再强调铜钱的金属重量，而是强调铜钱的法定流通地位。

唐代开元通宝流通时期，爆发了严重的钱荒，其导火索是唐德宗实行两税法。然而，究其根源有三：一是战争需要大量的钱财，铜钱流通总量需求大幅度上升；二是铸造铜钱的成本上升，铸造铜钱成为亏损的营生，所以铜钱供给量大幅度减少；三是朝廷经营地域缩小，朝廷不愿使用减少了的财力去铸造可能流向藩镇经营地区的铜钱。所以，钱荒爆发后经久不息。钱荒的出现，破坏了正常的生产和交换，给唐代的经济带来了极其不利的影响。

第一节　隋代五铢钱制度的败坏

仁寿四年（公元604年）七月，隋文帝杨坚死于歧州之北的仁寿宫。隋文帝的二儿子晋王杨广继皇帝位，是为隋炀帝。隋炀帝登基之后，征发无度，人口大量死于战争和劳役，社会生产力遭受巨大破坏，朝廷纲纪松弛，五铢钱轻薄滥恶。隋炀帝倒行逆施，造成钱制彻底败坏，百姓无法生活，被迫举旗造反，隋王朝终至灭亡。太原留守李渊乘机起兵，建立大唐王朝，并逐步地控制了原隋王朝统治的大部分地区。为了支持战争，取得最后的胜利，并稳定经济秩序，恢复大后方的正常生产和商品流通，唐王朝需要创建一种全新的钱币，即唐王朝自己的钱币，用来支持和巩固新兴政权，于是就产生了开元通宝钱。随着唐王朝政权的逐步稳定，开元通宝制度就逐步地取代了五铢钱制度，成为国家法定的、统一的钱币制度。

隋炀帝即位之时，天下殷富，于是立即营建东都、开凿御河。

炀帝即位，是时户口益多，府库盈溢，乃除妇人及奴婢部曲之课。男子以二十二成丁。始建东都，以尚书令杨素为营作大监，每月役丁二百万人。……所经州县，遞送往返，首尾相属，不绝者千里。而东都役使促迫，僵仆而斃者，十四五焉。每月载死丁，东至城皋，北至河阳，车相望于道。[270]

隋炀帝即位，这时候全国户口更多，府库里储藏的钱粮物资都堆积得满满的。于是，免除妇女和奴婢、家仆的赋税。男子以22岁为成丁。开始营造东都，任命尚书令杨素为营作大监，每月役使丁壮200万人参加营建。……沿途所经过的州县，送的送、接的接，首尾相连，千里不绝。而东都各项工程催促紧迫，民工因疲劳过度而倒地死亡的，10个人当中就有四五个。每月载送死亡民工的车辆，东至成皋，北至河阳，道路上络绎不绝。

大业元年（公元605年）三月，即位仅8个月，隋炀帝就启动了营建东都的工程，每月役丁200万人。同月，隋炀帝又启动了开凿御河的工程，所用人丁数量，亦不下100万。《隋书·炀帝上》载：

大业元年……三月丁未，诏尚书令杨素、纳言杨达、将作大匠宇文恺营建东都……辛亥，发河南诸郡男女百余万，开通济渠，自西苑引榖、洛水达于河，自板渚引河通于淮。庚申，遣黄门侍郎王弘、上仪同於士澄往江南采木，造龙舟、鳳舸、黄龙、赤艦、楼船等数万艘。[271]

大业元年（公元605年）三月丁未日，隋炀帝诏令尚书令杨素、纳言杨达、将作大匠宇文恺营建东都……辛亥日，派出河南诸郡男女100多万人，挖掘通济渠。自西苑导引榖水、洛水注入黄河，从板渚引黄河水，通至淮海。庚申日，派遣黄门侍郎王弘、上仪同於士澄，往江南采买木材，造龙舟、鳳舸、黄龙、

270　《隋书》卷二四《食货志》，第686页。

271　《隋书》卷三《炀帝上》，第62~64页。

赤䑿、楼船等船只数万艘。

《随书·食货志》亦云：

> 开渠，引穀、洛水，自苑西入，而东注于洛。又自板渚引河，达于淮海，谓之御河。河畔筑御道，树以柳。又命黄门侍郎王弘、上仪同於士澄，往江南诸州采大木，引至东都。[272]

开凿渠道，导引穀水、洛水。从苑西流入苑内，再向东注入洛水。又从板渚引黄河水，达于淮海，称为御河。沿河畔修筑御道，道边栽种上柳树。又命令黄门侍郎王弘、上仪同於士澄，往江南各州采买大木材，运往东都。

御河的作用有二：一是从江南运输木材到东都，以供营造之用；二是皇帝出游。皇帝出游需要有随行人员，所以修造各类船只数万艘。开凿御河是隋炀帝开凿大运河的初期工程，开凿的河段称为"通济渠"。大运河的工程历时五年，整体可以分为三大段，即中段、南段和北段。大运河的中段包括通济渠和邗沟。通济渠北起洛阳，东南入淮水。邗沟北起淮水南岸之山阳（今江苏淮安），南达江都（今江苏扬州）入长江。南段被称为江南河，北起长江南岸之京口（今江苏镇江），南通余杭（今浙江杭州）。北段被称为永济渠，南起洛阳，北通涿州（今北京城西南）。

御河工程进度神速，5个月就完工了，隋炀帝立即开始巡游，乘坐龙舟，去往扬州。"大业元年……八月壬寅，上御龙舟，幸江都（今江苏扬州）。"[273]比较营建东都及开凿御河，巡游更是纯粹的消费，所花费用无计其数。

> 又造龙船凤艒，黄龙赤䑿，楼船篾舫。募诸水工，谓之殿脚，衣锦行幐，执青絲缆挽船，以幸江都。帝御龙舟，文武官

272 《隋书》卷二四《食货志》，第686页。
273 《隋书》卷三《炀帝上》，第62~65页。

五品已上给楼船，九品已上给黄篾舫，舳舻相接，二百余里。
所经州县，并令供顿，献食丰办者，加官爵，阙乏者，谴
至死。[274]

隋炀帝又下令建造龙舟凤艒，黄龙赤艦，楼船篾舫等大型船舶。
招募大批水工，称之为殿脚，让他们穿着锦绣并用布裹腿，手
执青丝的缆绳牵挽龙舟，以便巡幸江都（今扬州）。隋炀帝乘坐
龙舟，文武百官五品以上者赐坐楼船，九品以上者赐坐黄篾舫，
各船首尾相接，绵延 200 余里。沿途所经过的州县，一并令其
供应接待，贡献食物备办丰盛的，加官晋爵；贡献缺少的，则
要受到谴责甚至赐死。

隋炀帝的巡游不仅是纯粹的消费，而且还启发了他再兴巨
型工程的思路，筑长城、修运河，动辄百万人众，工程不断。
工程越做越多，结果是男人已经不够用了，开始征女人从劳役。

明年，帝北巡狩。又兴众百万，北筑长城，西距榆林，东
至紫河，棉亘千余里，死者太半。四年，发河北诸郡百余万众，
引沁水，南达于河，北通涿郡。自是以男丁不供，始以妇人
从役。[275]

大业三年（公元 607 年），隋炀帝巡狩北方。又征发壮丁百万，
到北部边疆修筑长城，西起榆林，东到紫河，绵延 1000 多里，
死去的壮丁有一大半。大业四年（公元 608 年），又征发河北各
郡壮丁 100 多万人，导引沁水，南入黄河，北通涿州。从此，
因男丁已不够供给役使，开始征用妇女服役。

修筑长城，死亡的人超过半数，又修北段运河。就是这么
折腾，拼命地花钱，还是不能将国民经济整垮。于是，隋炀帝
"另辟蹊径"，发动了对高丽的战争。与汉武帝时代情况相类似，

274　《隋书》卷二四《食货志》，第 686 页。

275　《隋书》卷二四《食货志》，第 687 页。

战争消耗与水患灾害同时发生。

六年，将征高丽，有司奏兵马已多损耗。诏又课天下富人，量其赀产，出钱市武马，填元数。限令取足。复点兵具器仗，皆令精新，滥恶则使人便斩……七年……是岁山东、河南大水，漂没四十余郡，重以辽东覆败，死者数十万。[276]

大业六年（公元 610 年），隋炀帝准备征伐高丽，主管部门的官员奏报兵马已大多损耗。于是又下诏向全国富人征课，按其资产的多少，出钱买战马，补充原有之数，并限令按时征足。又查点兵器用具，全部要求精良崭新，质量不好则立即把人捉去斩首……大业七年（公元 611 年）……当年山东、河南发大水，淹没 40 余郡，加上辽东作战失败，死的人达数十万。

隋炀帝征发无度，人口大量死于战争和劳役。隋文帝时期社会积累的财富，已经消耗殆尽，社会生产已经无法正常进行，百姓已经无法生活，强者聚而为盗，弱者自卖为奴婢。大业七年（公元 611 年），农民起义在山东爆发。

隋炀帝对于农民起义并未在意，继续进行征讨高丽的战争。大业八年（公元 612 年），隋炀帝亲率百万大军渡过辽水，进围辽东城，结果大败而归。大业九年（公元 613 年），隋炀帝再次亲率大军征讨高丽，也未能成功。没完没了的折腾，社会经济濒临崩溃，钱币也就日益轻薄滥恶。钱币中掺杂铅锡较多，颜色就成为白色。《新唐书·食货志》载："隋末行五铢白钱"。[277] 根据近代出土文物，隋末五铢白钱，重约 2.7 克（4.7 铢[278]），[279] 重量上达不到五铢的标准，质量上更为糟糕，含铜比例下降，

276 《隋书》卷二四《食货志》，第 687～688 页。

277 《新唐书》卷五四《食货四》，中华书局，1975 年版，第 1383 页。

278 隋 1 斤折合现代 660 克，1 大两折合现代 41.25 克，1 小两折合现代 13.75 克，1 铢折合现代 0.5729 克。

279 昭明、马利清：《古代货币》，第 158 页。

铅锡比例上升。1957 年西安玉祥门外隋代李静训墓出土 5 枚隋五铢。[280] 1959 年，长沙隋墓清理中发现一墓随葬铜钱 93 枚。[281] 这些出土铜钱都是五铢白钱，其含铜比例大幅度下降，含铅比例大幅度上升，可与文献记载相佐证。钱币越轻薄，铸币的利益就越大。因此，隋末盗铸钱币的活动泛滥成灾。

> 大业已后，王纲驰紊，巨奸大猾，遂多私铸，钱转恶薄。初每千犹重二斤，后渐轻至一斤。或剪铁鍱，裁皮糊纸以为钱，相杂用之。货贱物贵，以至于亡。[282]

隋炀帝大业年间（公元 605 年至公元 617 年）之后，国家纲纪废弛，巨奸大滑之徒于是纷纷私铸，钱币又转而变得轻薄粗恶。开始的时候每千钱还有 2 斤重，后来逐渐减轻到 1 斤。有的甚至剪铁片、裁皮糊纸用来当钱，相杂使用，钱贱物贵，直到隋朝灭亡。

从这段文字来看，隋末的五铢钱极为轻小，只有 1 铢左右。隋代 1 斤为 16 大两或 48 小两或 1152 铢。如果 1000 枚五铢钱仅重 1 斤，每枚五铢钱就只有 1.152 铢了。

第二节　开元通宝的铸行

隋末的农民起义愈演愈烈，大业十三年（公元 617 年）六月，杜伏威领导的江淮起义军、窦建德领导的河北起义军，以及李密和翟让领导的瓦岗军三大义军，已经把隋代的势力分割包围在几个孤立的据点中。七月，隋炀帝调集各路兵马讨伐李密，李密与隋军相持于洛阳城下。隋太原留守李渊抓住这个机

280　唐金裕：《西安西郊隋李静训墓发掘报告》，载《考古》，1959（9）。

281　湖南省博物馆：《长沙两晋南朝隋墓发掘报告》，载《考古学报》，1959（3）。

282　《隋书》卷二四《食货志》，第 692 页。

会，在晋阳起兵向长安进发。十一月，李渊的军队顺利攻占了长安城。李渊立隋炀帝的孙子代王杨侑为恭帝，遥尊隋炀帝为太上皇。

大业十四年（公元 618 年）三月，隋禁军兵变，杀死隋炀帝，隋朝灭亡。当年五月，李渊正式建立了唐朝，改元武德。武德元年（公元 618 年），李世民率军消灭了割据陇右的薛举之子薛仁杲。武德二年（公元 619 年）唐王朝派安兴贵回到凉州击败李轨，河西归入唐的统治。武德三年（公元 620 年）李世民在山西击败刘武周，占有山西全境。武德四年（公元 621 年），唐军攻打洛阳，击败窦建德，逼降王世充，河南、河北都成为唐的统治区。武德五年（公元 622 年），全国基本被唐王朝统一。

武德四年（公元 621 年），正值唐军攻打洛阳的时候，唐王朝始铸"开元通宝"。《新唐书·食货志》载：

隋末行五铢白钱，天下盗起，私铸钱行。千钱初重二斤，其后愈轻，不及一斤，铁叶、皮纸皆以为钱。高祖入长安，民间行线环钱，其制轻小，凡八九万才满半斛。

隋朝末年通行五铢白钱，全国盗贼蜂起，私铸钱流行。1000 钱开始时重 2 斤，以后越来越轻，不到 1 斤，铁叶、皮纸都用来做钱。唐高祖李渊进入长安后，民间通行线环钱，样式轻小，8 万~9 万钱才能装满半斛。

武德四年，铸"开元通宝"，径八分，重二铢四絫，积十钱重一两，得轻重大小之中，其文以八分、篆、隶三体。洛、并、幽、益、桂等州皆置监。赐秦王、齐王三炉、右仆射裴寂一炉以铸。盗铸者论死，没其家属，其后盗铸渐起。[283]

283　《新唐书》卷五四《食货四》，第 1383~1384 页。

唐高祖武德四年（公元 621 年），铸行"开元通宝"，直径 8 分，1 枚钱重 2 铢 4 絫，10 枚钱合计重 1 两，轻重大小适中，钱文有八分、篆、隶三种字体。洛州、并州、幽州、益州、桂州等地都设置钱监。赐秦王、齐王各三处冶铜炉、右仆射裴寂一处冶铜炉，允许他们铸钱。私铸者处死，家属没为官奴。其后私铸逐渐开始出现。

隋末行五铢白钱，质量低下，铸造利润较高，由此引发盗铸。隋末的战争，更加剧了钱币的滥恶。唐代 1 斛相当于现代 60000 毫升，大约可装粟米 40500 克。如果我们假设钱币装在斛中比粟米重 2 倍的话，半斛钱币重达现代约 40500 克，大约相当于隋代的 61 斤。隋代 1 斤折合现代 660 克。"千钱初重二斤"，61 斤应为 3 万多铜钱。李渊入长安的时候，"八九万才满半斛"，说明钱币已经减重至相当于初时的三分之一。为了支持战争，取得最后的胜利，并稳定经济秩序，恢复大后方的正常生产和商品流通，李渊需要创建一种全新的钱币，即唐王朝自己的钱币，用来支持和巩固新兴政权，于是，就产生了"开元通宝"。唐代钱制，开元通宝：

径八分，重二铢四絫，积十文重一两，一千文重六斤四两。[284]

开元通宝法重 2 铢 4 絫，说的是北朝的 2 铢 4 絫，而不是南朝的 2 铢 4 絫。从前流通五铢钱中铢的重量单位，是南朝的铢。北朝的 2 铢 4 絫，折合南朝 7 铢 2 絫。因此，开元通宝的法定重量比过去的五铢钱提高了 44%。根据丘光明、邱隆、杨平先生的考证，唐代 1 斤折合现代 662～672 克。我们可以取其中值，即唐代 1 斤大约折合现代 667 克。那么，唐代的 1 钱应该折合现

284　《旧唐书》卷四八《食货上》，第 2094 页。

代 4.169 克，而东汉、三国魏晋及南朝的五铢钱，法定重量应折合现代 2.86 克。根据对近代出土唐初开元通宝的实测，其重量为 4.25 克（1.019 钱）[285]左右，超过法定 1 钱的重量，是足重的钱币[286]。初期的开元通宝质量合格、标准规范、大小轻重适中，使用方便。《旧唐书·食货志》云：

> 议者以新钱轻重大小最为折衷，远近甚便之。[287]

当时臣下议论认为，新钱轻重大小最为适宜，远近都感到方便。

开元通宝的铸行，影响了我国的重量单位。唐朝以前的重量单位是斤、两、铢、絫。1 斤为 16 两，1 两为 24 铢，1 铢为 10 絫。开元通宝钱制规定，10 钱为 1 两。此后，"钱"逐步被人们接受为重量单位，代表过去北朝的 2 铢 4 絫，过去南朝的 7 铢 2 絫。

开元通宝钱制的建立，是我国货币史上的一件大事。从此，纪重钱制度宣告结束，通宝钱制度宣告开始，铜钱流通的特点和规则也就随之出现了新的变化。开元通宝并非年号钱，此时朝廷的年号是武德，而不是开元。开元通宝是"通宝"，还是"元宝"，文献有不同的记载。《新唐书·食货志》和《旧唐书·食货志》，均称这种钱为"开元通宝"，而《唐六典》和《通典》则称这种钱为"开通元宝"。因此，学界产生了两种对立的看法。《唐会要·泉货》云：

> 武德四年七月十日，废五铢钱，行开元通宝钱……其词先上后下次左后右读之。自上及左回环读之，其义亦通，流俗谓

285　唐代 1 斤折合现代 667 克，1 两折合现代 41.69 克，1 铢折合现代 1.737 克，1 钱折合现代 4.169 克。此后文中关于出土唐代文物在实测重量若干克之后，均加括号注明折合若干钱。在折算中均采用四舍五入的方法，保留小数点后 3 位。

286　昭明、马利清：《古代货币》，第 161 页。

287　《旧唐书》卷四八《食货上》，第 2094 页。

之'开通元宝'钱。[288]

武德四年（公元 621 年）七月十日，朝廷废除五铢钱，发行开元通宝钱……开元通宝表面铸铭的文字，先上后下次左后右读，或先上及左回环读，两种读法的意思都通顺，流俗的称谓是"开通元宝"。

这里的意思是说，先上后下次左后右的读法为"开元通宝"，是正宗的读法；自上及左环读为"开通元宝"，是流俗的读法。

第三节　"钱"成为重量单位

中国古代的纪重钱起源于铜金属流通，为了方便使用，铜铸币表面铸铭了重量。但是，随着时间的推移，纪重钱的实际重量逐步地脱离了表面铭文的重量，成为文重不符的、具有一定程度的信用货币性质的铜钱。自唐高祖李渊铸行开元通宝，铜钱表面不再铭文重量，纪重钱转为通宝钱。但是，铜钱仍然具有法定的重量，唐代初期法律规定 10 枚铜钱的重量为 1 两。从此，铜钱的重量被确定为十分之一两，而"钱"的含义也就逐步地被扩大到重量单位方面。唐代以后，表面上没有铭文重量的铜钱，在法律上的重量标准就是 1 钱，即十分之一两。铜钱作为 1 钱重量的铜金属进入流通，行使铜金属货币流通的职能，自唐代初期至清朝灭亡，始终没有发生根本性的变化。

中国古代重量单位主要是"铢"、"两"、"斤"、"钧"、"石"。《汉书·律历志》云：

衡权者，衡，平也。权，重也。衡所以任权而均物平轻重

288　（宋）王溥：《唐会要》卷八九《泉货》，商务印书馆，1936 年版，第 1622～1623 页。

也。……

　　权者，铢、两、斤、钧、石也，所以称物平施，知轻重也。本起于黄钟之重。一龠容千二百黍，重十二铢，两之为两。二十四铢为两。十六两为斤。三十斤为钧。四钧为石。[289]

衡权中，"衡"的意思是平正，"权"的意思是重量，用秤锤来均分物质使轻重平正。称量物体的单位有铢、两、斤、钧、石，它们是用来称量物体平衡的标尺，弄清楚物体的重量。重量标准起源于使用黄钟对粮食进行衡量。1 黄钟竹管装 1200 粒黍子，重量是 12 铢，12 铢的两倍就是 1 两。1 两有 24 铢，16 两就是 1 斤，30 斤就是 1 钧，4 钧就是 1 石。

　　先秦时期，由于诸侯分制，重量单位十分混乱。及至汉代，重量单位已经规范统一，但是每个重量单位所表示的重量值，却随着时间的推移，呈现着逐步下降的趋势。根据丘光明、邱隆、杨平先生在《中国科学技术史（度量衡卷）》中对出土权衡器考证的数据，西汉时期 1 斤相当于现代 250 克[290]；新莽时期 1 斤相当于现代 245 克；[291] 东汉时期 1 斤相当于现代 220 克。[292] 大体上看，从西汉初期到东汉末期，大约 400 年的时间，权衡器重量 1 斤下降了大约 30 克，每 13 年下降大约 1 克。其下降速度，除新莽时期受复古思想影响放缓之外，整体呈逐步衰减的态势。丘光明、邱隆、杨平先生在《中国科学技术史（度量衡卷）》中说："汉代三个历史时期中，长度、容量单位均沿用秦制……唯独重量单位，单位量却呈直线下降的趋势。"[293]

　　289　《汉书》卷二一上《律历志》，第 969 页。

　　290　丘光明、邱隆、杨平：《中国科学技术史（度量衡卷）》，中国科学出版社，2001 年版，第 241 页。

　　291　丘光明、邱隆、杨平：《中国科学技术史（度量衡卷）》，第 244 页。

　　292　丘光明、邱隆、杨平：《中国科学技术史（度量衡卷）》，第 249 页。

　　293　丘光明、邱隆、杨平：《中国科学技术史（度量衡卷）》，第 249 页。

三国曹魏重量值，1 斤相当于现代 220 克，[294] 两晋继续保持不变。[295] 到了南北朝时期，出现了两极分化，南朝沿用东晋制度，北朝的重量值却发生了急剧的上升，每斤的重量上升到魏晋时期重量或者南朝重量的 3 倍，大约相当于近代的 660 克。隋朝继承了北朝的制度，1 斤相当于现代 660 克。[296] 唐朝继承隋朝制度，重量继续缓慢增长，1 斤相当于现代 662～672 克，我们取其中值，粗略地认定其为 667 克。

唐代的重量单位有大小制之分，大制每斤折合现代 667 克左右，小制每斤折合现代 222 克左右。唐代重量的大制，继承了北朝的重量单位标准；唐代重量的小制，继承了南朝重量单位的标准。中医文化流于南朝，医药处方散于民间，难以修改，所以，唐代医药用称继续采用小制。《通典》云：

调钟律，测晷景，合汤药及冠冕制，用小升、小两，自余公私用大升、大两。[297]

除了调钟律、测晷景、合汤药及冠冕制要使用小升、小两，其余公私称量都要使用大升、大两。

虽然唐朝明文规定医药称重时要用小制，实际上是大、小制并用，或者逐渐用大制替代了小制。

重量单位大小制并行，从唐初至唐末，贯穿了整个唐代。唐代末年，日本僧人圆仁来唐求法，留下这样的记载：

开成三年，即沙金小二两充设供料，留学僧亦出二两，总计小四两，以送寺衙……寺僧等共集一处，称定大一两二分半。[298]

294　丘光明、邱隆、杨平：《中国科学技术史（度量衡卷）》，第 274 页。

295　丘光明、邱隆、杨平：《中国科学技术史（度量衡卷）》，第 281 页。

296　丘光明、邱隆、杨平：《中国科学技术史（度量衡卷）》，第 249 页。

297　杜佑：《通典》卷六《食货六》，中华书局，1988 年版，第 108 页。

298　圆仁：《入唐求法巡礼札记》卷第一，文海出版社，1976 年版，第 8 页。

开成三年（公元 838 年），用沙金小二两上缴设供科，留学的僧人也交了二两，总计小四两，一起送去寺衙……将僧人们上交的金子收集在一起，总共是大一两二分半。

砂金大二两于市头令交易，市头称定一大两七钱。七钱，准当大二分半。[299]

用砂金大二两到市场负责人那里交易，被市场负责人称定为大一两七钱。这七钱，被准许折合二分半使用。

开成三年（公元 838 年）已是晚唐时期，人们用金，依旧采用小制。"钱"成为重量单位，是大两的十分之一。"分"是大两的四分之一。上面文献记载中所述的"大二分半"，折合七钱半。砂金成色较差，所以大二两只被称定为大一两七钱，但七钱可当七钱半使用。也就是说，这里的大二两砂金，被称定为大一两七钱半使用。

"钱"成为重量单位，与"分"作为重量单位并行。"分"原本是二分之一的意思。"分，别也。从刀。刀以分别物也。"[300]合二为一，谓之"两"；一分为二，谓之"分"。所以，1 两为 4 分。南朝名医陶弘景著《本草经集注》云：

古称唯有铢两，而无分名，今则以十黍为铢，六铢为分，四分为两，十六两为斤。[301]

古代秤的重量单位只有"铢"和"两"，并没有"分"这个单位。现在以 10 黍的重量为 1 铢，6 铢的重量为 1 分，4 分的重量为 1 两，16 两的重量为 1 斤。

这里说 10 黍为 1 铢，应该是错误的，多数文献中皆说 100 黍为 1 铢。

299　圆仁：《入唐求法巡礼札记》卷第一，第 10 页。

300　汤可敬：《说文解字今释》，岳麓书院，1997 年版，第 159 页。

301　丘光明、邱隆、杨平：《中国科学技术史（度量衡卷）》，第 338 页。转引自陶弘景：《本草经集注》。

晋代名医葛洪著《肘后备急方》云："龙骨三分，梨芦二分，巴豆一分。"[302] 从这里可以看出，"分"在晋代已经被用于重量单位，南朝时为四分之一两。到了唐朝，仍然是四分之一两，折合2.5钱。这一点可以从出土铭文重量的金银器物上看出。出土唐代金银器物，有铸铭重量单位文字者，多为"两"、"分"、"钱"等。"分"的数量，有1分、2分、3分，未见有4分及4分以上者。这说明，唐代的"分"仍然是四分之一两，而不是后世的十分之一"钱"。

"钱"成为重量单位是从唐初期朝廷对钱币颁布重量管理的法律而形成的。但是，在唐代初期，"钱"作为重量单位并不是法律规定的，而是民间约定俗成的。唐代法律规定的重量单位，依旧是"斤"、"两"、"铢"制度。《唐六典》云：

> 凡权衡以秬黍中者百黍之重为铢，二十四铢为两，三两为大两，十六两为斤。[303]

重量单位标准是以100粒中等黍米的重量为1铢，24铢的重量为1两，3两的重量为1大两，16大两的重量为1斤。

尽管如此，"钱"作为重量单位在唐代还是被民间广泛地接受了，近代出土的唐代许多金银器物上面铭文有"若干两若干钱"的字样。通宝钱的重量，采用的是大两的十分之一。唐代的大两相当于现代41.69克，唐代通宝钱的法定重量应为十分之一两，相当于现代4.169克。

第四节　几种类型的虚币大钱

唐朝的法律继续保护朝廷铸造的不足值铜钱流通，所以开

302　葛洪：《肘后备急方》，人民卫生出版社，1956年版，第34页。
303　（唐）李林甫等：《唐六典》卷三《尚书户部》，第81页。

元通宝依旧呈现轻重大小差距悬殊的状况。唐朝的钱币比较单一，开元通宝的流通贯穿唐代始终。这期间出现过几种虚币大钱，铸行这些种类的虚币大钱，多是因为战争的需要。唐朝的虚币大钱与开元通宝并行流通，持续时间都非常短暂。

中国古代铜金属货币流通的历史，表现为铜金属货币向信用货币的长期转化过程。在这个过程中，铜钱不断发生减重。使铜钱减重得以持续的环节，是朝廷铸行虚币大钱，即用大钱以一兑多地替换流通中的小钱。大钱进入流通之后，便在大钱的基础上进入新一轮的减重过程。

唐代之前，朝廷大规模地铸造虚币大钱，用来从民间收敛钱财，最突出的有四次。第一次发生在西汉初期。楚汉战争结束之后，经历了一段和平年代的休养生息，商品交换经济迅速恢复，对货币流通总量提出了更多的需求。因此，流通中的铜钱不断减重，终于出现铜钱薄小，且无法再小的问题。于是，高皇后二年（公元前186年），西汉朝廷铸行八铢钱以一兑八，收兑流通中的小钱。第二次发生在王莽时期。王莽篡夺刘汉政权之后，大量发行虚币大钱，掠取天下资财，意在控制贫富分化，"均众庶、抑兼并"。第三次发生在魏晋时期。当时的战争造成商品经济衰退，钱币流通停滞，以物易物成为主要的商品交换方式。但是，刘备和孙权仍然铸行虚币大钱，用以敛财支持战争。第四次发生在南北朝时期的北朝。当时，南朝采用钱币减重的措施从民间收敛资财，而北朝则多次铸行虚币大钱，更为明显地从民间暴敛资财，终于赢得了战争的胜利，实现了中国南北的统一。以上四次大规模铸行虚币大钱之后，所铸大钱很快都发生了大幅度的减重。各王朝每次铸行虚币大钱，都是打着解决流通中钱币轻薄滥恶问题的旗帜，百姓心中也没有虚币的概念。百姓开始将铜钱分别称为"实钱"和"虚钱"，发生在唐代唐肃宗上元元年（公元760年），第五琦奏请朝廷实施货币改制失败之后。

1. 唐初期的乾封泉宝

贞观二十三年（公元 649 年），唐太宗李世民去世，他的儿子李治即位，是为唐高宗。

唐代是个战争十分频繁的朝代，唐代初期的战争更是连年不断。贞观四年（公元 630 年），唐朝的军队打败了东突厥，占领伊吾，将伊吾的统治地区改编为伊州；贞观九年（公元 635 年），唐朝的军队击降吐谷浑；贞观十四年（公元 640 年），唐朝的军队消灭了高昌政权，将高昌的统治地区改编为西州；贞观十八年（公元 644 年），唐朝的军队击灭焉耆；贞观十九年（公元 645 年），唐太宗李世民亲征辽东，无功而返；贞观二十年（公元 646 年），唐朝的军队击灭漠北的薛延陀，招降原属于薛延陀的铁勒诸部；贞观二十一年（公元 647 年）和贞观二十二年（公元 648 年），唐朝的军队两次攻击高丽；贞观二十二年（公元 648 年），唐朝的军队攻破龟兹。

无休无止的战争耗费了大量的钱财和生命，战争延伸至越来越远的边境和异国，即便军队能够抢掠物资，长途跋涉的运输也使得战利品的价值大幅度缩水。贞观之治的辉煌，没有体现在经济繁荣方面，而是停留在物价低廉、犯罪率低下方面。唐太宗的军队威震天下，四夷宾服，外邦来朝，百官奏请唐太宗封禅泰山，祭告天地。唐太宗好是高兴，不料魏征跳出来反对，一盆冷水泼下来。魏征告诉唐太宗，去泰山一路渺无人烟，道路艰难，不能行走。

今自伊、洛以东，暨乎海岱，灌莽巨泽，苍茫千里，人烟断绝，鸡犬不闻，道路萧条，进退艰阻。[304]

如今从伊水、洛水以东，一直到沿海的泰山，草木丛生沼泽遍

304　《旧唐书》卷七一《魏征》，第 2560 页。

地，苍茫千里、人烟断绝，鸡犬不闻、道路萧条，行走艰难。

由于战争造成人烟断绝，即便是黄河流域的广大地区，路途也已经荒芜萧条，难以行走了，唐太宗无奈打消了封禅泰山的主意。在中国历史上，贞观年间极为贫穷，这个看法似乎成为后人的共识。直到北宋年间，人们要举例说明一个时代的贫穷状况，还要以贞观年间为典范。北宋年间，王安石要在京师流通折二钱，宋神宗担心让外国人知道，使他们认为宋朝贫穷，瞧不起宋朝。王安石解释说，贫穷并不丢人，自古以来最受人敬畏的伟大皇帝有唐太宗、周世宗，他们的时代极其贫穷。但是，他们的贫穷怎能说是耻辱？"自古兴王如唐太宗、周太宗时极贫，然何足为耻？"[305]

唐太宗李世民去世后，皇位传给了性格并不十分强悍的李治。然而，李治的即位并没有影响唐王朝继续发动对外扩张战争。

永徽元年（公元650年），唐朝的军队击败突厥军，俘获车鼻可汗，平定漠北（翰海沙漠群以北，包括今蒙古共和国至布里亚特共和国贝加尔湖一带），唐王朝在该地设置单于、翰海两个都护府，统辖十个都督府、二十二个州；显庆二年（公元657年），唐朝的军队攻入碎叶川（今哈萨克斯坦阿拉木图以西），击败西突厥，俘获阿史那贺鲁可汗，唐王朝在该地设置昆陵和濛池两个都护府，统辖数十个都督府；显庆五年（公元660年），唐朝的军队自成山（今山东成山角）渡海，攻占百济（朝鲜半岛西南部），唐王朝在该地设置五个都督府，统辖三十七个州、二百五十个县；总章元年（公元668年），唐朝的军队攻入高句丽，唐王朝在高句丽都城平壤设置了安东都护府，统

305　《续资治通鉴长编》卷二七六《神宗熙宁九年》，中华书局，1992年版，第6745页。

辖九个都督府、四十二个州、一百个县。至此，东起朝鲜半岛，西临咸海，北包贝加尔湖，南至越南横山，唐王朝的版图达到了唐代的最大规模。

唐高宗即位后，经历了大约 20 年的战争，随着一系列军事行动的胜利，唐王朝开支军费不计其数。在此期间，为了军事上的需要和朝廷多项开支的需要，唐王朝不得不开始铸造减重铜钱，铸币利益迅速上升，引发了民间大规模的盗铸。朝廷和民间都在铸造轻薄小钱，结果是流通中劣币日益增多，钱币的质量江河日下。唐高宗显庆五年（公元 660 年），正是唐王朝的军队攻入百济都城的当年，也就是唐太宗去世 11 年之后，恶钱已经充斥市场，唐高宗诏令收兑恶钱。

显庆五年九月，敕以恶钱转多，令所在官私为市取，以五恶钱酬一好钱。百姓以恶钱价贱，私自藏之，以侯官禁之弛。高宗又令以好钱一文买恶钱两文，弊仍不息。[306]

显庆五年（公元 660 年）九月，唐高宗诏令认为恶钱越来越多，命令地方官私下收购，用 1 枚好钱收购市场上 5 枚恶钱。百姓因官定收购价格太低，私下收藏恶钱，等待官禁放松时再使用。唐高宗又下令以 1 枚好钱收购市场上 2 枚恶钱，百姓还是不肯兑换。

这里所讲的好钱，是唐太宗李世民执政时期铸行的旧钱，重量约为 4.5 克（1.079 钱）。[307]这里所讲到的恶钱，是唐高宗李治执政时期铸行的轻薄小钱，其中有朝廷铸造的，也有民间盗铸的，重量约为 3.0 克（0.720 钱）。[308]唐高宗诏令以好钱 1 枚兑换恶钱 5 枚，是用 4.5 克铜换取 15.0 克铜，百姓当然不肯。唐高宗将兑换率改为好钱 1 枚兑换恶钱 2 枚，是用 4.5 克铜换取

---

306 《旧唐书》卷四八《食货上》，第 2095 页。
307 昭明、马利清：《古代货币》，中国书店，1999 年版，第 161 页。
308 昭明、马利清：《古代货币》，中国书店，1999 年版，第 162 页。

6.0克铜，百姓仍然不来兑换。百姓收藏恶钱，是因为不相信唐高宗的法令能够持久，期望待唐高宗废弃该项法令时，恶钱能够恢复到原来的法定价值。

采用市场收兑的方式收效不大，恶钱继续泛滥成灾，唐王朝只好寻求更为有效的办法。乾封元年（公元666年）五月，封禅泰山之后，唐王朝的军队准备攻打高句丽，唐高宗诏令铸行新钱，文曰"乾封泉宝"，用来收兑流通中的轻薄小钱。

至乾封元年封岳之后，又改造新钱，文曰乾封泉宝，径一寸，重二铢六分。仍与旧钱并行，新钱一文当旧钱之十。周年之后，旧钱并废。[309]

到了唐高宗乾封元年（公元666年）封禅泰山之后，朝廷又改铸新钱。新钱铭文"乾封泉宝"，直径1寸，重量2铢6分，与开元通宝旧钱并行流通。新钱1文折合旧钱10文。计划在1年之后，旧钱全部作废。

新钱与旧钱重量相差不多，法定以1兑10，是典型的虚币大钱。文中所云"二铢六分"中的"分"字，应是"絫"字之误。1铢为10絫，"二铢六絫"便是2.6铢（4.5克）[310]。当时流通中的开元通宝恶钱，重量大约为1.7铢（3.0克）。乾封泉宝的重量比流通中的恶钱仅多重九絫，以1换10，便是以4.5克铜换取30.0克铜，朝廷自然可以大发其财。朝廷铸造虚币大钱所获的利益，便用于攻打高句丽的战争。唐高宗计划得很好，虚币大钱铸行1年之后，将流通中的开元通宝旧钱全部废止，采用法律强制来解决问题，百姓不换也不行。然而，实际情况远不如唐高宗所愿。此时，贞观盛世的政治强大局面已经结束，纲纪松弛，朝廷的法度难以执行。唐王朝铸行虚币大钱，用来

309　《旧唐书》卷四八《食货上》，第2095页。
310　唐代1铢折合现代1.737克。

收敛流通中的恶钱，其结果与先前各朝的情况相似，虚币流通引发了严重的通货膨胀，米帛价格暴涨，商业衰败。铸行虚币大钱，用少量的铜材铸造更多的名义货币，从中可以获得巨大的铸造利益，自然会引发民间盗铸。朝廷和百姓共同铸造虚币大钱，造成流通中名义货币量的剧增，必然引起物价大幅度上涨。

但是，根据《旧唐书》所云，当时物价上涨的原因，是乾封泉宝的表面文字出现了错误，百姓不愿接受，所以需要更多的铜钱才能买到商品。

初，开元钱之文，给事中欧阳询制词及书，时称其工。其字含八分及篆体，其词先上后下，次左后右读之。自上及左回环读之，其义亦通，流俗谓之开通元宝钱。及铸新钱，乃同流俗，"乾"字直上，"封"字在左。寻寤钱文之误，又缘改铸，商贾不通，米帛增价，乃议却用旧钱。[311]

最初，开元钱表面的文字，是给事中欧阳询命名并书写的。当时人们都称赞他写得精致。其字包括八分和隶体，文字读时先上后下，次左后右。但自上而左顺次环读，其义亦通，因此民间俗称"开通元宝"。此时铸造新钱，便按照民间俗称的顺序，"乾"字在上，"封"字在左，环读为"乾封泉宝"。不久就发现这种钱文排次错了。如果按照先上后下、次左后右的读法，便成了"乾泉封宝"，这显然是不通顺的。又因为这种新钱是改铸的，所以百姓在商品交易时都不愿意使用乾封泉宝。由于百姓不喜欢新钱，米的价格和布帛的价格便都出现了上涨，于是朝廷讨论决定恢复使用旧钱。

《旧唐书》所述似乎也有些道理，面文的错误可能对乾封泉宝的流通使用造成了一定的不利影响。但是，唐王朝铸行虚币

---

311 《旧唐书》卷四八《食货上》，中华书局，1975年版，第2095页。

大钱以及民间盗铸虚币大钱造成流通中名义货币量的剧增，才
是导致通货膨胀的根本原因。

　　乾封二年（公元 667 年）正月，朝廷经过讨论，决定废止
使用乾封泉宝，恢复使用开元通宝旧钱。至此，乾封泉宝总共流
通了七个月，便被废弃不用。唐高宗两次下诏治理恶钱流通，
结果均告失败，不得不再次下诏对百姓进行解释。

　　二年正月，下诏曰："泉布之兴，其来自久。实古今之要
重，为公私之宝用。年月既深，违滥斯起，所以采乾封之号，
改铸新钱。静而思之，将为未可。高祖拨乱反正，爰创轨模。
太宗立极承天，无所改作。今废旧造新，恐乖先旨。其开元通
宝，宜依旧施行，为万代之法。乾封新铸之钱，令所司贮纳，
更不须铸。仍令天下置炉之处，并铸开元通宝钱。"既而私铸更
多，钱复滥恶。[312]

乾封二年（公元667年）正月，唐高宗发布诏令说："钱币的产
生，由来已久。钱币实在是古今最重要的财宝，为公私双方作
为宝藏之用。时间久了，假钱和滥制就产生了，所以才采用乾
封称号，改铸新钱。但是冷静一想，觉得不妥。唐高祖拨乱反
正，才创制一种标准模式。唐太宗奉承天命，登上帝位，并没
有改制另铸。现在废除旧钱造新钱，深恐有违先帝的宗旨。开
元通宝钱，应当照旧流通，作为万代的规制。乾封新铸的钱，
命令主管部门收存，不要再铸了。通知全国设炉铸钱的地方，
一律铸造开元通宝钱。"不久，私铸更多，恶钱流通再度泛滥。

　　唐高宗没有讲铸行虚币大钱引起的钱制混乱和物价上涨，
而是强调铸行新钱违背了祖制。然而，恢复旧钱的铸造和流通，
引发了更多的民间盗铸。盗铸者盈利的方式是铸造小钱，即铸
造比市场流通一般钱币更为轻薄的小钱，通过节约铜材来谋取

　　312　《旧唐书》卷四八《食货上》，中华书局，1975 年版，第 2095 页。

利益。于是，流通中的钱币就越来越小，越来越轻，再次出现了恶钱泛滥的局面。

唐高祖李渊始铸开元通宝，中国古代纪重钱制度从此结束，通宝钱制度从此开始。早在纪重钱流通时代，各个王朝交替运用铜钱减重和虚币大钱两项政策，用来扩大货币流通总量，结果形成了铜钱金属货币信用化的演变过程。开元通宝货币制度的创建，并没有能够扭转铜钱信用化的演变方向。唐太宗李世民执政时期，实行军事独裁政治，军队很少发饷，官员很少发俸，朝廷很少铸造铜钱。唐高宗李治即位后，朝廷的钱币开支迅速增加，唐王朝不得不大量铸行铜钱。仅仅10多年后，开元通宝就出现了大幅度的减重，紧接着又出现了虚币大钱。唐王朝交替运用铜钱减重和虚币大钱两项政策，与纪重钱流通时期一样，结果也是推动了铜钱金属货币的信用化演变。由此可见，通宝钱制度下铜钱的演变与纪重钱制度下铜钱的演变，两者都呈现着金属货币名目化的演变趋势，其演变方式也是基本一致的。

2. 唐肃宗与乾元重宝

天宝十四年（公元755年），安禄山以诛杀奸臣杨国忠为名，在范阳起兵南下。安禄山的军队所向披靡，迅速攻占了东京洛阳。天宝十五年（公元756年）六月，唐玄宗放弃京城长安，率领皇室、宦官、禁军众人仓皇西逃。一路上禁军哗变，杀死了权臣杨国忠，逼迫唐玄宗缢杀杨贵妃，然后簇拥唐玄宗继续逃跑。不久，一些臣子拥戴太子李亨在灵武即位，是为唐肃宗，遥尊唐玄宗为太上皇。

接下来，连年不断的战争，耗费了朝廷和民间大量的财富。各地节度使乘机扩大地方军事割据力量，藩镇与朝廷对峙的局面逐步生成。民间穷苦，百姓流离失所，卖儿卖女，大量死亡。朝廷穷苦，就要想办法从民间掠取钱财。战争期间，税收困难，朝廷从民间掠取钱财最有效的方法，便是铸行虚币大钱。

唐肃宗乾元元年（公元758年），正值朝廷组织军队围剿安、史叛军之时，铸钱史第五琦奏请铸行"乾元重宝"钱。

肃宗乾元元年，经费不给，铸钱使第五琦铸"乾元重宝"钱，径一寸，每缗重十斤，与开元通宝参用，以一当十。[313]
唐肃宗乾元元年（公元758年），国家用费不足，铸钱使第五琦铸"乾元重宝"钱，直径1寸，每1000枚重量10斤，与开元通宝并行流通，1枚乾元重宝法定兑换10枚开元通宝。

在直径和重量两方面，乾元重宝比流通中的开元通宝都要大一些。乾元重宝法定直径1寸，每1000枚重10斤。我们知道，开元通宝法定直径8分，每1000枚重6斤4两。乾元重宝的直径比开元通宝大25%，重量比开元通宝重56.25%。但是，1枚乾元重宝法定兑换10枚开元通宝，朝廷用10斤铜就可以从民间兑换64斤铜。所以，铸行乾元重宝是朝廷发财的捷径，是朝廷为了支持战争而从民间掠取钱财的措施。

乾元重宝的铸行，一定是达到了朝廷预期的效果，不久之后第五琦就出任了宰相。乾元二年（公元759年），第五琦下令铸行重轮乾元，1枚重轮乾宝法定兑换50枚开元通宝，以扩大胜利成果。重轮乾元钱仍然文曰"乾元重宝"。

第五琦为相，复命绛州诸炉铸重轮乾元钱，径一寸二分，其文亦曰"乾元重宝"，背之外郭为重轮，每缗重十二斤，与开元通宝钱并行，以一当五十。是时民间行三钱，大而重稜者亦号"重稜钱"。[314]
第五琦出任宰相后，又下令绛州各炉铸造双轮廊的乾元钱，直径1寸2分，钱文也是"乾元重宝"，钱背面的外廊有双重轮

313 《新唐书》卷五四《食货四》，第1386页。
314 《新唐书》卷五四《食货四》，第1387页。

廊，每1000枚重量12斤，与开元通宝并行流通，1枚这种乾元重宝法定兑换50枚开元通宝。当时民间通行三种钱，大而有重轮的这种钱也被称为重棱钱。

重轮乾元钱的特点是轮廓加厚，所以也被称为重棱钱。重棱钱与开元通宝及乾元重宝三品并行流通，重棱钱比开元通宝略大，在直径上大50%，在重量上大87.5%，但可兑换50枚开元通宝。重棱钱1000枚总共重量12斤，却可以兑换320斤（6.4斤×50）开元通宝。因此，朝廷新铸钱币用铜甚少，却可以将民间钱财"一网打尽"。虚币大钱充斥市场，引起严重的通货膨胀，每斗米的价格涨到7000钱。百姓平生积蓄的开元通宝，瞬间缩水，损失约96%。市场上的粮食物资，被官兵用大钱洗劫一空。许多百姓饿死，.尸体布满道路。为了活下去，百姓们都开始盗铸虚币大钱。

法既屡易，物价腾踊，斗米钱至七千，饿死者满道。初有"虚钱"，京师人人私铸，并小钱，坏钟、像，犯禁者愈众。郑叔清为京兆尹，数月榜死者八百余人。[315]

钱法屡次改变，物价腾贵，1斗米的价格涨至7000枚开元通宝，饿死的人满路都是。开始出现"虚钱"，京城人人私铸，并小钱，捶碎铜钟、铜像，犯禁的人越来越多。当时郑叔清任京兆尹，数月间受杖刑而死者有800多人。

此情景很像汉武帝铸行白金三品时发生的情况，也像王莽铸行大泉五十时发生的情况。区别在于，汉武帝和王莽都是帝王，第五琦却只是宰相，宰相是可以作为替罪羊的。第五琦搞乱了币制，当年就丢掉了宰相的职务，被贬到忠州做长史。然而，第五琦没有能够走到忠州，半路上就被朝廷截住，发配流放到夷州去了。第五琦是个奇才，善能收敛民财。第五琦铸行

315　《新唐书》卷五四《食货四》，第1387页。

乾元重宝的主张，切实为朝廷获取了足够的军事资财，使朝廷最终赢得了战争的胜利。不久，第五琦又被重新起用，先后做过几个州的刺史、京兆尹、判度支兼诸道铸钱盐铁转运使、户部侍郎、太子宾客等许多职位，死了之后还追赠了太子少保，此是后话。

唐肃宗将第五琦赶出朝廷，立即要求百官研究钱币改制的问题，百官经过讨论，认为新钱不能销毁更铸。《新唐书·食货》云：

肃宗以新钱不便，命百官集议，不能改。上元元年，减重轮钱以一当三十，开元旧钱与乾元十当钱，皆以一当十，碾磑荤受，得为实钱，虚钱交易皆用十当钱，由是钱有虚实之名。[316]

唐肃宗认为新钱不便流通，命令百官共同讨论，讨论的结果是不能废除新钱。上元元年（公元760年），朝廷将重棱钱减值为1枚重棱钱法定兑换30枚开元通宝，开元通宝旧钱和乾元重宝当十钱，仍然保持法定兑换10枚开元通宝。买卖支付，需要用实钱；交易定价，一律用当十虚钱，从此铜钱就有了虚实之名。

上元元年（公元760年），安禄山已死，史思明还在，平叛战争正在继续。重棱钱的铸行，使人民陷入绝境。于是，朝廷经过讨论，决定降低重棱钱的价值，每枚重棱钱从价值50枚开元通宝改为价值30枚开元通宝。同时，朝廷抬高了开元通宝的价值，每枚开元通宝旧钱价值10枚开元通宝，乾元重宝的价值仍然保持在10枚开元通宝不变。开元通宝实钱1枚，就是开元通宝虚钱10文。从此以后，铜钱的数量不仅采用"枚"作为单位，而更多地采用"文"作为单位。1枚铜钱所代表的铜钱数量，可以用若干"文"来表述。法律规定人们进行商品交易时必须采用虚钱定价，支付时还是要支付实钱，从此发明了虚钱。

316　《新唐书》卷五四《食货四》，第1387页。

《旧唐书·食货上》对此讲得更加具体详细：

上元元年六月，诏曰："因时立制，顷议新钱，且是从权，知非经久。如闻官炉之外，私铸颇多，吞并小钱，踰滥成弊。抵罪虽众，禁奸未绝。况物价益起，人心不安。事籍变通，期于折衷。其重棱五十价钱，宜减作三十文行用。其开元旧时钱，宜一当十文行用。其乾元十当钱，宜依前行用。仍令京中及畿县内依此处分，诸州待进止。"[317]

唐肃宗上元元年（公元 760 年），诏令说："创立制度要根据不同时期的情况，最近关于新钱的讨论，只是变通权宜的办法，也知道不能持久。听说官炉钱之外，私铸的钱很多，吞并小钱，不受约束地粗制滥造，造成危害。办罪的虽然很多，但奸人未能禁绝。况且物价越发上涨，人心不安。处理办法要变通，只能期望折中各种钱币的价值。原定价值 50 文的重棱钱，应当减价作 30 文使用。旧开元通宝 1 枚可当 10 文使用。1 枚当 10 文使用的乾元重宝，应当按照以前的规定价格使用。命令京城及畿县内，依照这个办法处理，各州再听候决定。"

唐肃宗说了一番大道理，最后说，为了化解矛盾，我们可以采用折中办法：那个当 50 文的钱，我们减一减，就让它当 30 文好啦！新钱还是当 10 文好啦，旧钱也当 10 文好啦，大家都当 10 文，应该没有什么矛盾了吧？但是，这办法是不是好使，咱们心里也没有底，先在京城和京城附近的地区试行一下，各州地方等着朝廷的指示吧。

自乾元元年（公元 758 年）七月，唐肃宗始铸乾元重宝，至上元元年（公元 760 年）六月，乾元重宝与开元通宝皆可当 10 文虚钱，乾元重宝作为虚币大钱流通了大约两年。唐肃宗在京城和京城附近地区搞的实验，不久就有了下文：

317　《旧唐书》卷四八《食货上》，第 2100 页。

　　七月敕："重棱五十价钱，先令畿内减至三十价行，其天下诸州，并宜准此。

　　宝应元年四月，改行乾元钱，一以当二，乾元重棱小钱，亦以一当二；重棱大钱，一以当三。寻又改行乾元大小钱，并以一当一。其私铸重棱大钱，不在行用之限。[318]

上元元年（公元760年）七月，唐肃宗诏令说："价值50文的重棱钱，先令在京城直辖地区减值至30文使用，现在全国各州应一律照此办理。"唐代宗宝应元年（公元762年）四月，改用乾元重宝钱，1枚乾元重宝法定兑换开元通宝旧钱2文；1枚重棱钱法定兑换开元通宝旧钱3文。不久又改用乾元大小钱，一律1枚兑换开元通宝1枚。至于私铸的重棱大钱，不在流通使用的范围。

　　针对实验的结果，朝廷分三步作出决定。首先，在实验开始后的第二个月，朝廷就决定将重棱钱的价格下降40%，即价格从50文降低至30文，并且通告全国执行。其次，两年以后，到了宝应元年（公元762年），朝廷对新钱进行了全面的改制：乾元重宝从1枚可以兑换10文开元通宝虚钱改为可以兑换2枚开元通宝实钱；重棱钱被分为大小两种，分别可以兑换2枚和3枚开元通宝实钱。最后，朝廷就将所有钱币的价格统一起来，都可以1兑1地进入流通，私铸重棱大钱不准进入流通。

　　3. 史思明与得壹元宝

　　至德二年（公元757年），安庆绪杀了他的父亲安禄山，自己做了叛军的首领。当年十月，安庆绪兵败退守邺郡（今河南安阳）。由于忌讳留守范阳（今北京）的史思明军事力量强大，安庆绪派人前去征调史思明的军队。史思明看到叛军前途无望，又不愿意接受安庆绪的指挥，就率领属下8万军队投降了朝廷。

---

　　318 《旧唐书》卷四八《食货上》，第2100～2101页。

唐肃宗封史思明为归义王、范阳节度使。然而，安庆绪对史思明不放心，朝廷对史思明更不放心，不久就出了事，朝廷与史思明关系破裂。乾元二年（公元759年），朝廷派军队攻打邺郡的安庆绪，史思明率军13万，援救安庆绪。史思明很有些本领，邺郡之役，史思明以少胜多，以13万军队击溃朝廷60万大军，然后就杀害了安庆绪。紧接着，史思明自称大燕皇帝，改年号为顺天，将范阳定为燕京。当年九月，史思明攻入洛阳，铸造"得壹元宝"钱。

　　史思明据东都，亦铸"得一元宝"钱，径一寸四分，以一当开元通宝之百。既而恶"得一"非长祚之兆，改其文曰"顺天元宝"。[319]

史思明占领东都洛阳时，也铸"得一元宝"钱，该钱直径1寸4分，1枚"得一元宝"法定兑换100枚开元通宝。不久因史思明嫌恶"得一"不是国运绵长的征兆，便改钱文为"顺天元宝"。

　　上面所述《新唐书·食货四》记载钱文"得一元宝"书写有误，出土实物表面铭文是"得壹元宝"。

　　"得壹元宝"直径1寸4分，1枚可以兑换开元通宝100枚，属于典型的虚币大钱。根据对出土实物的测量，"得壹元宝"钱重量为8～23克（1.9～5.5钱），差距间隔较大，直径多在3.6厘米左右。[320]唐代1尺相当于现代30.6厘米，现代3.6厘米相当于唐代1.18寸，现有出土"得壹元宝"钱的直径，显然小于文献所述。从出土实物的情况来分析，"得壹元宝"始铸后不久便开始减小。此后，史思明感到"得壹元宝"不是长福的征兆，所以改铸"顺天元宝"。从出土实物观察，"顺天元宝"一般比"得壹元宝"略大一些。

319　《新唐书》卷五四《食货四》，第1387页。

320　朱新茂：《西魏隋唐五代十国货币图说》，文物出版社，2005年版，第277～279页。

史思明果然做了 1 年多的大燕皇帝，应了"得壹"的预兆。上元二年（公元 761 年）二月，史思明被他的儿子史朝义杀害。由于叛军将领们不肯为史朝义卖命，叛军集团从此进一步走向分裂。第二年，史朝义兵败自杀，安、史之乱基本结束。史思明叛军集团烟消云散，"得壹元宝"和"顺天元宝"自然被废弃不用。

4. 唐德宗与白铜大钱

史朝义兵败自杀之前，唐玄宗和唐肃宗父子已经先后去世，太子李豫即位，是为唐代宗。由于战争的破坏，田地荒芜，江淮地区出现了严重的饥荒，发生了人吃人的惨象。而朝廷为了平叛战争，增加了名目繁多的苛捐杂税，人们无法忍受，爆发了数十万人众的大规模起义。安、史之乱基本结束，朝廷的军队主力便进入江淮地区平定人民起义。广德元年（公元 763 年），吐蕃入侵，直攻入长安，唐代宗仓皇逃往陕州。吐蕃烧杀抢掠之后，就撤回本土，留下个千疮百孔的烂摊子等唐代宗回来收拾。

安、史之乱以后，各地方以节度使为首脑的军事集团势力纷纷坐大，唐代宗对其颇为姑息，以求局势稳定。为了整顿这个烂摊子，唐代宗启动了整肃内部的改革，首先对宦官权利予以削减，加强中央行政力量，为下一步消灭地方军事割据做准备。在唐代宗的治理下，国家经济得以迅速恢复，对铜钱总量的需求出现了明显的扩大。同时，民间毁钱铸器的现象有所上升，朝廷开始下令禁止民间铸造铜器。朝廷官员讨论认为：

……而钱亦岁毁于棺瓶埋藏焚溺，其间铜贵钱贱，有铸以为器者，不出十年钱几尽，不足周当世之用。

……大历七年，禁天下铸铜器。[321]

---

321 《新唐书》卷五四《食货四》，第 1387～1388 页。

……铜钱每年大量毁于殉葬、埋藏、焚烧和沉溺水中，近些年来铜贵钱贱，有些人将钱毁铸为器物，这样不出 10 年，铜钱就几乎耗尽了，无法满足社会上的需要。……唐代宗大历七年（公元 772 年），法律禁止全国各地铸造铜器。

大历十四年（公元 779 年），唐代宗去世，太子李适即位，是为唐德宗。唐德宗励精图治，大力改革，革除积弊，并采纳宰相杨炎的建议，实施两税法。两税法改"以物计税"为"以钱计税"，铜钱的使用范围迅速扩大。既然市场对铜钱流通总量的需求大幅度上升，"铜禁"相关法令便日益严厉起来。而铜钱仍然不够使用，朝廷只好再次铸行虚币大钱。

销千钱为铜六斤，铸器则斤得钱六百，故销铸者多，而钱益耗。判度支赵赞採连州白铜铸大钱，一当十，以权轻重。[322]销熔 1000 枚铜钱可得铜 6 斤，将铜再铸造成器物每斤可得 600 钱，所以销熔铜钱铸造器物的人很多，钱币日益减少。判度支赵赞建议开采连州的白铜来铸造大钱，1 枚大钱定价为 10 枚流通中的普通铜钱，以平衡物价的高低。

唐德宗时期铸行虚币大钱的理由是铜价高于钱价。1000 钱为铜 6 斤，铜 6 斤铸成铜器的价格大约是 3600 钱，显然钱的价格低了。所以，铸行虚币大钱就有了理由。1 枚大钱兑换 10 枚小钱，假定大钱与小钱使用等量的铜，铜 6 斤可铸 1000 枚大钱。1 枚大钱当 10 枚小钱，1000 枚大钱就是 1 万枚小钱的价值。铜 6 斤铸成大钱是 1 万枚小钱的价值，铸成铜器的价格是 3600 钱，两者比较，人们就不会毁钱铸器，而是将要毁器铸钱了。唐德宗时期铸行的虚币大钱迄今尚无发现出土，估计其铸行数量不多，并且很快就被废止了。

322　《新唐书》卷五四《食货四》，第 1388 页。

第五节　唐代中期的社会状况

　　武则天执政时期及唐玄宗执政时期，唐王朝停止了对外民族的大规模战争，放松了对内百姓的经济管制，商品经济就迅速地发展起来。商品经济的繁荣引发了严重的贫富两极分化，土地兼并风起，延续了大约 200 年的均田制遭到破坏，社会矛盾日益激化。紧接着，安、史之乱成为社会矛盾总爆发的导火索，唐王朝中央集权专制制度从此走向衰亡，地方军事割据势力纷纷崛起。于是，唐王朝的纳税户口出现了大幅度的减少，朝廷和百姓均陷入贫困境地。为了消灭藩镇，恢复中央集权，唐德宗积极备战。战争需要大量的钱财，为了扩充财政实力，唐德宗实行了两税法。两税法取消了税率，采用"量出制入"，朝廷需要多少就向百姓征收多少；两税法变实物税收为"以钱计税"，大规模地收敛市场上的铜钱，结果出现了严重的钱荒。钱荒的出现，影响了正常的生产和交换，给唐朝的经济带来极其不利的影响。为了遏制钱荒的发展和蔓延，唐王朝一方面开放民间采矿冶铜，以供朝廷铸造铜钱；另一方面禁止民间销毁铜钱铸造铜器、禁止百姓蓄钱和挟钱出境，以减少铜钱流失，力图缓解钱荒造成的社会问题。

　　唐代中期的经济发展，首先导致均田制的瓦解，随后便出现了安、史之乱和吐蕃入侵。

　　1. 均田制的瓦解

　　汉代商品经济的发展，加深了贫富分化，引发了严重的土地兼并和流民造反，汉王朝终于土崩瓦解。因此，汉代以后各王朝非常重视农民与土地的结合，不断强化"耕者有其田"的政策。三国战乱之后，西晋王朝统一了中国，立即实行占田制。

　　男子一人占田七十亩，女子三十亩。其外丁男课田五十亩，丁女二十亩。次丁男半之，女则不课。[323]

男子一人占田 70 亩，女子 30 亩。丁男按 50 亩田征收田租，丁女按 20 亩田征收田租。次丁男征丁男的半数，次丁女不征。

　　占田数量是朝廷允许农民占有土地的亩数，课田数量是朝廷征收田地租税的亩数。到了南北朝时期，北魏拓跋氏王朝开始采用均田制。北魏孝文帝太和九年（公元 485 年），朝廷颁布均田令。

　　诸男夫十五以上，受露田四十亩，妇人二十亩，奴婢依良。丁牛一头受田三十亩，限四牛。……诸民年及课则受田，老免及身没则还田。奴婢、牛随有无以还受。[324]

凡男子 15 岁以上，领种露田 40 亩，妇女领种露田 20 亩。奴婢按照良民的标准给田。耕牛 1 头给田 30 亩，但不超过 4 头耕牛的数量。……凡百姓达到负担课税年龄的就要领种田地。年老不能耕种及身死则归还所受之田。奴婢、耕牛也都要随着存亡有无而受田或者还田。

　　北魏时期，百姓占有的露田和桑田均不得买卖，但多于法定数量的可以卖掉，不足法定数量的可以购买。北魏以后，东魏、北齐、西魏、北周，及至隋、唐，皆实行均田制，其中内容，不同时期根据不同情况略有修改，总体原则并无大的变动。

　　唐朝继承隋朝的制度，土地所有制仍采用均田制。唐太宗贞观年间，政治强大，战争频繁，商品经济萧条，人民普遍穷苦，均田制度符合当时的社会经济状况。武则天执政的大约半个世纪里，宫廷斗争成为朝廷关注的焦点。在这段时期里，唐王朝停止了对外民族的战争，放松了对内百姓的经济控制，商

323　《晋书》卷二六《食货》，第 790 页。

324　《魏书》卷一一〇《食货志》，第 2853 页。

品经济便出现了急剧的增长。商品经济的繁荣，带来了严重的贫富两极分化，土地兼并风起。唐玄宗即位之后，实行"宽赋敛，节征徭，使天下为无事也"[325]的无为政治，民间资本便更加迅速地发展起来，商品经济就达到了空前的顶峰。商品经济的发展，使得富人越来越富，土地兼并活动愈演愈烈。尽管当时的法律原则上禁止土地买卖，但对某些情况也给予了一定的变通。

> 凡庶人徙乡及贫无以葬者，得卖世业田。自狭乡而徙宽乡者，得并卖口分田。已卖者，不復授。[326]

凡平民迁徙他乡以及因贫困无力办理丧事的，可以出卖世业田。自狭乡迁往宽乡的，可以连同口分田一起出卖。已经出卖了田地的，不再授给。

政策有变通，人们就充分用足政策，合法买卖。与合法买卖并行发生的是变相买卖和违规买卖，土地兼并活动日益繁盛，一发不可收拾。安、史之乱爆发后，兵来匪去，抓兵征夫，人民逃亡，越来越多的农民脱离了土地，均田制再也维持不下去了。

2. 安、史之乱

唐玄宗天宝十五年（公元756年），安禄山叛军攻入潼关，唐玄宗率皇室、宦官、禁军众人仓皇西逃。太子李亨在灵武即皇帝位，是为唐肃宗，遥尊唐玄宗为太上皇。

唐肃宗即位后，唐玄宗无奈将权力逐步移交出来，唐王朝新旧政权交替，一片混乱。朝廷乱，叛军更乱，唐肃宗至德二年（公元757年），安禄山被他的儿子安庆绪杀害，叛军集团内部出现了危机，朝廷的军队乘机收复了长安和洛阳，安庆绪退

---

325 《唐大诏令集》卷一〇四《遣王志愔等各巡察本管内制》，中华书局，2008年版，第531页。

326 《新唐书》卷五一《食货一》，第1342页。

守邺城，叛军留守范阳的史思明率 8 万部众投降朝廷。但是，朝廷并不放心史思明，计划找机会铲除他，消息暴露，双方关系破裂。唐肃宗乾元二年（公元 759 年），朝廷 60 万大军与史思明叛军在安阳河北展开决战，朝廷军队大败。战况惨烈，伤亡众多。杜甫在《石壕吏》一诗中描述了当时的状况。

三男邺城戍。一男附书至，二男新战死。存者且偷生，死者长已矣。室中更无人，惟有乳下孙。有孙母未去，出入无完裙。老妪力虽衰，请从吏夜归。急应河阳役，犹得备晨炊。[327]

这些状况都是借用一位老太太的话说出来。三个儿子死了两个，孙子还在吃奶，儿媳妇出来都没有完整的衣服，结果是老太太被抓丁作了火头军。安阳战役之后，史思明诱杀安庆绪，并在范阳称大燕皇帝。唐肃宗上元二年（公元 761 年），史思明被他的儿子史朝义杀害，叛军旧将多不愿为史朝义卖命，叛军整体力量削弱。唐肃宗宝应元年（公元 762 年）四月，唐玄宗和唐肃宗父子先后去世，唐肃宗的儿子李豫即位，是为唐代宗。宝应二年（公元 763 年），史朝义兵败自杀，余党四散，8 年的安、史之乱基本结束。

安、史之乱期间，河北被叛军割据，河南、山东、荆襄和剑南都驻有重兵，这些地区的赋税都不上缴朝廷。因此，安、史之乱的战争费用全部由淮南和江南百姓承担。唐肃宗上元元年（公元 760 年）淮西节度副使刘展叛乱，唐肃宗派平卢兵马使田神功前往讨伐，田神功平定了刘展之乱，然后纵兵抢掠，使江淮人们饱受劫难。

平卢军大掠十余日。安、史之乱，乱兵不及江、淮，至是，其民始罹荼毒矣。[328]

327　《全唐诗》卷二一七《杜甫》，三秦出版社，2008 年版，第 818 页。

328　《资治通鉴》卷二二二《肃宗上元二年（七六一）》，第 7104 页。

田神功的平卢军在当地抢掠了 10 天。此前，安禄山及史思明的叛军从未来过，江淮地区的百姓一直过着和平的生活。到了此时，江淮百姓才开始遭受战乱之苦。

战争使田地荒芜，刘展、田神功兵乱过后，江淮地区出现了严重的饥荒，饿殍遍野。朝廷为了战争，加紧搜刮，除了名目繁多的苛捐杂税，还要把百姓所有粟帛的大部分强行取走。当时的诗人高亭赋诗责骂宰相元载："上元官吏务剥削，江淮之人皆白著。"[329]"白著"的意思是不设任何税务名目，有多少算多少，直接将人民洗劫一空。"白著"的另一个意思是酒醋。高亭讽刺元载，说他的税收办法搞得百姓云里雾里、如醉如痴。百姓活不下去了，起义造反，各地起义人数总计达到数十万之多。

3. 吐蕃入侵

安、史之乱时，唐朝军队主力集中在中原作战，边境虚空。吐蕃乘虚而入，攻占了洮、秦、成、渭、兰、何、岷、廓、鄯等州。唐代宗广德元年（公元 763 年），吐蕃军队进入大震关（今甘肃清水东），边将告急。宦官程元振掌握朝廷大权，私匿军情不报。吐蕃的军队一直打到长安附近的武功，唐代宗才得知前线形势严重，连忙起用闲废在家的郭子仪为关内副元帅，组织防御。唐朝的军队还没有集结起来，吐蕃的军队就已经突破咸阳附近的西渭桥，唐代宗仓皇逃到陕州（今河南陕县）。吐蕃军队攻入长安，烧杀抢掠。郭子仪收拾逃散兵士，虚张声势，恐吓吐蕃。吐蕃抢掠长安，获益颇丰，将士们渴望归乡，同时在军事上迫于郭子仪的声势压力，很快就撤退西归。郭子仪赶走了吐蕃军队，就将唐代宗迎回长安。

唐玄宗晚期发生的安、史之乱，是大唐王朝从鼎盛走向衰

329　《全唐诗》卷八七〇《高亭：讥元载诗》，第 3491 页。

败的转折点。安、史之乱平定之后，吐蕃攻入长安，社会出现再一次巨大动荡。安、史之乱迫使唐玄宗逃离长安，吐蕃入侵迫使唐代宗逃离长安，祖孙二人上演了同样的故事。这两个故事发生的时间仅隔 7 年。在此期间，唐玄宗作为太上皇，平定叛乱的事情就由他的儿子唐肃宗办理。唐肃宗的日子也不好过，对内担心太上皇复辟，对外害怕叛军进攻，对各路勤王军队也十分的不放心。内忧外患，矛盾重重，用了 7 年的时间，唐肃宗终于忧虑而死。叛军作乱、外族入侵、农民起义、地方军队与朝廷也有冲突。战乱匪祸接连不断，百姓已经无法正常生活，大量劳动力离开了土地，众多问题使得延续了数百年之久的均田制名存实亡。

安、史之乱和吐蕃入侵，短短的 7 年之内，大唐皇帝两次被赶出京师，天下震动，百姓惨遭战乱之苦。特别是唐代宗的皇位还没有坐热乎，就被吐蕃军队赶出京城，可谓脸面丢尽。痛定思痛，唐代宗决心革除积弊、重整朝纲、复兴大唐王朝。

于是，唐代宗开始采取措施进行整顿。

唐代宗面临的主要问题：一是宦官权大，禁军掌握在宦官手中，皇帝自己的地位不稳；二是地方军事势力崛起，朝廷难以驾驭；三是长期的社会动荡使得朝廷财税枯竭，唐代宗很需要钱。

首先，唐代宗需要削弱宦官的权力。当时朝廷的禁军掌握在大太监李辅国手里。唐代宗从李辅国的亲信禁军将领程元振这里打开缺口，两人联手对付李辅国。唐代宗即位两个月后，就将李辅国的元帅行军司马及兵部尚书两个职务解除，并命令他居住到宫外去。这还不算完事，又过了几个月，有"盗贼"到李辅国的家里，将李辅国杀害了。

李辅国死后第二个月，吐蕃军队攻入长安，唐代宗出逃。不久，郭子仪赶走吐蕃，迎接唐代宗返回长安，文武官员都反对宦官专权，唐代宗就乘机罢免了程元振，宦官专权政治到此告一段落。

解决了宦官专权的问题之后，唐代宗集中力量对付地方军事势力。长期的战乱给各地军事集团提供了发展空间。以唐代宗朝廷的实力，并不能一次全部消除地方军事割据的倾向。所以，唐代宗只能对大部分地方势力予以姑息，以求实现孤立打击一小撮儿极端分子的目的。要消灭与朝廷分庭抗礼的地方军事力量，就需要有强大的财力支持，唐代宗命令刘晏整顿盐务，大规模敛集钱财。

> 代宗立，復为京兆尹，户部侍郎，领度支、盐铁、转运、铸钱、租庸使。……第五琦始榷盐佐军兴，晏代之，法益密，利无遗入。初，岁收缗钱六十万，末乃什之，计岁入千二百万，而榷居太半，民不告勤。[330]

唐代宗即位后，刘晏被任命为京兆尹，户部侍郎，领度支、盐铁、转运、铸钱、租庸使。……第五琦开始征收盐税辅助军事。刘晏替代了第五琦的职务，法令更加严密，财利没有遗漏的。当初，每年收盐税 60 万缗，即 6 亿文钱，最后一年就收到初年数量的 10 倍。统计朝廷 1 年收入 1200 万缗，而盐税就收了 600 万缗，占了朝廷收入的一半，百姓也没有诉苦的。

> 代第五琦领盐务，其法益密。初年入钱六十万，季年则十倍其初。大历末，通天下之财，而计其所入，总一千二百万贯，而盐利过半。[331]

刘晏接替第五琦主持盐务时，盐法愈加严密。头一年就收入铜钱 60 万贯。他任职最后一年则是初年的 10 倍。唐代宗大历末年（公元 779 年），全国财源大通，总计国家财政收入为 1200 万

330　《新唐书》卷一四九《刘晏》，第 4794～4796 页。
331　《旧唐书》卷四九《食货下》，第 2118 页。

贯，即 120 亿文铜钱，其中盐务收入超过一半。

由于均田制已经名存实亡，无论土地兼并或是战争，都使大量农民离开土地，按丁征税征得的财富，远不足支持战争的需要。然而，战争却无休无止地持续下来，耗费着朝廷的金钱，很快就造成朝廷财税枯竭。为了应对这种变化，朝廷必须进行税制改革。于是，唐代宗放弃了按人口征收税钱的办法，开始按照人们的贫富差距征收税钱。大历四年（公元 769 年），唐代宗下令：

定天下百姓及王公已下每年税钱，分为九等：上上户四千文，上中户三千五百文，上下户三千文；中上户二千五百文，中中户二千文，中下户一千五百文；下上户一千文，下中户七百文，下下户五百文。其见官，一品准上上户，九品准下下户，余品并准依此户等税。若一户数处任官，亦每处依品纳税。[332]

确定全国百姓以及王公以下官吏，各户每年应纳的税钱，分户为九等，上上户每年缴纳 4000 文，上中户缴纳 3500 文，上下户缴纳 3000 文；中上户缴纳 2500 文，中中户缴纳 2000 文，中下户缴纳 1500 文；下上户缴纳 1000 文，下中户缴纳 700 文，下下户缴纳 500 文。现任官，一品依照上上户缴纳，九品依照下下户缴纳，其余官品一律依次户等类推纳税。如果一户有数人在各地做官，亦依官品规定在各地纳税。

从此，按贫富税钱，户分九等，官分九品，各自纳税钱数不等。此外，唐代宗又放弃了数百年以来按丁征收租调谷帛的办法，开始按亩征收租调谷帛，每年征税两次，时间分别为夏季和秋季。

自代宗时，始以亩定税，而敛以夏秋。[333]

---

332 《旧唐书》卷四八《食货上》，第 2091～2092 页。
333 《新唐书》卷五二《食货二》，第 1351 页。

自唐代宗时候起，开始以田亩定税额，分夏秋两次征收。

大历五年（公元 770 年）及大历八年（公元 773 年），唐代宗分别两次下诏调整税法：

五年三月，優诏定京兆府百姓税。夏税，上田亩税六升，下田亩税四升。秋税，上田亩税五升，下田亩税三升。荒田开佃者，亩率二升。[334]

唐代宗大历五年（公元 770 年）三月，皇帝诏令优免京城百姓地税。夏税而言，上等田亩每亩税 6 升，下等田亩每亩税 4 升。秋税而言，上等田每亩 5 升，下等田每亩 3 升，垦耕荒田的，每亩一般税 2 升。

八年正月二十五日，敕："青苗地头钱，天下每亩率十五文。以京师烦剧，先加至三十文，自今已后，宜準诸州，每亩十五文。"[335]

大历八年（公元 770 年）正月二十五日，唐代宗敕令："青苗和地头钱，全国每亩一律征收 15 文。因为京城用度浩繁，先前曾加到 30 文，从今以后，应依照各州的办法，每亩征收 15 文"。

先是以亩定税，后又以亩税钱。征收铜钱办法的实施，促进了铜钱使用范围的扩大，朝廷少收谷帛而多收铜钱，纳税人就不得不将生产的谷帛卖掉，换来铜钱用于纳税。于是，市场对铜钱的需求就出现了大幅度的上升。

经过唐代宗的治理整顿，社会形势终于慢慢地稳定下来。大历十四年（公元 779 年），唐代宗去世，太子李适即位，是为唐德宗。既然社会形势已经稳定，唐德宗决心大刀阔斧地干两件事情：一是扩大朝廷财税，实现富国强兵；二是削弱地方藩镇，恢复中央集权。

334　《旧唐书》卷四八《食货上》，第 2092 页。
335　《旧唐书》卷四八《食货上》，第 2092 页。

第六节　杨炎奏请朝廷实行两税法

安、史之乱以后，各地节度使掌握的军事力量普遍增强，形成地方藩镇军事割据与中央朝廷分庭对峙的局面。为了尽早恢复和平，唐王朝采取了息事宁人的妥协策略，甚至对安、史旧将，也进行了招抚，使他们成为地方的军事割据势力。此后，节度使权力逐步成为世袭，朝廷对其干预力量渐渐转弱。中央集权政治的削弱，不利于唐王朝政权的长治久安，朝廷对此自然不能容忍。因此，削弱藩镇力量，就成为朝廷当时的首要任务。但是，削弱地方藩镇的军事割据，需要拥有强大的军事力量实施威慑，甚至需要一场大规模的战争，这是需要巨额金钱的。然而，唐王朝此时每年得到的税收却出现了大幅度的减少。

唐王朝税收的减少，是因为纳税户口出现了大幅度的减少。纳税户口减少的原因有二：一是均田制度衰败，造成农民失去土地而流离失所；二是战争动乱，造成众多人民流亡。唐王朝当时的税收制度是租庸调制，这是一种继承前朝的、建立在均田制基础上的税收制度，基本原则是按丁纳税。此时，纳税户口减少，朝廷税收自然出现了下降。

于是，唐代宗努力调整制度，以便增加税收。按亩计税、以钱计税、据贫富计税，唐代宗征收力度之大，无所不用其极。但是，朝廷所得税收还是不能满足需要。当时的基本情况是：一方面税收资源减少，另一方面财政需求扩大。到了唐德宗时期，朝廷真的走投无路了，于是就实行了两税法。两税法取消了税率或定额，实行"量出制入"的方式，即朝廷需要多少就收多少。现代学者们多认为，两税法是古人智慧的结晶，两税法的实施标志着中国赋税史进入了一个新的阶段，具有划时代的意义。但是，分析当时的历史背景，两税法的实施，实在是唐德宗的无奈之举，两税法使当时的百姓陷入极度的贫困和痛苦，也在经济方面为大唐王朝走向灭亡提供了必要的条件。

　　唐德宗实行两税法，是听从了宰相杨炎的建议。杨炎的一生颇为传奇，出身道德名门世家，相貌俊美且才学闻名天下，致仕为官一路升至宰相，做了许多惊天动地的事。杨炎的父亲杨播是个非常有名的隐士。杨炎青出于蓝而胜于蓝，孝行更能感天动地。父母去世后，杨炎哭坟竟然哭出来白雀飞于天，紫芝生于地的奇景。所以，杨炎的仕途一路亨通。尽管如此，杨炎最后却因为阴谋害死刘晏，惹得同僚众怒，不但被罢官免职，还被皇上赐死，未得善终。纵观杨炎一生，最轰轰烈烈之举，就是推行两税法引发了钱荒，大唐帝国的商品经济从此由繁盛走向衰退。

　　建中元年（公元780年）正月，唐德宗即位后不足三个月，就破格任命杨炎为宰相。杨炎一上任便奏请实行两税法。唐德宗立刻采纳了杨炎的建议，颁行了两税法。从建中元年（公元780年）实行两税法至建中二年（公元781年）杨炎被赐死，仅仅一年多的时间里，天下民财几乎被洗劫荡尽，天下百姓皆陷入削藩战争的浩劫之中。

　　两税法的主要内容，可以归纳为以下几个方面：（1）改变课税主体，不再区分主户和客户；（2）改按丁纳税为按财产纳税；（3）确定纳税期限为一年两次并限定了纳税的时间期限，夏税在6月前完成，秋税在11月前完成；（4）改"量入为出"为"量出制入"；（5）以钱计税。

　　建中元年二月，遣黜陟使分行天下，其诏略曰："户无主客，以见居为簿。人无丁中，以贫富为差。行商者，在郡县税三十之一。居人之税，秋夏两征之。各有不便者，三之。余征赋悉罢，而定额不废。其田亩之税，率以大历十四年垦数为準。徵夏税无过六月，秋税无过十一月。"[336]

唐德宗建中元年（公元780年）二月，派黜陟使分赴全国各地，诏令大略说："户无论主户客户，照现在的登记户籍。人无论丁男中男，按贫富分别等级。经商的在所在州县纳税三十分之一。定居的民户其税分秋夏两季征收。各地如有不便之处，可分三次征收。其他所有赋税，全部废止，但丁口数保留。至于田亩的地税，一般以唐代宗大历十四年（公元779年）所耕种的亩数为依据。夏税征收不得过六月，秋税征收不得过十一月。

其实，两税法的许多内容，譬如夏秋两次征税、根据贫富征钱、按照土地亩数计税等，在唐德宗的父亲唐代宗时期就已经开始实施。杨炎所拟两税法，是在唐代宗税法改制的基础上所做的进一步改革，其主要突破在于两个方面：一是将"以粮绢计税"改为"以钱计税"；二是将"量入为出"改为"量出以制入"。

自代宗时，始以亩定税，而敛以夏秋。至德宗相杨炎，遂作两税法，夏输无过六月，秋输无过十一月。置两税使以总之，量出制入。[337]

从唐代宗时起，开始以田亩定税额，分夏秋两次征收。唐德宗时以杨炎为宰相，便制定了两税法，夏税征纳不超过六月，秋税征纳不超过十一月。设置两税使取代所有的税务，根据支出来制定征税数量。

朝廷采用"量出制入"方法的原因，是扩军备战需要钱。要想多收税，朝廷就必须取消税率，朝廷需要多少就向民间征收多少。但是，名不正则言不顺，朝廷需要舆论的支持。因此，朝廷对"量出制入"作出了非常冠冕堂皇的解释："量出制入"

336　《旧唐书》卷四八《食货上》，第2093页。
337　《新唐书》卷五二《食货二》，第1351页。

主要是为了"制入",是为了减少从民间征敛,朝廷支出多少就向民间征收多少,免得征收多了放在朝廷的仓库里浪费了。但是,朝廷要扩军备战,要支出的款项太多了,所以实际情况是征收数额出现了大幅度的上升。朝廷采用"以钱计税"征收铜钱,原因也是扩军备战需要钱,用钱来收购军械马匹,而不是为了推动货币经济的发展。

第七节　实行两税法的效果

实行两税法的效果,可以归纳为以下四点。

第一,两税法的实施,使朝廷当年财政收入出现了大幅度的增长。

根据梁方仲先生的考证,唐玄宗天宝年间(公元742年至公元756年),纳税户口8900000户,户税钱22.25亿,地税米麦1246万石,租粟1260万石,租布570万端;庸调绢740万匹,棉185万屯,布1035万端。唐德宗建中元年(公元780年),纳税户口3085076户,建中(公元780年至公元783年)初期,岁税钱300亿,税米麦1600万石。[338]《新唐书·食货二》云:

岁敛钱二千五十余万缗,米四百万斛,以供外,钱九百五十余万缗,米千六百余万斛,以供京师。[339]

唐德宗重用杨炎实行两税法,朝廷每年课税得钱2050万缗,米400万斛,供给各地的需要,钱950万缗,米1600万斛,供应京城。

将实行两税法后的税收情况与唐玄宗时期的税收情况比较,

338　梁方仲:《中国历代户口、田地、田赋统计》,中华书局,2008年版,第390~393页。

339　《新唐书》卷五二《食货二》,第1351~1352页。

纳税户口已经减至唐玄宗时期的大约三分之一，而税钱数量却增长了 13. 5 倍，这就意味着每户纳钱数量增长了 40 倍。如此巨大的铜钱需求，引发了物价的持续下跌。农民需要出售产品缴税，而天下并没有那么多的铜钱，朝廷就要求农民用产品抵钱缴纳。朝廷以钱计税，农民以产品抵钱，同样的征税钱数，农民所缴纳的米帛数量又要加倍增长。

当然，考察百姓税务负担的变化，不应只比较征收铜钱的情况，还应该考虑租庸调征收布帛和征收粮食的因素。如果估计唐代绢价每匹 500 文，棉价每屯 200 文，布价每端 100 文，唐玄宗朝廷每年在租庸调上的布帛收入价值大约为 500 文 × 740 万匹 + 200 文 × 185 万屯 + 100 文 × （1035 万端 + 570 万端） = 370000 万文 + 37000 万文 + 160500 万文 = 567500 万文，即大约 57 亿文。如果估计唐代粮食价格每石 200 文，唐玄宗时期全国人民缴纳粮食的价值就是：200 文 × （1246 万石 + 1260 万石） = 501200 万文，即大约 50 亿文。加上征收铜钱大约 22 亿文，唐玄宗时期全国人民每年的税务负担价值大约为 57 亿文 + 50 亿文 + 22 亿文 = 129 亿文。实行两税法后，税租庸调征收绢布的内容大部分被计钱纳税所替代，征收粮食的数量大约为 2000 万斛，折合大约 900 万石。此时，征收粮食的价值大约为 200 文 × 900 万石 = 180000 万文，即 18 亿文，加上征收铜钱 300 亿文，全国人民每年的税务负担大约为 318 亿文，是唐玄宗时期的 2. 5 倍，考虑户口减少的因素，每户人民的税务负担上升了 7. 5 倍。

两税法的实施，不仅使朝廷当年财政收入出现了大幅度的增长，而且使得税收集中于朝廷，"自是轻重之权，始归于朝廷。"[340]

第二，两税法的实施，使朝廷获得了必要的战争物资，于

---

340 《旧唐书》卷一一八《杨炎》，第 3422 页。

是就立刻发动了旨在消灭藩镇的战争。

实行两税法的第二年，即建中二年（公元781年），朝廷与藩镇之间的战争爆发。朝廷企图"拉一派打一派"，结果却是"摁下了葫芦起了瓢"；各地藩镇企图联合造反，但始终还是一盘散沙，不能有效地形成整体优势。战争初期，朝廷的军队虽然连战连捷，但是耗资巨大，两税法收敛的300多亿文铜钱不过杯水车薪，在备战初期就已经用掉大半，此时需要更多的铜钱补充战争费用。开战仅仅10多个月之后，"量出以制入"的方法就已经失效，朝廷从百姓手里已经搞不出钱来了，于是转向商贾借贷。商贾们不情愿将钱借给朝廷，官员们就用大棒伺候，打得有些商人上吊自杀，终于筹得20亿文铜钱，也仅够两月军费。建中四年（公元783年）六月，朝廷终于将商人们的铜钱搜刮干净，便采纳判度支赵赞的建议征收间架税，凡居于房内之人，每大间交2000文钱，每中间交1000文钱，每小间交500文钱，再次筹得大约30亿文铜钱。自此，民间铜钱被搜刮殆尽，朝廷连军饷也发不出来了。

建中四年（公元783年）十月，朝廷调动泾原节度使姚令言的军队增援襄城，部队领不到军饷，半路哗变杀进了长安，迫使唐德宗夜逃咸阳。皇帝的逃跑更加导致了战局的恶化，朝廷军队一败再败，唐德宗从咸阳再逃汉中。此时，朝廷的士气和财力都不再占据优势。唐德宗接受了陆贽的建议，下诏赦免多数叛乱军人的罪恶，以求实现团结大多数、打击一小撮的目的。然而，从打击藩镇到姑息藩镇，朝廷的力量更加削弱，大唐初期贞观之治的强权政治已经一去不复返了。

第三，两税法的实施，引发了钱荒。

两税法实行"以钱计税"，使朝廷财政收入的结构发生了重大的变化。唐玄宗时期，朝廷财政收入的铜钱每年只有22亿文。两税法实行以后，朝廷每年收入的铜钱为300多亿文。朝廷征收铜钱数额大幅度地增多，使得市场上的货币交易范围扩大。由于朝廷征收铜钱，人民需要用铜钱缴税，所以不得不将产品在市场上出售来换取铜钱。朝廷积累铜钱是为了打仗，百姓积累铜钱是为了应对朝廷将来的征税。大家都需要铜钱，大家都蓄藏铜钱，市场上的铜钱一下子少了下去，立刻出现了钱荒。

钱荒即为铜钱之荒，民间无钱，物价自然暴跌。百姓出售产品，却无人有钱来买，致使农商破产，百姓生活潦倒不堪。不仅如此，由于百姓手中无钱，商品交换只好退回到以物易物的原始方式。这是货币经济的严重倒退，是对以货币为媒介的商品经济的严重打击。唐德宗之后，继任几代皇帝虽多次下诏钱帛兼用，绫、罗、绢、布、粟均为法定货币，但皆未能挽救商品经济的衰退。从唐德宗的军队哗变开始，大唐王朝慢慢失去了中央集权的统治力量，地方藩镇势力日益强大，大唐帝国从此处于风雨飘摇之中。

钱荒还使社会财富流向特殊利益阶层，地方官吏借朝廷之名逼迫百姓以钱纳税，社会豪强趁机发放高利贷谋取暴利。相反，百姓手头无钱，朝廷只好再次改收粮绢为税，但由于物价暴跌，百姓缴纳粮绢的数量比两税法之前增加了数倍。于是，社会贫富差距进一步加大，社会矛盾也进一步激化。

钱荒对历史的发展产生了诸多影响，其中还有一点非常突出，即中国货币法制的重点从此出现了划时代的转变。过去的一千年中，中国历代王朝货币法制的重点都是限制百姓盗铸铜钱，抑制由于铜钱过多引发的通货膨胀。唐代钱荒的爆发，使货币法制的重点转向限制百姓销毁铜钱，抑制由于铜钱过少引发的通货紧缩。为此，朝廷还采取了一系列法律措施。譬如，开放民间采矿冶铜，以供朝廷铸造铜钱，增加铜钱的供给。再如，禁止百姓销毁铜钱铸造铜器，禁止百姓蓄钱和挟钱出境，以限制铜钱流失。唐朝关于货币法制重点的转变，影响到后世各个王朝的货币立法。到了宋代，宋王朝将抑制铜钱减少的法律进一步制度化，形成了一整套保护铜钱流通总量的法律法规。

过去朝廷征税，只按人丁征收粮绢实物，税额长期保持不变。唐初期实行均田制，每个人丁耕地面积都是一样的，所以按照人丁征收一定数额的粮绢，是十分科学合理的。百姓种田织布，将自己生产的部分产品缴纳给官府，不需要采用钱币进行折算。杨炎将"以粮绢计税"改为"以钱计税"，特别是两税法实行初期要求百姓缴纳铜钱，当年便将百姓手中的铜钱几乎洗劫一空。实行两税法之后，唐王朝统治下的百姓都需要将自己生产的产品出售，以换取纳税所需要的铜钱，结果造成产品价格迅速下跌。此后，随着朝廷对铜钱收敛力度的加大，即使产品价格下跌，市场上也找不到铜钱了。于是，朝廷只好采用"以钱计税折收粮绢"的办法，继续向百姓狂征暴敛，以支持军费开支。

第四，两税法的实施，导致了货币经济的衰退。

百姓都缺少铜钱，商品交换只好采用以物易物的方式，布帛作为流通手段的职能又被凸显出来。朝廷多次下令，强化布帛的法定货币地位。贞元二十年（公元804年），唐德宗下诏：市场交易，采用绫、罗、绢、布、杂货与铜钱一起行使货币职能。"命市井交易，以绫、罗、绢、布、杂货与钱兼用。"[341]元和六年（公元811年），唐宪宗下诏：市场上10贯钱以上的大额交易，采用布帛作为货币。"公私交易，十贯钱已上，即须兼用匹段。"[342]大和四年（公元830年），唐文宗下诏：10万文钱以上的大额交易，一半使用布帛和粟谷作为货币。"凡交易百缗以

341　《新唐书》卷五四《食货四》，第1388页。
342　《旧唐书》卷四八《食货志上》，第2102页。

上者，匹帛米粟居半。"[343]会昌五年（公元845年），唐武宗下诏：官方交易或百姓交易，价值在5贯以上者，一半使用布帛作为货币。"公私交关五贯已上，令一半折用匹帛。"[344]

第八节 "以钱计税"法终于被废黜

唐德宗去世后，其子唐顺宗即位，但因风疾不能说话，只作了六个月哑巴皇帝就再次传位给太子，即唐宪宗。唐宪宗很得太宗遗风，将父亲奉为太上皇，自己集中力量消灭藩镇，并且很有一些建树，创建了类似贞观之治的"元和中兴"。藩镇势力不敌朝廷，只好拱手称臣。唐宪宗打仗同样需要钱，"以钱计税"的办法也就被继续沿用，以便从百姓手里搜刮钱财物资。后来，唐宪宗因重用宦官，在宫廷斗争中被宦官刺死，朝廷迎来了下一位皇帝，便是唐穆宗。

唐穆宗即位，已是赐死杨炎40年之后的事了。由于战争已经平息，唐穆宗就专心舞蹈和杂耍。此时，针对杨炎的两税法，又有一个姓杨的名叫杨于陵的户部尚书出来说话。杨于陵选择的时机非常好，成功地废黜了"以钱计税"的办法，解决了百姓赋税过重的问题。唐穆宗长庆元年（公元821年），朝廷下令改变了"以钱计税"的办法，恢复了征收布帛粟麦实物的旧制。自此，两税法引发的钱荒问题，终于得到了初步的缓解。

盖自建中定两税，而物轻钱重，民以为患，至是四十年。当时为绢二匹半者为八匹，大率加三倍。豪家大商，积钱以逐轻重，故农人日困，末业日增。帝亦以货轻钱重，民困而用不充，诏百官议革其弊。而议者多请重挟铜之律。户部尚书杨于

---

343 《新唐书》卷五四《食货四》，第1390页。
344 《全唐文》卷七八《加尊号后郊天赦文》，中华书局，1983年版，第818页。

陵曰:"王者制钱以权百货,贸迁有无,通变不倦,使物无甚贵甚贱,其术非它,在上而已。何则,上之所重,人必从之。古者权之于上,今索之于下;昔散之四方,今藏之公府;昔广铸以资用,今减炉以废功;昔行之于中原,今洩之于边裔。又有闾井送终之啥,商贾贷举之积,江湖厌覆之耗,则钱焉得不重,货焉得不轻?"[345]

自从唐德宗建中年间制定两税法后,商品价格低而铜钱贵重,百姓深以为害,到这时已经40年了。当初购买2匹半绢的价钱,此时可买8匹绢,价格大约增至3倍。豪强之家与大商人,储积钱币,投机物价,所以农民越来越困苦,商业却日益增多。唐穆宗也因为商品价格低而铜钱贵重,百姓困乏而国用不足,下诏百官讨论如何改革这种弊病。而参加讨论的人大多要求加强管制铜的法律。户部尚书杨于陵说:"帝王制造钱币以平衡百物价格,促进贸易,沟通有无,不停地流通变动,使货物既不太贵,也不太贱,这种办法没有别的什么奥秘,而是在于君主本身。为什么呢?君主所看重的,百姓必然跟着学,古代钱币掌握在君国手里,如今却向民间索取;过去散布在四方,如今却储积于国库;过去大量铸造以供应流通使用,如今却减少铸钱炉而失去这方面的作用;过去只流通于中原,如今却外流到边远地区。加上民间送终时又有用钱币殉葬,商人为了放债而积藏钱币,江湖翻舟沉船也损失了一部分钱币,钱怎么会不贵重,商品的价格怎么会不下降。"

　　两税法实行以后出现了钱荒,物价下跌,为患民间40年。唐穆宗令朝臣讨论解决方案,户部尚书杨于陵讲出了一番道理,又提出了解决问题的具体方案。

　　开元中,天下铸钱七十余炉,岁盈百万,今才十数炉,岁入十五万而已。大历以前,淄青、太原、魏博杂铅铁以通时用,

　　345　《新唐书》卷五二《食货二》,第1360页。

岭南杂以金、银、丹砂、象齿，今一用泉货，故钱不足。今宜使天下两税、榷酒、盐利、上供及留州、送使钱，悉输以布帛谷粟，则入宽于所求，然后出内府之积，收市廛之滞，广山铸之数，限边裔之出，禁私家之积，则货日重而钱日轻矣。[346]

开元年间，全国置了70多座炉铸钱，每年铸钱上百万贯。而今全国只有10多座炉，岁入不过15万贯。唐代宗大历（公元766年至公元779年）以前，淄青、太原、魏博等地区在流通中都杂用铅铁钱，岭南地区则杂用金、银、丹砂、象齿，如今都统一使用铜钱，所以铜钱数量不足。现在应使全国两税、盐、酒之利，上供以及留州、使送钱，全部以布帛谷粟缴纳。这样，百姓就能减轻一些征钱的负担，然后拿出内库储积的钱币，收购市场上积滞的货物，大量增加铜山铸钱的炉数，限制铜钱流出境外，禁止私人积蓄铜钱。那么，物价就会逐渐贵起来，而钱币则会逐渐减值了。

总结杨于陵的建议，可以归纳为三个方面：第一，要重视货币供给，增加铸造铜钱或增加其他类型的货币；第二，改变两税法，停止"以钱计税"，恢复直接征收布帛谷粟的旧制；第三，朝廷带头释放囤积铜钱，并禁止民间囤积，从而使铜钱贬值，物价回升。

宰相善其议，由是两税、上供、留州，皆易以布帛、丝纩，租、庸、课、调不计钱而纳布帛，唯盐酒本以榷率计钱，与两税异，不可去钱。[347]

宰相很赞赏杨于陵的建议。于是，两税、上供、留州，都改用以布帛、丝纩缴纳，租、庸、课、调都不再计钱而缴纳布帛，只有盐、酒专卖本来就是以钱计算，与两税不同，不废止征钱。

<hr />

346　《新唐书》卷五二《食货二》，第 1360~1361 页。
347　《新唐书》卷五二《食货二》，第 1361 页。

朝廷接受了杨于陵的建议，凡两税法规定"以钱计税"的项目，全部改为用布帛实物计税，盐酒与两税无关，依旧使用铜钱计算。自此，两税法最核心的内容便被废黜不用。

现代学者对于唐代的钱荒，大致保持一致的看法，即承认钱荒对经济发展产生了巨大的破坏作用。但是，大家对两税法的评价却截然相反，大多持赞扬的态度，认为两税法是税收制度的一大进步。

研究中国古代史的学者认为，两税法的进步意义，在于有助于商品经济的发展；研究税赋史的学者认为，两税法"量出以制入"，意在限制滥征，减轻人民负担；研究货币史的学者认为，两税法在一定程度上促进了商品与货币关系的发展。然而，古代学者对于两税法却多持否定态度，认为两税法是唐德宗为了准备战争的无奈之举，并且使百姓陷入了长期的苦难之中。唐代大诗人白居易经历了两税法导致钱荒爆发的过程，曾赋诗诉说两税法给人民带来的苦难。在说明两税法产生的原因时，诗中说："兵兴一变法，兵息遂不还。"至于两税法存在的问题，诗中说："私家无钱炉，平地无铜山。胡为秋夏税，岁岁输铜钱？"关于百姓承受的苦难，诗中说："钱力日已重，农力日已殚。贱粜粟与麦，贱贸丝与棉。岁暮衣食尽，恶得无饥寒？"

两税法"以钱计税"，确实是我国古代税收制度上的一个伟大的创举。如果它没有立即导致钱荒的爆发，没有导致大唐商品经济走向衰败，它就是适合当时经济发展状况的税收制度。不幸的是，事实恰恰相反。试想，民间市场的铜钱，一部分流出境外换得马匹和军械，一部分储藏在朝廷库府，准备战争军饷及赏赐战士，百姓手头仅余的一点铜钱也被藏起来留待来年纳税之用，正常的商品经济无论如何不可能在没有货币的情况下发展，货币经济也绝对不可能在没有货币的情况下进行。因此，两税法实施之后，商品经济衰退便成为注定的结局。

第五章 唐代钱荒的爆发及相关法律对策

　　钱荒是我国古代货币经济发展过程中，因流通中货币相对不足而引起的一种货币危机现象，最初出现于唐代中期实行两税法改革之时。

　　唐玄宗晚期发生安、史之乱，皇帝率朝臣逃离长安，是大唐王朝从鼎盛走向衰败的转折点。安、史之乱平定后，吐蕃攻入长安，搞得唐玄宗的孙子唐代宗再次率朝臣逃离长安。战争造成了地方军事割据，吐蕃入侵事件发生二十年之后，唐玄宗的曾孙唐德宗在旨在削弱藩镇割据的战争中，又被迫逃离长安。二十多年时间里，3个皇帝分别逃离京师，体现着持续的社会动荡，人民处于颠沛流离的痛苦之中。战争接连不断，国民生产下降，朝廷财税枯竭，唐德宗不得不采用两税法，以扩大财税收入。两税法使市场中的铜钱大量流入朝廷，由此产生了铜钱流通总量严重不足的问题，即钱荒。

第一节　钱荒出现的原因

　　从经济角度看，唐代中期出现钱荒的原因有三：一是两税法征收铜钱，造成铜钱供求失衡；二是商品经济的长期发展以及铜钱流通区域的扩大，对铜钱流通量提出更多的需求；三是朝廷铸造铜钱数量减少，造成铜钱供给不足。

1. 两税法征收铜钱，造成铜钱供求失衡

唐德宗实行两税法的当年，在纳税户口仅为唐玄宗时期三分之一的情况下，朝廷从民间征收到的铜钱数量，却超过唐玄宗时期征收铜钱数量的十几倍。从文献记载看，唐德宗征收铜钱和粮食，却没有征收绢布。以往年代，朝廷征税内容以绢布为主，因为绢布比粮食更易于储藏。此时，不征绢布而征铜钱，用途主要有二：一是用来购买军用物资，譬如马匹、盔甲、战车、武器等，其中有些物资来源于境外；二是朝廷储藏，以备战时补充战略物资，征集兵勇，犒赏将士之用。总之，大量的铜钱流入朝廷或流出境外，唐朝统治地区铜钱骤然减少，引起百姓的普遍担忧。为了应对下一年度的征收，百姓不得不将多年储藏的绢布出售，换取铜钱储藏，其结果是绢布价格下降。我们不知道两税法征收铜钱的办法持续了多久，应该是很快就将大部分税项改为折收绢布，但是铜钱供求已经失衡，钱荒已经出现。

2. 商品经济的长期发展以及铜钱流通区域的扩大，对铜钱流通总量提出更多的需求

自武则天代唐高宗主政，至唐玄宗因安、史之乱逃出长安，在近百年时间里，大规模战争较少，朝廷对民间经济干预也较少，商品经济就发展起来。商品经济的发展，自然对铜钱流通总量提出了更多的需求。唐代宗以后，铜钱流通区域有所扩大。唐穆宗时期的户部尚书杨于陵曾说，唐代宗大历年间以前，许多地区不仅使用铜钱，还杂用铅铁铸造货币，有些地区使用金、银、象齿，而后都采用铜钱，铜钱自然不够使用。

除了铜钱流通区域的扩大之外，一部分铜钱输出到外国，使铜钱流通总量愈加不能满足市场的需求。唐朝前期国势隆盛，贸易发达，铜钱流布国外，西域至波斯湾地区，东海至日本等地。唐玄宗以后持续不断的战争，使得更多的铜钱流向国外，换取军械、马匹等各种战争物资。

3. 朝廷铸造铜钱数量减少，造成铜钱供给不足

钱荒已经发生，朝廷铸造铜钱的数量却大幅度地减少了。唐穆宗长庆元年（公元 821 年），户部尚书杨于陵总结过去的情况时指出，唐玄宗时期朝廷有 70 多处铸钱炉，此时却只剩下 10 多处铸钱炉，铸钱数量大幅度减少，每年铸钱数量不足唐玄宗时期的六分之一。杨于陵身为户部尚书，掌握数据必定准确。两税法实行已经四十年，钱荒问题持续严重，朝廷为什么大幅度地减少了铜钱铸造，其主要原因有以下三个方面。

第一，朝廷铸造铜钱亏损。

唐德宗实行两税法的当年，朝廷铸造铜钱尚有微利。

建中初，户部侍郎韩洄以商州红崖冶铜多，请复洛源废监，起十炉，岁铸钱七万二千缗，每千钱费九百。德宗从之。[348]
唐德宗建中初年（公元780年），户部侍郎韩洄因为商州红崖矿产铜很多，建议恢复洛源关闭的钱监，建立 10 座铸钱炉，每年能铸钱 7200 万枚，每 1000 钱成本 900 钱。唐德宗同意了韩洄的建议。

此后，朝廷铸钱出现亏损，所以铸钱监所纷纷关闭。朝廷铸造铜钱不仅没有获得铸造利益，而且还要付出更多的成本，自然不能铸造。朝廷铸造铜钱亏损，百姓铸造铜钱也要亏损，所以百姓也不会盗铸。

第二，铜材供应不足。

铸造铜钱需要铜材、人工、运输工具等，其核心是铜材。两税法造成铜钱大搬家，从民间大量转入朝廷，铜钱需求量出现巨额上升。此时，铜材需求量也出现了巨额的上升。面对铜材供应不足的问题，唐德宗的对策是将采矿冶铜事情交给百姓去做，朝廷只掌握铜材的供销渠道。朝廷垄断了铜材的供销，

348　《新唐书》卷五四《食货四》，第 1388 页。

将铜材收购价格压低。由于铜材价格偏低，百姓采矿冶铜亏损，朝廷采矿冶铜也亏损。所以，采矿冶铜生产萎缩，铜材供应不足。于是，朝廷缺少铜材，铸造铜钱的数量就出现了大幅度的下降。

第三，朝廷不愿意铸造铜钱。

朝廷不愿意铸造铜钱的原因有二：一是铜钱积聚在朝廷，朝廷铸造铜钱的积极性不高。两税法造成铜钱大搬家，铜钱从民间转入朝廷，朝廷集敛了大量的铜钱，可以用低价格从民间收购物资。所以，朝廷不愿亏损铸钱。二是朝廷亏损铸造铜钱，铜钱流布，会使地方割据势力收益，所以朝廷不愿铸钱。实行两税法之后，唐德宗执政25年。在这25年间，唐德宗力图消灭藩镇，而事实恰好相反，地方势力愈来愈强大。朝廷势弱，地方坐强，朝廷铸造铜钱要承担经济亏损，而有利地方经济。所以，唐德宗减少了铜钱铸造。

唐德宗去世之后，他的儿子唐顺宗作了半年皇帝就成了太上皇，唐德宗的孙子唐宪宗即位。唐宪宗能把他的父亲赶下台，确实有点唐太宗的风范，他继承了唐德宗的遗志，武力打击藩镇，东征西杀，创建了历时15年的"元和中兴"，大有贞观遗风，地方势力纷纷臣服。唐宪宗没有改变他祖父的政策，到了唐宪宗去世之后，两税法"以钱计税"的办法才被废黜。

总之，战争需要钱财，朝廷需求急剧扩大，一切供给均趋枯竭，是唐代中期产生钱荒最主要的原因。

第二节　经久不息的钱荒

唐德宗即位后，立刻实行两税法，钱荒骤起，朝廷却因此积累了大量的铜钱。有了足够的铜钱，唐德宗就发动了消灭藩镇的战争。自建元二年（公元781年）正月至建元三年（公元

782 年）四月，经历了 16 个月的时间，战争从朝廷优势转向双方相持的状态。杀鸡取卵得到的铜钱快用光了，仅仅采用"量出制入"的办法弄不来钱了，朝廷只能另辟蹊径收敛钱财。此时征敛的对象是大户商贾和铜钱借贷行业。

　　时两河用兵，月费百余万缗，府库不支数月。太常博士韦都宾、陈京建议，以为："货利所聚，皆在富商，请括富商钱，出万缗者，借其余以供军。计天下不过借一二千商，则数年之用足矣。"上从之。甲子，诏借商人钱，令度支条上。判度支杜祐大索长安中商贾所有货，意其不实，辄加搒捶，人不胜苦，有缢死者，计所得才八十余万缗。又括僦柜质钱，凡蓄积钱帛粟麦者，皆借四分之一，封其柜窖……计并借商所得，才二百万缗。[349]

当时，两河地区正在用兵打仗，每月消耗钱财 10 多亿文钱，国库不能支撑几个月。太常博士韦都宾、陈京提出建议，认为："财利都聚集在富商手中，请征用富商的钱财，对于收入超过 1000 万的富商，征借他 1000 万以外的钱财，以便供应军需。算起来只不过要向全国一两千个商人征借此钱，便可以满足数年之内的费用了。"唐德宗听从了他们的建议。12 日，唐德宗颁诏向商人征借用钱，命令度支条陈奏上。判度支杜佑大力搜索长安城中商人所有的财货，只要估计某商人申报不得其实，便加以鞭笞棒打，人们禁受不住痛楚，有的自缢而死。长安城中一片愁苦，就像遭受盗寇的洗劫。朝廷所得到的钱算起来也才只有 8 亿文。朝廷又决定征用保管业所保管的钱财，凡是存有钱帛粟麦的人，都被征借四分之一，封存该物拥有者的钱柜和粮窖……加上向商人征借所得，算起来也才只得到 20 亿文。

　　如此搜刮，把商人们逼得上了吊，才弄来 20 亿文铜钱。当

349　《资治通鉴》卷二二七《德宗建中三年（七八二）》，第 7326 页。

时，由于战争的原因，朝廷每月开支大约为 10 亿文铜钱。战争进行到建元四年（公元 783 年）六月，朝廷实在挺不住了，就采纳判度支赵赞的办法征收房产税和除陌钱。

庚戌，初行税间架、除陌钱法。[350]

唐德宗建中四年（公元 783 年）六月初五，朝廷开始实行税间架法和除陌钱法。

赵赞复请税间架，算除陌。其法：屋二架为间，上间钱二千，中间一千，下间五百；匿一间，杖六十，告者赏钱五万。除陌法：公私贸易，千钱旧算二十，加为五十；物两相易者，约直为率。而民益愁怨。[351]

赵赞又建议根据房屋间架课税并征收除陌钱。办法是：房屋 2 架为 1 间，上等房间纳税 2000 文钱，中等房间纳税 1000 文钱，下等房间纳税 500 文钱；隐匿 1 间，受杖刑 60，告发的人给予赏钱 5 万文。除陌钱法规定：公私贸易，过去每千钱纳税 20 文钱，现在增加为 50 文钱；物物交换的，估计价值作为课征的根据。于是百姓更加愁怨。

如果能够征收 300 万户，每户 1000 钱为房产税，总共就可以征收 30 亿铜钱，加上贸易税每 1000 钱的贸易增收 30 钱，两项合并，可以支持数月战争的开支。战争继续下去，打到十月，唐德宗调泾原驻军支援襄城，泾原兵顶风冒雨抵达京师，没有得到军饷，只给了一些粗食蔬菜，就被命令出发上路。一路上士兵们想，唐德宗的库房里可能还有些余钱，就掉头杀回长安。唐德宗慌忙逃奔咸阳。乱军们掌握了府库的钱财，杀害了没有逃走的朝臣，拥立朱泚作了大秦皇帝。

唐德宗丢了钱财，从咸阳再逃奉天，勤王部队与朱泚叛军

---

350 《资治通鉴》卷二二八《德宗建中四年（七八三）》，第 7346 页。

351 《新唐书》卷五二《食货二》，第 1353 页。

战作一团，唐德宗再逃汉中。兴元元年（公元784年），唐德宗颁布《奉天改元大赦制》，承认了自己的错误，赦免了地方军事集团反叛的罪过，表扬了勤王部队的功勋，终于收住了逃跑的脚步。贞元二年（公元786年），朝廷军队控制了天下，大规模战争终于结束。战事由唐德宗消灭藩镇起，至唐德宗姑息藩镇终，历行六年，终于恢复和平，而钱荒的局面却已经形成，并且持续下去。

唐穆宗常庆元年（公元821年），朝廷下令废黜两税法"以钱计税"的办法。但是，战争消耗了大量的铜材，铜钱大量流出境外，朝廷和百姓双方蓄钱不出，朝廷铸造铜钱很少，所以钱荒问题并未得到解决。会昌五年（公元845年），唐武宗下令毁寺灭佛，熔毁佛像、钟磬，用来铸造铜钱，即"会昌开元"钱。至此，钱荒问题有所缓解，绢帛价格开始回升，百官俸禄也恢复发放铜钱了。

会昌六年二月敕，缘诸道鼓铸佛像钟磬等，新钱已有次第，须令旧钱流布，绢价稍增，文武百僚俸料，宜起三月一日，并给见钱。[352]

唐武宗会昌六年（公元846年）二月，皇帝敕曰，由于各衙镕毁佛像钟磬鼓铸铜钱，新钱已经有了着落，旧钱继续流通，绢帛的价格已经稍有上升。文武百官的俸禄，自三月一日起，开始发放现钱。

钱荒问题虽有缓解，但未能彻底解决。唐代至终，未能摆脱钱荒的困扰，所以禁铸铜器等法令，一直被贯彻执行。铜钱短缺的现象，自唐代中期起，伴随着通宝钱流通，直至宋元，都没有能够被彻底解决。为了缓解铜钱短缺的问题，其他各种货币的流通日益扩大，唐代出现了飞钱，宋代出现了交子、会

352　《唐会要》卷八九《泉货》，第1633页。

子，并出现了白银货币化的趋势。钱荒的问题，虽说至唐武宗灭佛时已有缓解，但其影响却十分久远，铜钱流通逐步被纸币、白银等货币部分地代替。

第三节　众人对钱荒的评论

钱荒的出现，当时就引发了许多评论。因为钱荒系由两税法引发，所以解决钱荒问题还是要从两税法方面来入手。因此，当时的评论大多围绕着两税法展开。最著名的相关评论是陆贽的疏文。贞元四年（公元788年），两税法实行了8年之后，皇帝诏令审定税则。两税法引发了钱荒，产生了许多问题，唐德宗也不知道怎么办才好，所以请教陆贽。陆贽上疏请求修订政策。在疏文中，陆贽提出六点问题。第一，两税按资产征税，不按劳动力人数征税，资产少者税轻，资产多者税重。但是，浮财是无法核查的，即便是田亩，以唐代宗大历十四年核查的数据作为纳税依据也是不合理的。第二，朝廷铸钱，民间种田织布。朝廷向民间要钱，百姓纳税的内容不是他们生产的产品。他们必须出售产品换来铜钱，但铜钱越来越少，产品的价格越来越低，从而加重了百姓的负担。第三，考核官员的内容，包括所辖户口多寡、田亩增减、税钱数额，这种考核引导官员横征暴敛。人口迁徙时，增人处增税，减人处不减税，增税于邻里，所以不利于百姓的安居。第四，税项督收急迫，人民借贷纳税，本息负担加倍。第五，以钱计税，丰收年景谷价低廉，铜钱贵重稀缺，农民缴不起税；荒年更要借贷。第六，贫富差距过大，田地占有不均，富人占田、放贷，剥削穷人。陆贽批评时政，提出改革建议，唐德宗并未采纳。唐德宗贞元十二年（公元796年）河南尹齐抗出来评论钱荒的问题。

军兴，国用稍广，随要而税，吏扰人劳。陛下变为两税，督纳有时，贪暴无容其奸。二十年间，府库充牣。但定税之初，钱轻货重，故陛下以钱为税。今钱重货轻，若更为税名，以就其轻，其利有六：吏绝其奸，一也；人用不扰，二也；静而获利，三也；用不乏钱，四也；不劳而易知；五也；农桑自勤，六也。百姓本出布帛，而税反配钱，至输时復取布帛，更为三估计折，州县升降成奸。若直定布帛，无估可折。盖以钱为税，则人力竭而有司不之觉。今两税出于农人，农人所有，唯布帛而已。用布帛处多，用钱处少，又有鼓铸以助国计，何必取于农人哉？[353]

战事发生后，国家费用稍大。根据需要来征税，官吏忙乱，百姓辛苦。陛下改租庸调为两税法，督责缴纳有规定的时间，不容贪暴的官吏舞弊。二十年间，国库充实富足。但初定两税时，铜钱便宜而商品贵重，所以陛下以钱来定税额。现在铜钱贵重而商品便宜，如果能改变一下纳税的名目，采用便宜的一面，就会有六个好处：第一，杜绝官吏的营私舞弊；第二，百姓生活不受骚扰；第三，国家从安定中能得到利益；第四，收支不缺少铜钱；第五，不烦劳而容易了解情况；第六，耕织自然得到发展。百姓本来就是生产布帛，税额却反而按钱计算，到缴纳时又征收布帛。这就需要三次折算计价，州县就利用价格升降来营私舞弊。如果直接规定以布帛缴税，就无价可折了。都是因为以钱定税，百姓财力耗尽而官府还不知道。现在两税都出于农民，农民所有的只是布帛而已。官府用布帛的地方多，用钱的地方少，又置炉铸钱以补助国用，何必向农民征钱呢？

　　齐抗接受了陆贽的教训，但两税法是唐德宗颁布的，不能向唐德宗直言其弊，一定要说两税法好，好得很！齐抗一开口

353　《新唐书》卷五二《食货二》，第1357～1358页。

就先给唐德宗戴上一顶高帽：两税法是有利于人民的，有两个好处：一是当时因为要打仗，税收得乱，两税法定在夏秋两次，减少了不定时的弊病；二是因为当时商品贵重，铜钱便宜，两税法以钱定税，减少了人民的负担。好得很！好得很！齐抗所说颇为牵强，关于当时"钱轻货重"的说法很有问题。当时"以钱计税"是以一般价格折算制定，并非体恤民情，为了少征税而在钱与商品之间找了一个价值少的东西作为纳税标准。"钱轻货重"是相对后来物价下跌才产生出来的概念，当时并没有这个概念。如果后来物价上涨了，颁布两税法当时的情况就应该是"钱重货轻"。齐抗说这话底气也不足，硬着头皮拍马屁，只有这样才能把接下来的实话说出来。

现在情况变化了，"钱重货轻"了。如果皇帝改变收税方法为"以布帛计税"那就更好了，更有利于人民了。"以钱计税"要三次估计折价，第一要"以出制入"，估计征收多少税；第二要估计这么税要征收多少铜钱；第三要估计征收这么多铜钱要折收多少实物。折来折去，地方官员渔利，其中弊病很多。直接"以布帛计税"，有六大好处，可以解决"以钱计税"的弊病。

唐德宗没有接受齐抗的建议，继续执行"以钱计税"的政策。皇帝定的规矩岂能轻易改变。唐德宗不愿意改变，唐德宗的儿子唐顺宗、孙子唐宪宗孝字当头，更不能改变。直到唐德宗的曾孙唐穆宗时期，朝廷才废黜了"以钱计税"的方法，恢复了"以谷帛计税"的旧制。这期间，人们怀念唐朝初期贞观年间的政治强大局面，期望恢复贞观年间的租庸调制度。白居易曾赋诗表达了这种社会思潮。

吾闻国之初，有制垂不刊。庸必算丁口，租必计桑田。
不求土所无，不强人所难。量入以为出，上足下亦安。
兵兴一变法，兵息遂不还。使我农桑人，憔悴畎亩间。

谁能革此弊，待君秉利权。復彼租庸法，令如贞观年。[354]

对于两税法引起钱荒及物价下跌问题，后世多有评论。北宋欧阳修、宋祁撰《新唐书》曰："盖自建中定两税，而物轻钱重，民以为患，至是四十年。"[355]自从唐德宗建中初年（公元780年）实行两税法后，物价便宜而铜钱贵重，百姓深以为害，到这时已经四十年了。

现代学者多认为两税法是进步的，而史学者、赋税学者、货币学者的观点是不同的。

史学者对两税法的看法比较宏观，认为它是税制上的进步。张传玺先生著《简明中国古代史》云：

两税法是一种比较适应当时情况及历史发展趋势的制度。它与当时土地高度集中，大多数农民失去土地，成为佃户，以及商品经济不断发展的情况相适应。两税法由主要按丁口征税转向主要按土地和资产征税，这是中国封建经济的新发展在赋税制度上的反映，是封建税制的一个重要改革，是税制的一大进步。

两税法的进步意义……此法关于定税计钱、折钱纳物的规定，在一定程度上有助于商品经济的发展。[356]

赋税学者认为"量出制入"意在减轻人民负担；"以钱计税"则促进商品货币经济的发展。孙翊刚主编《中国赋税史》云：

唐以前的历代财政，通常以"量入为出"为原则，而两税法则明确提出"量出以制入"的原则，即预先确定财政支出的规模，然后根据支出的规模来确定财政收入的规模。意在限制

354　《白氏长庆集》卷二《讽论二》，上海古籍出版社，1994年版，第21页。

355　《新唐书》卷五二《食货二》，第1360页。

356　张传玺：《简明中国古代史》，北京大学出版社，1999年版，第419页。

滥征，减轻人民负担。[357]

以货币计算和缴纳税额，对商品货币经济的发展有一定的促进作用。两税法规定将米粟、绢棉等各种形式的赋税，统一用钱来计算和缴纳，增强了人们的商品生产和交换的意识，扩大了商品生产和交换的范围，增加了商品货币的流量，在一定程度上促进了商品货币关系的发展。[358]

货币学者认为，"以钱定税"促成了钱重物轻以及钱荒的现象，但也促进了货币经济的发展。

以钱定税的办法施行以后，又反而促进了当时货币经济的发展，使货币流通的范围和地区都扩大了，并促成了钱重物轻以及钱荒的现象。可是以钱定税这一事实，由于当时还是我国封建社会的全盛时期，实物地租还占统治地位，因而税制上的货币征收方式，自然要在事实上遭受许多困难。从而使这种方式，不可能一开始就可稳固的保持下去，所以，它终于在四十年后又恢复了实物征收方式。但是，它在当时促进货币经济发展的作用则是不应予以忽视的。[359]

现代学者与古代学者相比较，在对两税法以及钱荒现象的认识方面，存在着明显的不同，这并不是"饱汉子不知道饿汉子饥"，而是双方的角度和立场不同。古代当事人身临其苦，自然反对两税法并强调钱荒给人民带来的苦难。唐德宗要筹划削弱藩镇的战争，实施两税法也是出于无奈。现代学者从历史长河看问题，自然认为社会的发展需要有这种创新，两税法造成当时人民的痛苦和当时经济上的衰败，只不过是历史长河发展过程中的一个成本。

但是，从许多史料文献的记载来看，两税法税收过度，爆

357　孙翊刚：《中国赋税史》，中国税务出版社，2007 年版，第 108 页。

358　孙翊刚：《中国赋税史》，第 109 页。

359　萧清：《中国古代货币史》，第 192 页。

发钱荒，百姓苦于无钱，商品交换自然转向以物易物，百姓愁苦且不必言，当时的货币经济一定是出现了衰败。

第四节　钱荒造成的恶劣影响

钱荒造成物价逐步下跌，生产和交换遭受严重打击，广大人民纳税负担加重，而社会豪强却乘机积钱放贷，贫富分化进一步加深，社会矛盾进一步加剧。

自初定两税，货重钱轻，乃计钱而输绫绢。既而物价愈下，所纳愈多，绢匹为钱三千二百，其后一匹为钱一千六百，输一者过二，虽赋不增旧，而民愈困矣。[360]

初定两税法时，物价贵重而铜钱便宜，于是以钱计征折纳绫绢。以后物价越来越低，所缴纳的实物也越来越多。开始时绢每匹的价格是 3200 文，以后每匹的价格降到了 1600 文。照当初所定税额缴纳 1 匹绢者，如今就要缴纳超过 2 匹。虽然赋额并没有比过去增加，而百姓却越来越困苦。

刚刚实行两税法的时候，物价水平还比较高，所以"以钱计税"，要求百姓缴纳绫绢。此后，物价逐步下降，到了贞元四年（公元 788 年），绫绢的价格只有 8 年前的 50%。在物价逐步下降的情况下，生产和交换各个环节都出现了收益下降的问题。百姓用粮种来种田，用蚕丝来织绢，在投入产出的时间差上，物价下跌必然影响生产收益，而交换环节受到的不利影响则更为严重。

两税法规定"以钱计税"，税钱数量既定，物价下跌自然需要用更多的劳动产品才能换取同样数量的铜钱。因此，广大人民纳税负担逐步加重。根据《新唐书·食货二》的记载，两税

360　《新唐书》卷五二《食货二》，第 1353 页。

法后绫绢的价格下跌了 50%，人民需要贡献两倍数量的劳动产品才能达到原定的纳税铜钱数量。

两税法规定"以钱计税"，当时一定曾经要求百姓缴纳铜钱，所以爆发了钱荒。但是，天下并没有那么多的铜钱，朝廷为了使两税法具备可操作性，很快就恢复了缴纳实物的制度。与旧制不同的是，旧制"以物计税"，规定缴纳谷、绢等物的数量，两税法则"以钱计税"，规定缴纳铜钱的数量。朝廷税收依旧收缴实物，极大地减缓了钱荒的程度。否则的话，钱荒势必严重百倍，市场上一定会出现有物无钱的状况，物价定会一落千丈。因为，以往的商品交换是互通有无，铜钱在其中只是流通手段，朝廷征收租税也只是谷帛。两税法改为征钱，百姓们都要将生产产品出售换取铜钱，铜钱来源就出现了问题。朝廷规定"以钱计税"并"以物折纳"，在物价大幅度下跌的情况下，百姓纳税负担确实是更加沉重了。陆贽说：

定税之数，皆计缗钱，纳税之时，多配绫绢，往者纳绢一疋，当钱三千二、三百文，今者纳绢一疋，当钱一千五、六百文，往输其一者，今过于二矣。[361]

计税的数额采用铜钱的数量，纳税时却大多需要缴纳绫绢。过去缴纳绫绢 1 匹折合铜钱 3200 文，如今缴纳绫绢 1 匹只能折合铜钱 1500 文或 1600 文。所以，过去缴纳 1 个者，如今需要缴纳超过 2 个了。

白居易赋《赠友诗》一首，述说钱荒造成百姓负担过重的情形：

私家无钱炉，平地无铜山。胡为秋夏税，岁岁输铜钱？

钱力日已重，农力日以殚。贱粜粟与麦，贱贸丝与棉。

361　《陆宣公奏议注》卷十四《其一论两税之弊须有釐革》，中华书局，1991年版，第 177 页。

岁暮衣食尽，恶得无饥寒？[362]

除了物价下跌，严重地打击了生产和交换，并使百姓纳税负担加重之外，钱荒造成的另一个恶果，就是社会豪强们积钱逐利，使社会贫富差距进一步加大，社会矛盾进一步激化。白居易指出：

当丰岁，则贱粜半价不足以充缗钱，遇凶年，则息利倍称不足以偿逋债。[363]

丰收的年景，百姓出售粟谷的价钱只得半数，不足以纳税；遇到荒年，农民就要借百分之一百利息的高利贷，最后无力偿还债务。

同时，天灾人祸，部分百姓逃亡，他们纳税的负担就被加在乡邻身上，搞得百姓难以安居。

又瘟疫水旱，户口减耗，刺史析户，张虚数以宽责。逃死阙税，取于居者，一室空而四邻皆尽。户版不缉，无浮游之禁，州县行小惠以倾诱邻境，新收者优假之，唯安居不迁之民，赋役日重。[364]

加上瘟疫和水旱之灾，户口减少，地方刺史就把户籍拆开，虚报数字以减轻责任。逃往及死亡所短缺的税额，都摊派到现有居户上去，因而一家逃亡，四邻也散尽。朝廷不再清查户籍，游手好闲的也不被禁止，州县以小恩小惠引诱邻境百姓迁过来，对新收的民户给予各种优待，而安居不逃亡的民户，赋役负担却日益沉重。

百姓不能安居，流民日多，孕育着造反的因素。所以，到了晚唐时期，王仙芝、黄巢举旗造反，响应者百万之众。

362　《白氏长庆集》卷二《讽论二》，第21页。
363　《白氏长庆集》卷六三《策林二》，第676页。
364　《新唐书》卷五二《食货二》，第1353页。

第五节　开放民间采矿冶铜

钱荒的出现给唐王朝统治下的社会经济造成了严重的困难。正如现代通货紧缩会出现的情形，钱荒引发了物价下跌、社会总需求下降、生产和交换萎缩等问题。面对严峻的经济形势，唐王朝颁布了一系列法令，力图遏制钱荒的发展和蔓延。唐王朝首先采取的措施是努力增加铜钱供给，下令开放民间采矿冶铜，官府收购铜材铸造钱币；然后是减少铜钱的流耗，禁止百姓毁钱、蓄钱及挟带铜钱出境。

面对钱荒问题，唐德宗采取的措施首先是开放民间采矿冶铜，力图通过增加铜材供给、增加铜钱的铸造来解决铜钱短缺的问题。贞元九年（公元793年），唐德宗下令开放所有铜矿山，允许民间百姓开采。

九年春正月……甲辰，禁卖剑铜器。天下有铜山，任人采取，其铜官买，除铸镜外，不得铸造。[365]
唐德宗贞元九年（公元793年）春正月……甲辰日，法律禁止卖刀剑铜器。全国有铜矿的地方，任凭百姓开采，采炼的铜材统一由官府收购。百姓除了铸造铜镜之外，不许铸造其他种类的铜器。

尽管如此，朝廷新铸铜钱，仍然远不能满足市场流通的需要，其原因有二；一是市场对铜钱需求量过大；二是铜钱铸造数量太小。

两税法实施之后，朝廷征收铜钱的数量大幅度增加，每年税钱已经达到300亿文。朝廷征收如此多的铜钱，使得百姓销售产品不得不卖取铜钱，以供纳税之用，人人以物换钱缴纳朝

365　《旧唐书》卷十三《德宗下》，第376页。

廷，朝廷却控钱不出，或将钱从境外购买军用物资，本土市场流通铜钱自然稀缺。唐玄宗时期是大唐王朝商品经济发展的鼎盛时期，当时朝廷税赋征收铜钱每年仅为20余亿文。

其度支岁计，粟则二千五百余万石，布绢绵则二千七百余万端屯疋，钱则二百余万贯。[366]

按照朝廷财政的年度统计，每年征收粟谷2500余万石，布绢棉2700余万屯匹，铜钱20余亿文。

这里的数据是《通典》记载唐玄宗天宝（公元742年至公元756年）中期发生的税收情况，当时安、史之乱还没有爆发，社会基本安定，市场商品丰富，唐玄宗正在实施"宽赋敛"的国策。实施两税法之后，朝廷税赋征收铜钱增至每年300亿文，比唐玄宗时期增加了10多倍。两税法造成的结果，不仅是国民收入在朝廷与百姓之间进行了重新的分配，而且朝廷索取铜钱的数量超过了资源供给的极限。因为，天下没有那么多的铜钱。进一步说，天下也没有那么多的铜材。铜钱需求量过大，而供给不足，用来铸造铜钱的铜材缺乏严重，所以朝廷下令开放民间采矿冶铜。然而，开放民间采矿冶铜的收效甚微。此时，朝廷每年税收300亿文铜钱，全国铜钱流通总量应该超过1000亿，才能应对朝廷如此巨大数额的收敛。但是，开放民间采矿冶铜之后，铜矿开发极少，直到唐文宗大和年间（公元827年至公元835年），全国铜矿仍然只有50处，每年采铜仅为26.6万斤，全部用来铸造铜钱，也只能铸造4256万文，不足流通总量的0.1%。因此，采矿冶铜形成的铸钱能力远不能满足铜钱流通的巨大需求。《新唐书·食货志》载，大和八年（公元834年）：

八年，河东锡钱复起，盐铁使王涯置飞狐铸钱院于蔚州，天下岁铸钱不及十万缗。文宗病币轻钱重，诏方镇纵钱谷交易。

366　杜佑：《通典》卷六《食货六》，第111页。

时虽禁铜为器，而江淮、岭南列肆鬻之，铸千钱为器，售利数倍。宰相李珏请加炉铸钱，于是禁铜器，官一切为市之。天下铜坑五十，岁采铜二十六万六千斤。[367]

大和八年（公元834年），河东锡钱又通行起来，盐铁使王涯在蔚州设置了飞狐铸钱院，全国每年铸钱还不到1亿文。唐文宗对钱重帛轻很忧虑，便下诏各镇鼓励钱谷交易。当时虽然禁止用铜铸器，而江淮、岭南却开设铺子出卖铜器，把1000枚铜钱熔铸为铜器，可获利数倍。宰相李珏建议加炉铸钱，于是下令禁止出售铜器，一律由官府收购，全国铜矿有50处，每年采铜26.6万斤。

此时，唐德宗去世已经近三十年，其间经历了五个皇帝的努力，铜矿山却只有50处，产铜能力低下。于是，朝廷一方面从民间大量收敛铜钱，另一方面却不能提供满足市场流通需要的铜钱铸造，钱荒的产生和持续就成为自然的结果。

铜钱贵而商品贱，为什么不能多铸铜钱，甚至销钱铸器？其中原由是铜器比铜钱更贵。百姓将1000文铜钱销毁铸造铜器，可以卖得数千文铜钱。铜钱少而贵，铜器更贵，铜材理应贵重。但是，事实并非如此。朝廷控制了铜材的销售渠道，控制了铜材的价格，铜材价格低廉，所以采矿冶铜就十分萧条。

铜钱少是因为战争造成朝廷用钱过多，朝廷需要的铜钱总量已经超过了自然环境的承受能力。铜器贵是因为限制铜器铸造，铜器已经成为十分稀缺的奢侈品，价格出现了扭曲。根本的原因不是铜器占用了铜材，而是铜材本身不能满足铸钱的巨大需求。铜材少为什么不能扩大采矿冶铜？其中缘由是朝廷没有力量组织大规模的采矿冶铜，只是将采矿冶铜的事情交给民间去做。由于资源稀缺有限，当时采矿冶铜的成本很高，朝廷

367　《新唐书》卷五四《食货四》，第1390页。

控制了铜材的收购和铜材的价格，并且将铜材价格压得很低，百姓采矿冶铜是个亏损的事情，自然无人能够开办。于是，铜材日少，钱荒日重，朝廷不得不采取更多的法律措施来解决钱荒的问题。

第六节　禁止毁钱铸造铜器

铜钱短缺，铜器昂贵，铜材价格低下，朝廷干预经济造成了这一系列市场失衡、价格扭曲的状况。所以，人们销毁铜钱铸造铜器可以获得暴利。铜钱短缺，铜材不足，朝廷自然要禁止百姓铸造铜器，以将有限的铜材资源用在铸造铜钱方面。早在唐代宗大历七年（公元772年），部分税项开始征收铜钱之后，钱荒即显苗头，朝廷便下令禁铸铜器。

大历七年，禁天下铸铜器。[368]
唐代宗大历七年（公元772年），法律禁止全国铸造铜器。

唐德宗颁布两税法之后，钱荒全面爆发。于是，有人建议多铸铜钱，有人建议严厉打击民间铸造铜器。但是，铸造铜钱利益微薄，铸造铜器利益丰厚，所以朝廷的法令难以贯彻。建中初年（公元780年），铸钱尚有微利，铸造1000钱，成本900钱，铸造利益100钱。实行两税法之后，市场价格逐步扭曲，铸造铜器可以获得暴利。唐德宗贞元九年（公元793年），张滂奏曰：

诸州府公私诸色铸造铜器杂物等。伏以国家钱少，损失多门。兴贩之徒，潜将销铸，钱一千为铜六斤，造写器物，则斤直六百余。有利既厚，销铸遂多，江淮之间，钱实减耗。伏请

准从前敕文，除铸镜外，一切禁断。[369]

关于各州府公私铸造铜器杂物等事，窃以国家钱少，其损耗是多方面的。贩卖钱币的一伙人，暗中销毁钱币铸造铜器，每1000 枚铜钱合铜 6 斤，而铸造铜器，则每斤值 600 余钱，获利既厚，销毁铜钱铸造铜器的就多，江淮地区间，钱币实际上减损了。谨请依照以前的旨令，除铸镜外，其他一切器物禁止铸造。

销毁 1000 枚铜钱，可以得到 6 斤铜。严格地说，若 10 枚铜钱 1 两，销毁 1000 枚铜钱，可以得到 6.25 斤铜。即便是得到 6 斤铜，将这 6 斤铜铸造成为铜器，每斤铜器可以卖得 600 枚铜钱，6 斤铜器就可以卖得 3600 枚铜钱。因此，毁 1000 枚铜钱铸造铜器，可以获利 2600 枚铜钱，销钱铸器的利益如此巨大，自然屡禁不止。张滂的建议是严格按照过去的法令，除了铸造镜子之外，禁止铸造一切铜器。

销千钱为铜六斤，铸器则斤得钱六百，故销铸者多，而钱益耗。……诸道盐铁使张滂奏禁江淮铸铜为器，惟铸鑑而已。十年，诏天下铸铜器，每器一斤，其直不得过百六十，销钱者以盗铸论。然而民间钱益少，缯帛价轻，州县禁钱不出境，商贾皆绝。[370]

销熔 1000 枚官钱可得铜 6 斤，再铸成器物每斤可得 600 枚铜钱，所以销官钱铸器物的人很多，钱币日益减少。……各道盐铁使张滂奏请朝廷禁止江淮地区用铜铸器，只许铸造铜镜。贞元十年（公元 794 年），唐德宗命令全国允许铸造铜器，每器限一斤，价格不得超过 160 钱，销毁钱币的以盗铸论处。但民间的钱还是越来越少，缯帛价格很低，各州县都禁止带钱出境，商

369　《旧唐书》卷四八《食货上》，第 2101 页。
370　《新唐书》卷五四《食货四》，第 1388 页。

人绝迹。

　　唐德宗下令销毁铜钱者比照盗铸治罪，即处以死刑，打击力度之强，说明当时销钱铸器的问题已经严重到朝廷无法容忍的程度了。除了以死刑相威胁，唐德宗还命令天下铜器的价格每斤不得超过 160 枚铜钱。法令禁止铸造铜器，铜器已经成为十分稀缺的奢侈品，法令规定这种奢侈品价格低廉，自然有行无市。

　　禁止铸造铜器的法律如此严厉，铸造铜器的行为仍然没有停止。可能是朝廷抓一下，民间铸造铜器的行为就收敛一些，朝廷松一时，民间铸造铜器的行为就泛滥起来。直到唐文宗开成三年（公元838年），唐德宗以后的第六个皇帝执政时期，盐铁使杨嗣復还在向皇帝解释为什么朝廷禁铸铜器却屡禁不止。

　　上以币轻钱重，问盐铁使何以去其太甚。嗣復曰："此事累朝制置未得，但且禁铜，未可变法。法变扰人，终亦未能去弊。"李珏曰："禁铜之令，朝廷常典，但行之不严，不如无令。今江淮已南，铜器成肆，市井逐利者，销钱一缗，可为数器，售利三四倍。远民不知法令，率以为常。纵国家加炉铸钱，何以供销铸之弊？所以禁铜之令，不得不严。"[371]
唐文宗因为布帛的价格低而铜钱的价格高，询问盐铁使如何能够消除布帛价格过低的问题。杨嗣復回答说："此事历朝处置都没有能够得到解决，只能暂且实行禁铜，不可以改变相关的法令。法令变则扰乱百姓，最终也不能除去弊端。"李珏说："禁铜的法令，是朝廷的常法，但是如果不能严格执行，就还不如没有法令。如今江淮以南地区，铜器交易形成集市，市井中追逐利益的人，销毁 1 贯钱，可以制成数件器具，出售可以获利 3 ~ 4 倍。远地百姓不知法令，因循不改而成为常事。即使国家

　　371　《旧唐书》卷一七六《杨嗣復传》，第 4556 ~ 4557 页。

增加炼铜炉铸钱，如何能够满足销钱铸器的投机行为？所以禁铜的法令，不能不执行。"

杨嗣复主张禁铜，但不主张变法。李珏主张严刑控制铸造铜器的行为。但是，禁止铸造铜器的法令一直实施至大唐王朝灭亡，钱荒的问题也没有能够彻底解决。钱荒是唐代中后期的持续现象，禁止铸造铜器则是唐代中后期始终贯彻的法令。

第七节　禁止百姓蓄藏铜钱

经久不息的钱荒以及朝廷征收铜钱，使得百姓不敢将铜钱花掉，蓄钱之风骤起。然而，人人蓄钱，钱荒益加严重，所以朝廷又出禁止蓄钱之令。元和三年（公元808年），百姓蓄钱之势凸显，唐宪宗抛出颁布禁蓄钱令之前的告示：

泉货之法，义在通流。若钱有所壅，货当益贱。故藏钱者得乘人之急，居货者必损己之资。今欲著钱令以出滞藏，加鼓铸以资流布，使商旅知禁，农桑获安，义切救时，情非欲利。若革之无渐，恐人或相惊。应天下商贾先蓄见钱者，委所在长吏，令收市货物，官中不得辄有程限，逼迫商人，任其贸易，以求便利。计周岁之后，此法遍行，朕当别立新规，设蓄钱之禁。所以先有告示，许有方圆，意在他时行法不贷。[372]

货币的作用在于促进流通。如果钱币积滞不流通，货物就会更贱。因此，贮藏钱币的人就会趁人急迫需要钱的时候侵害他们的利益，积存货物的人就一定要亏损自己的资金。现在，一方面要申明关于钱的禁令，使积藏的钱币拿出来用，另一方面要增加铸钱，以应对流通需要，使商人行旅知道禁令，农桑民户得以安心，本意是出于补救当前局势的急需，动机不是想要谋

---

372 《旧唐书》卷四八《食货上》，第2101~2102页。

利。如果改革不是逐步进行，深恐百姓会互相惊扰。全国商人
凡原先贮藏现钱的，由当地长官命令他们将钱收购货物，官府
不得任意规定期限以逼迫商人，听凭他们买卖，以求便利。预
计一年之后，这种办法普遍施行，朕当另行制定新的法规，允
许酌情权益办理，用意在于他日实行法令时，就不予宽待了。

皇帝诏示百姓，晓之以理，动之以情，要求蓄钱的人，将
钱拿出来购买货物。元和十二年（公元817年），唐宪宗正式下
令禁止蓄藏铜钱。

近日布帛转轻，见钱渐少，皆缘所在壅塞，不得通流。宜
令京城内自文武官僚，不问品秩高下，并公郡县主、中使等，
下至士庶、商旅、寺观、坊市，所有私贮见钱，并不得过五千
贯。如有过此，许从敕出后，限一月内任将市别物收贮。如钱
数较多，处置未了，任于限内于地界州县陈状，更请限。纵有
此色。亦不得过两简月。若一家内别有宅舍店铺等，所贮钱并
须计用在此数。其兄弟本来异居曾经分析者，不在此限。如限
满后有违犯者，白身人等，宜付所司，决痛杖一顿处死。[373]
近日来布帛价格转贱，现钱渐少，都因为当地积滞，不能流通。
应令京城内上自文武官员，不问爵禄高低，以及公郡县主、中
使等，下至士人、平民、商旅、寺观、坊市，所有私藏现钱，
一律不得超过5000贯。如超过此数，准于命令发出后，限一个
月内听凭购买其他物品收藏。如钱数较多，处理不了，听凭于
限期内向当地州县报告，再请展期。但即使有此种情况，也不
得超过两个月。如一家内另有宅舍店铺等，所藏现钱，一律要
算在这个数目内。至于兄弟曾经分产本来不在一处居住的，不
在此限。限期届满后如有违犯的，平民应交所管部门，判处痛
杖一顿后处死。

373 《旧唐书》卷四八《食货上》，第2103～2104页。

　　唐宪宗禁止百姓蓄藏铜钱的法律十分清楚，其颁布实施过程，可谓有理、有力、有节。唐宪宗先是发布告示，勿谓言之不预；然后才颁布命令。为了法令具备可操作性，唐宪宗的法令规定对蓄钱处置给予宽期限，宽期限内可以用蓄钱购买任何货物，若时间不够，还可以申请再次宽限；最后，顽固违法不遵，予以处死，处死之前还要痛杖一顿。但是，法律虽然清楚，仍然有人不予遵守，有的人依靠权贵，想方设法不处置蓄钱，官府也无可奈何。

　　时京师里閈区肆所积，多方镇钱，王锷、韩弘、李惟简，少者不下五十万贯。于是竞买第屋以变其钱，多者竟里巷傭僦以归其直。而高赀大买者，多依倚左右军官钱为名，府县不得穷验，法竟不行。[374]

当时京城里里巷与市肆集藏的多是方镇的钱，如王锷、韩弘、李惟简等人，少的不下 50 万贯。此时便争着购买房屋，以便把钱变换掉，买的多的竟把全里巷都包了，用这些房产出租来收回本钱。而拥有大量资产的大商人，多托各左右神策军的官钱，府县不敢彻底检查，法令终于无法执行。

　　这些大户依附权贵，官府没有办法查验。小户人家则将钱埋藏，官府查验起来也很困难。所以，禁止百姓蓄钱的法令，不能得到预期的效果。大和四年（公元 830 年），唐文宗又下禁止百姓蓄钱的命令，其中增设了告发奖赏的办法。

　　四年十一月，敕："应私贮见钱家，除合贮数外，一万贯至十万贯，限一周年内处置毕；十万贯至二十万贯以下者，限二周年处置毕。如有不守期限，安然蓄积，过本限，即任人纠告，及所由察觉。其所犯家钱，并準元和十二年敕纳官，据数五分取一分充赏。纠告人赏钱，数止于五千贯。应犯钱法人色目决

374　《旧唐书》卷四八《食货上》，第 2104 页。

断科贬，并准元和十二年敕处分。其所由觉察，亦量赏一半。"
事竟不行。[375]

唐文宗大和四年（公元830年）十一月，诏令说："凡私家贮藏
现钱的，除符合规定的贮藏数额外，那些贮藏1万贯至10万贯
的，限1年内处理完毕；10万贯至20万贯以下的，限2年处理
完毕。如有不遵守这个期限，毫无顾忌地蓄积现钱的，超过本
规定期限，就任凭他人检举告发，以及由经办吏役检查。所有
违章蓄积的家钱，一律依照元和十二年（公元817年）命令缴
交官府，按钱数五分之一作为赏金。检举人的赏金，最高额以
5000贯为限，凡违犯钱法的人，各种名目的处罚和贬斥，一律
依照元和十二年（公元817年）诏令办理。其有承办差使查获
的，也酌量给一半的赏金。"此事最终也无法实行。

　　这次敕令重申要继续执行元和十二年的敕令，即一户人家
的铜钱不得超过5000贯，超过部分勒令限期处置，违犯者痛杖
一顿处死。元和十二年的敕令中并无奖赏告发者的条文。这一
次敕书的规定具体详细，增设了对告发者奖赏的办法。但是不
知道为什么，这一敕令最终并没有被执行。

第八节　禁止百姓挟钱出境

　　铜钱短缺，朝廷力图开源节流，除了开放民间采矿冶铜，
朝廷增铸铜钱、禁止百姓毁钱蓄钱之外，最直接的减少流耗的
办法，就是禁止铜钱流出境外。唐德宗贞元初年（公元785
年），朝廷开始在骆谷、散关禁止过关者挟钱出境，挟带1枚铜
钱出境都是犯禁的行为。

　　贞元初，骆谷、散关禁行人以一钱出者。……然而民间钱益

375　《旧唐书》卷四八《食货上》，第2105～2106页。

少，缯帛价轻，州县禁钱不出境，商贾皆绝。浙西观察使李若初请通钱往来，而京师商贾齎钱四方贸易者，不可胜计。诏復禁之。二十年，命市井交易，以绫、罗、绢、布、杂货与钱兼用。[376]

唐德宗贞元初年（公元 785 年），通过骆谷、散关的行人，携带 1 枚铜钱出境都是违法的。……但是民间的钱还是越来越少，缯帛价格很低，各州县都禁止带钱出境，商人绝迹。浙西观察使李若初请求朝廷开放铜钱流通，于是京城商人带钱往各地做买卖的不计其数。唐德宗便又下诏禁止。贞元二十年（公元 804 年），唐德宗下令市场交易，绫、罗、绢、布、杂物和钱可以作为货币并行使用。

各项法令面面俱到，钱荒的问题仍然得不到解决。于是，唐德宗又出新政，强调布帛的法定流通货币地位。贞元二十年（公元 804 年），唐德宗诏令市场商品交换，支付货币时，要支付部分铜钱和部分布帛、杂货。元和六年（公元 811 年），唐宪宗诏令公私交易，10 贯以上者需兼用布帛。

六年二月，制："公私交易，十贯钱已上，即须兼用匹段。[377]

元和六年（公元 811 年）二月，唐宪宗命令说："公私交易，10 贯钱以上的，就要兼用布帛作为货币。

然而，钱荒日益严重，物价持续下降，严重地伤害了生产。谷贱伤农，帛贱伤工，朝廷还得继续想办法。唐宪宗元和八年（公元 813 年）、十二年（公元 817 年），朝廷两次出内库铜钱 50 万贯收买布帛，以遏制物价的下跌。

八年四月，敕："以钱重货轻，出内库钱五十万贯，令两市收市布帛，每匹估加十之一"。[378]

---

376 《新唐书》卷五四《食货四》，第 1388 页。
377 《旧唐书》卷四八《食货上》，第 2102 页。
378 《旧唐书》卷四八《食货上》，第 2103 页。

元和八年（公元813年）四月，唐宪宗诏令说："由于铜钱的价格贵重而商品的价格低贱，令内库拨出50万贯铜钱，命令东西两市收购布帛，每端匹加价十分之一。

十二年正月，敕："泉货之设，故有常规，将使重轻得宜，是资敛散有节，必通其变，以利于人。今缯帛转贱，公私俱弊。宜出见钱五十万贯，令京兆府拣择要便处开场，依市价交易，选清强官吏，切加勾当。[379]

元和十二年（公元817年）正月，唐宪宗又诏令说："货币的发行，自古以来就有一定的规律，要想使币值贵贱适当，这就得对回收和发行加以调节，还必须了解它的变化规律，才能对百姓有利。现在绢帛的价钱反而变贱，这对公私都有害。应当拨出现钱50万贯，令京兆尹选择要冲而又方便的地方开设市场、按市价交易，选派清正干练的官吏，切实加以管理。

唐宪宗元和十年（公元815）发兵讨伐淮西吴元济，元和十二年（公元817年）平定淮西。就在平定淮西战争的前后，朝廷两次用50万贯现钱收购布帛，抬高物价，应属战争中的亲民表示，目的在于收买人心。然而，用50万贯现钱来抬高物价，对于战争频繁、钱荒严重的大唐朝，实在是杯水车薪。

379　《旧唐书》卷四八《食货上》，第2103页。

第六章　宋代铜钱法律重点转向保护流通总量

　　两宋时期（公元 960 年至公元 1279 年）流通的铜钱是年号钱。然而，两宋时期流通的主要货币不仅有铜钱，而且还有铁钱和纸币，白银也出现了货币化的趋势。两宋时期的铜钱、铁钱和纸币都是法定流通货币。

　　宋代的商品经济空前繁盛，成为继东汉、中唐之后，中国古代商品经济发展的第三次高峰。宋代的货币流通量远远高于唐代，其商品生产也达到了更高的水平。因此，宋代存在着严重的商品过剩、物价低廉、货币流通总量不足的问题。于是，宋代的货币法制方向就发生了变化，从千年以来各王朝限制盗铸、抑制铜钱过多引发的通货膨胀，转向限制铜钱外流，抑制铜钱过少引发的经济萧条。宋代的货币立法，摒弃了过去延续千年的基本方向，开始走向反面。这一变化，标志着中国古代的社会经济，已经从初级的商品经济阶段步入前所未有的高级阶段。宋代货币立法的主要目标，即确定为保护货币流通总量。

　　保护货币流通总量，可以从两个方面入手：一是减少货币的损耗；二是增加货币的供给。因此，宋代保护货币流通总量的法律，主要有四项内容：（1）限制铜钱退出流通，禁止百姓挟钱出境或毁钱铸器；（2）增加铸造铜钱数量，直接扩大铜钱的供给；（3）朝廷垄断铜材产销，为增加铸造铜钱提供必要的条件；（4）推动货币多元化发展，铁钱、纸币与铜钱一样，都成为法定流通货币。白银作为财富储藏手段和财富转移手段，以及国际贸易支付手段，使用量急剧扩大。

宋代开创了年号钱制度。宋代以后，年号钱制度成为后世各王朝所沿用的钱币制度。在货币流通总量不足的情况下，宋代出现了货币的多元化发展：铁钱被大规模地铸造使用，但铁钱的流通经常被限定在特定的局部区域里；铸行虚币大钱已经成为经常的制度，铜钱或铁钱皆有折二、折三、折五、当十层等许多种类；纸币应运而生——交子、钱引、会子、关子等纸币流通金额巨大；白银也呈现出明显的货币化趋势。

第一节　限制铜钱退出流通

宋代限制铜钱退出流通相关法律的重点，在于禁止百姓挟钱出境和禁止百姓毁钱铸器两个方面。

1. 禁止百姓挟钱出境

禁止百姓挟钱出境，是宋代货币法规中最为重要的内容。宋代以前，关于禁止百姓挟钱出境的法律较少，唐代钱荒爆发之后才开始增设。宋代则对百姓挟钱出境制定了非常严格的处罚办法。

太祖建隆三年敕：如闻近日缘边州府，多从蕃部将钱出界，枉钱销熔。许人告捉，不以多少，并给与告人充赏。其经历地分应干系兵校，并当重断，十贯已上处死。[380]

建隆三年（公元962年），宋太祖敕令：据报告近日边境州府地区，有许多人携带铜钱从蕃部出境，将钱销熔。对此违法行为，允许百姓告发和协助捉捕。无论违法者携带铜钱多少，全部赏给告发人。其携带铜钱出境所经地区，沿路军人应该负责，严

380　（宋）章如愚：《群书考索》卷六〇《财用铜钱》，广陵书社，2008年版，第805页。

厉打击犯罪行为，携带多于 10 贯铜钱出境者，处以死刑。

挟钱 10 贯出境，罪至处死，此法可谓十分严厉。然而，不久之后，宋太祖开宝元年（公元 968 年），朝廷加大了对挟钱出境的打击力度，将挟钱 10 贯以上处死，改为挟钱 5 贯以上处死。

九月壬午，诏曰："旧禁铜钱无出化外，乃闻沿边纵驰，不复检察。自今五贯以下者，抵罪有差；五贯以上，其罪死。[381]
开宝元年（公元 968 年）九月壬午日，宋太祖诏令："过去法律禁止铜钱出境，近期据报告延边地区执法松弛，对行人不加检查。自今以后，携带少于 5 贯铜钱出境者，按其携带数量治罪，携带超过 5 贯铜钱出境者，处以死刑。

宋仁宗康定元年（公元 1040 年），宋夏战争爆发，宋军大败于三川口。第二年，宋朝再次修订对挟钱出境者的刑罚律条。

乙卯，诏："以铜钱出外界，一贯以上，为首者处死；其为从、若不及一贯，河东、河北、京西、陕西人决配广南远恶州军本城，广南、两浙、福建人配陕西。其居停资给者，与同罪。[382]
庆历元年（公元 1041 年），乙卯日，宋仁宗诏令："携带铜钱 1 贯以上出境，为首者处死；为从者或携带铜钱 1 贯以下出境者，河东、河北、京西、陕西人，发配到广南远恶州或军的本城；广南、两浙、福建人，发配到陕西。为这些人提供居住、停留、路费者，同罪处罚。

此次修订刑罚律条，将挟钱 5 贯出境者处死，改为挟钱 1 贯以上出境者处死，法令愈加严酷。南宋时期相关法律有所宽松，绍兴二十八年（公元 1158 年），南宋朝廷颁布《铜钱出界

381　《续资治通鉴长编》卷九《开宝元年》，第 207 页。

382　《续资治通鉴长编》卷一三二《庆历元年》，第 3122 页。

罪赏》：

诸以铜钱与蕃商博易者，徒二年，千里编营；二贯流二千里，二十贯配广南，出中国界者，递加一等，三千贯配远恶州，许人捕。[383]

凡以铜钱与蕃商交易者，处以徒刑两年，到千里之外服刑；交易金额达到两贯者，流放两千里；交易金额达到20贯，发配到广南。交易铜钱出中国境者，罪加一等，交易金额达到3000贯者，发配远恶州，允许百姓协助捕捉。

文中"三千贯配远恶州"应为"三十贯配远恶州"。与"一贯以上，为首者处死"的法条相比较，南宋法律对挟钱出境者的处罚，明显减轻，其中缘由是南宋时期的货币需求已经远不如北宋时期那样巨大和迫切了。

2. 禁止百姓毁钱铸器

宋代百姓销毁铜钱，主要是为了铸造铜器，因为铜器的价格远远高于铜钱。唐德宗时期爆发钱荒以后，唐王朝一直贯彻禁止百姓铸造铜器的法令。所以，直到宋代，民间铜器十分稀少，成为供不应求的奢侈品，每斤铜器的价格远高于每斤铜钱的价格。因此，百姓销毁铜钱铸造铜器，可以获得巨大利益。宋初期，百姓销毁铜钱的问题十分严重，宋王朝不得不采取非常严厉的措施。宋太宗淳化二年（公元991年），皇帝诏曰：

京城先是无赖辈相聚蒲博，开柜坊、屠牛马驴狗以食、私销铸铜钱为器用杂物，并令开封府严戒坊市捕之，犯者斩，隐匿而不以闻及居人邸舍偒与恶少为柜坊者，并同其罪。[384]

近期以来，京城里流氓无赖聚集赌博、开柜坊、杀牛马驴狗吃

---

[383]　（宋）李心传：《建炎以来系年要录》卷一八〇《绍兴二十八年》，中华书局，1956年版，第2984页。

[384]　《宋会要辑稿》卷一六五《刑法二》，第4段，中华书局，1957年版，第6497页。

肉、私自销毁铜钱铸造铜器杂物，现命令开封府严查市场搜捕，犯法者处以死刑，藏匿犯人不报，将房屋租给这些流氓无赖开办柜坊者，同罪处罚。

北宋初期太宗年间，皇帝诏令，对销毁铜钱铸造铜器者处以死刑，藏匿不报或提供房屋处所者，也处以死刑。《宋刑统》亦规定，对销毁铜钱铸造铜器者要"依格敕处断"。

将铜钱销铸，别造物色，捉获勘鞫不虚，并依格敕处断。[385]将铜钱销毁，铸造其他物器，捉获审查罪名核实之后，便依有关法律惩处。

由此可以看出，宋朝对销毁铜钱铸造铜器者的惩罚是相当严厉的。南宋时期对销毁铜钱者的惩罚增加了结保、连坐的规定。宋高宗绍兴五年（公元1135年）：

五月十九日，户部言："禁戢私铸铜器，已有见行条法罪赏，若私置炉烹炼、钚销磨错翦錾钱宝，铸造铜器，乞以五家结为一保，自行觉察。除犯人依条外，若邻保内不觉察，亦乞依私铸钱邻保知而不纠法。"诏依。[386]

绍兴五年（公元1135年）五月十九日，户部奏曰："禁止私铸铜器，法律已有现行赏罚条文。若有人私自置炉冶炼，或销磨剪凿铜钱，取铜屑铸造铜器，请令五家结保，互相监督。除了犯法者要按照法律处罚之外，若结保户未能察觉，请按照私铸钱邻保不告发的法律惩处保户。"皇帝诏令依此建议办理。

皇帝批准了户部的建议，百姓五家结为一保，互相监督毁钱铸钱行为，一家违法，邻保不告发也要被治罪。宋高宗绍兴六年（公元1136年）诏曰：

自今铸熔钱宝及私以鍮铜制造器物及买卖新贩之人，一两

385　《宋刑统》卷二六《私铸钱》，中华书局，1984年版，第408页。
386　《宋会要辑稿》卷一六五《刑法二》，第148段，第6569页。

以上并徒二年，本罪重者，自从重，偿钱三百千，许人告。邻保失察铸造者，偿钱二百千。[387]

从今以后，销毁铜钱、私自用鍮石制造铜器及买卖铜材铜器者，交易1两，徒刑2年。违犯两种罪行，按照重的种类处罚，罚钱30万文，允许百姓告发。邻居保户未能察觉也要处罚，罚钱20万文。

对销毁铜钱或用铜材铸造铜器，涉及铜材1两以上者，其处罚为徒刑2年，罚款30万枚铜钱。邻保的责任也很重，销毁铜钱或用铜材铸造铜器，涉及铜材1两以上，邻保没有觉察，没有告发，就要罚款20万枚铜钱，罚款金额比犯罪金额高达2万倍。宋宁宗庆元二年（公元1196年）法律规定，对于销毁铜钱铸造铜器者，终身流放。

禁销钱为铜器，买者科违制之罪，仍以匿隐论。其炉户决配海外，永不放回，仍许告捕。[388]

禁止销毁铜钱铸造铜器。买铜器者按照违制的条例治罪，并按照匿隐的量刑处罚。设置铸炉的人家要发配海外，永远不许放回。对此类犯罪行为，允许百姓告发并协助捕捉。

唐代曾严令禁止百姓蓄藏铜钱，但其效果不佳。宋代基本上没有实行禁止百姓蓄藏铜钱的法律。关于限制铜钱退出流通，保护货币流通总量的法令，宋代重点强调了禁止百姓挟钱出境和禁止百姓销毁铜钱铸造铜器。

第二节　增加铜钱铸造数量

唐末至五代，商品经济衰败，钱币流通萎缩。北宋初期，

387　（宋）李心传：《建炎以来系年要录》卷一〇一《绍兴六年》，第1663页。
388　（宋）李心传：《建炎以来朝野杂记》甲集卷一六《铸钱诸监》，中华书局，2000年版，第358页。

战争频繁，自然经济特征依然明显。宋真宗时期，经历了一段和平年代，商品经济逐步复苏，铜钱的铸造数量就出现了大幅度的增加，每年铸造数量保持在十几亿枚至几十亿枚的水平上。

表1　　　　　　　　北宋铜钱每年铸造数额表

年份	每年铸额	每人占额	所据
太宗太平兴国六年（公元981年）	50万贯		《宋史》
太宗至道中（公元996年）	80万贯	40文	《宋史》
真宗咸平三年（公元1000年）	125万贯		《宋会要辑稿》
真宗景德中（公元1006年）	183万贯	90文	《宋史》
真宗大中祥符九年（公元1016年）	125万贯	58文	《玉海》
真宗天禧末（公元1021年）	105万贯	53文	《宋史》
仁宗天圣间（公元1030年）	100余万贯		《群书考索》
仁宗庆历间（公元1045年）	300万贯	131文	《梦溪笔谈》
仁宗皇祐年间（公元1050年）	146万贯		《玉海》
英宗治平年间（公元1066年）	170万贯	58文	《宋史》
神宗熙宁末年（公元1077年）	373万贯	121文	《宋会要辑稿》
神宗元丰间（公元1080年）	506万贯	203文	《文献通考》
徽宗崇宁五年（公元1106年）	289万4千贯		《玉海》
徽宗大观（公元1107年至公元1111年）	290万贯	66文	《宋史》
宣和二年（公元1120年）	约300万贯		《宋史》

注：古人讨论铜钱流通总量时，经常采用万贯为单位。万贯即千万枚铜钱，或0.1亿枚铜钱。

资料来源：彭信威：《中国货币史》，上海人民出版社，2007年版，第329页。

宋代铸造铜钱的数量远高于唐代。唐代商品经济发展的顶峰是唐玄宗天宝年间（公元742年至公元756年），而天宝年间每年铸钱只有3.27亿枚铜钱，"天下岁铸三十二万七千缗"，[389]

389　《新唐书》卷五四《食货四》，第1386页。

尚不及北宋初年最差时期的水平。北宋时期每年铸造铜钱数量大体上呈现递增的态势。宋仁宗庆历年间（公元1041年至公元1048年），每年铜钱铸造数量出现了激增，其原因是宋夏战争消耗了大量的铜钱。宋神宗时期（公元1068年至公元1085年），每年铸造铜钱数量达到宋代的最高峰，其原因是王安石实行了免役法，以钱代役，从民间收敛了许多铜钱，造成铜钱需求量大幅度上升。

唐代实行两税法之后，唐文宗大和年间（公元827年至公元835年），全国铜矿只有50处，年产铜量只有26.6万斤，"天下铜坑五十，岁采铜二十六万六千斤。"[390] 全部用来铸造铜钱，也只能铸造0.4256亿枚。唐代当时岁铸造铜钱数量，尚不及宋朝元丰年间（公元1078年至公元1085年）岁铸钱量的百分之一。

彭信威先生经过考证，提出了一个问题："北宋铸钱的数量，既然二十倍于唐，而丰稔的频数和程度，也不见得超过盛唐。至于垦田的面积，在仁宗时还远不如盛唐。唐开元时全国户数为八百多万，垦田一千四百三十多万顷。宋仁宗时全国户数为七百三十多万，垦田只有二百十五万顷。虽然在熙丰年间，垦田数大有增加，但无法证明总面积超过盛唐。那么为什么熙丰年间的物价，并不比盛唐的物价高几十倍呢？"[391]

根据黄冕堂先生的考证，唐代"粟米石价经常在400至800文之间"，[392] 而"整个两宋时期的粮价石米仅在500～1000文之间"，[393] 宋代的量器比唐代的量器大17%。考虑到量器的差距，

390　《新唐书》卷五四《食货四》，第1390页。

391　彭信威：《中国货币史》，第332页。

392　黄冕堂：《中国历代物价问题考述》，齐鲁书社，2008年版，中华书局，1985年版，第40页。

393　黄冕堂：《中国历代物价问题考述》，第46页。

宋代的粮食价格与唐代的粮食价格十分接近。手里的钱比唐代人多了 20 倍，粮食价格却并不比唐代高，宋朝人吃饱了饭，开始怀念大唐盛世的光荣与伟大，埋怨当朝国弱民穷，咒骂当朝君臣昏庸腐败。为什么会这样？宋朝不尚杀戮，又特别尊重读书人，由着读书人的性子信口胡说，就形成了宋朝国家积贫积弱的形象。

南宋铸钱数量比北宋大幅度减少。绍兴初年，岁铸钱 0.8 亿枚，铸造 1000 钱，成本 2400 钱。绍兴六年（公元 1136 年），朝廷收敛民间铜器，铸造 4 亿枚铜钱。由于铜产量减少，南宋时期每年铸造铜钱一般不过 1 亿至 2 亿枚。

第三节　朝廷垄断铜材产销

朝廷垄断铜材产销，法令强调四点：（1）禁止百姓采矿冶铜；（2）禁止百姓占有铜材；（3）禁止百姓铸造铜器；（4）禁止百姓挟铜器、铜材出境。

1. 禁止百姓采矿冶铜

开宝九年（公元 976 年），赵匡胤去世，他的弟弟赵光义即位，是为宋太宗。此时，北方还有北汉的政权，东方还有吴越的政权，国家还没有完全统一，兼并各地军事割据政权的战争还在继续。赵光义即位之后，很快就下达了禁止百姓采矿冶铜的诏令。

平广南、江南，亦听权用旧钱，如川蜀法。初，南唐李氏铸钱。一工为钱千五百，得三十万贯。太宗即位，诏昇州置监铸钱，令转运使按行所部，凡山川之出铜者悉禁民采，并以给官铸焉。[394]

394　《宋史》卷一八〇《食货志下二·钱币》，中华书局，1985 年版，第 4376～4377 页。

平定广南、江南以后,像川蜀地区的做法一样,也暂准使用旧钱。当初,南唐李氏铸钱,一个人工可以造钱 1500 枚,当时共铸钱 3 亿枚。宋太宗即位后,诏令升州设监铸钱,命令转运使巡行所辖地区,凡是山川出铜的地方一概禁止百姓采掘,并用所出铜料供官府铸钱。

在关于北宋时期历史的文献中,我们没有见到更多关于禁止百姓采矿冶铜的诏令。然而,从各方面的记载来看,禁止百姓采矿冶铜的法律,直至南宋末期都没有放松。南宋庆元年间(公元 1195 年至公元 1200 年),朝廷颁行《庆元条法事类》,继续强调禁止百姓采矿冶铜:

> 诸出产铜、铅、锡界内者耆长失觉察,私置炉烹炼而为他人告、捕获,并同保父保正长知而不纠者,并依界内停藏、货易、透漏榷货法。[395]

各出产铜、铅、锡的地方,若当地耆长未能察觉,有人私自设炉冶炼并被他人告发而被捕获,连同当地保父、保正长知情不举报者,都要按照界内停藏法、贸易法、透露榷货法治罪。

2. 禁止百姓占有铜材

宋朝法律禁止百姓采矿冶铜,同时又禁止百姓占有铜材或铜矿石。北宋徽宗大观四年(公元 1110 年):

> 七月七日诏"勘会私有铜、鍮石等,在法自许人告。如系贩卖,即许人捕。若私铸造,亦有邻保不觉察断罪之法。况私有铜、鍮石昨虽曾降指挥立限首纳,而无知之人玩法无所畏惮。今已增立罪赏,尚虑民间将同常事,以不应存置之物依旧隐藏,不行首纳。可限今来指挥到日,于州县镇寨散出晓示,仍限一月内许人经所在官司首纳,依实直支还偿钱,过月不纳或收藏

---

395 《唐明律合编·庆元条法事类·宋刑统》事类二十八《铜鍮石铅锡铜矿》,中华书局,1990 年版,第 215 页。

隐匿，听邻保诸色人纠告，勾收入官，知而不告，事发同罪。兼虑官司不切奉行，诸州仍委通判、县委知令，专切警察督责施行，无致灭裂弛慢。候限满，令本路转运司具诸州县首纳到名数申尚书省。"[396]

大观四年（公元1110年）七月七日，宋徽宗诏令："审查私自占有铜材、鍮石者，法律允许百姓告发。若有人贩卖铜材、鍮石等，可以捉捕。若有人私自铸造铜器，以及邻居联保人未能察觉，目前已有相关的惩罚条例。此前，朝廷曾经降旨派任指挥宣告百姓，违法者限期自首缴纳其私自占有的铜材、鍮石等。但是，有些无知的人玩忽法令，无所畏惧。现在，我们增设相关的罪赏法条。考虑到许多人认为占有铜材、鍮石是普通平常的事情，所以将不该存放的铜材、鍮石等依旧隐藏，不来自首缴纳，现确定于指挥到达之日，在州县镇集等地发出告示，限期1月之内，允许违法者在所在地官府自首。对于其缴纳的铜材、鍮石等，官府按照其价值对自首者偿付款项。如果过了1个月的限期，违法者仍不缴纳或继续收藏隐匿，邻居联保人可以告发，将其捕入官府。邻居联保人知情不告，事发时则与违法者同罪。此外，考虑到官府若不切实奉行上述旨令，各州要委派通判、各县要委派知令，专职督办此事，以避免执行失败。待到期限满时，命令本路转运司将各州县收缴到的铜材、鍮石等有关数据，报送尚书省。

禁止百姓占有铜和鍮石，其中铜指的是已经冶炼成材的原铜，鍮石指的是未经冶炼的天然铜矿石或黄铜矿石。鍮由"金"和"俞"二字组成，"俞"含有"直接"的意思。所以，鍮应该是指天然金属矿石。在现代字典中，鍮是黄铜。黄铜是铜和锌的合金，明朝开始被人们广泛使用，北宋时期黄铜尚未被广

---

396 《宋会要辑稿》一六五册《刑法二》，第52段，第6521～6522页。

泛使用。但是，唐宋时期，已经出现了从西域贩运来的鍮石。这些贩运来的鍮石是某种铜锌合金，制作铜器比铜铅锡合金更为美观，是当时的奢侈品。中原百姓可能也已经知道使用炉甘石与铜合炼，可以产生更为美观的黄色铜金属。但是，北宋法律中讲到的"鍮石"，应该是指未经冶炼的、成色较高的天然铜矿石。南宋时期，也有禁止百姓占有铜材或铜矿石的法律，《庆元条法事类》载：

诸私有铜及鍮石者（原注：铜矿及夹杂铜并烹炼净铜计数其盗，人许存留之物者免，烹炼每两除豁三钱），一两杖八十，一斤加一等，十五斤不刺面配邻州本城。为人造作器物者，与物主同罪，配亦如之，作具没官。[397]

凡私自占有铜材及鍮石者（原注：铜矿石及夹带杂铜，并冶炼铜汁，根据其所涉数量，按照盗窃的罪名处治。法律允许存留的数量不在处罚之列。冶炼 1 两可免除 3 钱），占有 1 两杖刑 80，1 斤罪加一等，15 斤不刺面发配邻州本城。为他人造作铜器者，与物主同罪，处治量刑一样，铸造工具没收入官。

法律对于百姓占有铜材或铜矿石的打击力度是很大的，占有 1 两铜材便要打 80 杖，实在很恐怖。并且，协助造作器物者，与物主同罪。主从不分，同等治罪，充分体现了相关法律的严厉。

3. 禁止百姓铸造铜器

人们采矿冶铜、占有铜材，目的是为了铸造铜器。铜器是具有直接使用价值的物品，可以作为商品出售，从而实现这一系列劳动所创造的价值。因此，朝廷要实现对铜材的有效控制，就必须禁止百姓铸造铜器。北宋太宗至道二年（公元 996 年），

397　《唐明律合编・庆元条法事类・宋刑统》事类二十八《铜鍮石铅锡铜矿》，第 214 页。

皇帝诏曰：

私铸铜器、蠹坏钱货，建康府、台、明、湖州犹甚，可专委守臣严切禁止，除钟、锣、磬、铙、钹、铃、杵、镜、钁并依已降指挥，内钟、磬、铃、杵，许投税获凿出卖。[398]

私自铸造铜器、毁坏铜钱，建康府、台州、明州、湖州问题最为严重，可以委派专员严加禁止。除了钟、锣、磬、铙、钹、铃、杵、镜、钁等器物已经降旨给指挥搜查，内钟、磬、铃、杵等铜器，允许凿毁缴税出卖。

南宋时期，宋孝宗在淳熙十年（公元1183年）就控制铜材事宜下达了更为详细具体的命令：

淳熙十年臣寮札子："勘会昨降指挥，拘毁官司铜器，禁销钱宝，前后措置断罢条法指挥非不严备，然其间有许置造行用之物别无关防，置民间藉以为奸。"十一月十九日，奉圣旨将钟、磬、铙、钹、锤、许、官司铜锣并照子、棱作、钉铰、钁等今后亦不许铸造。仍委守令尽数根括铸铜器之家，拘收作具动使入官与免罢责，令改业藉，定姓名。应民户每五家为一保，如有违犯，保内不陈首，并减正犯人一等科罪。余依前后禁约罪赏条法指挥施行。其僧道及士庶之家现有铜器许赍赴所在州县当官镌凿题记，仍给凭由照验。[399]

淳熙十年（公元1183年）朝臣奏上札子："审查原来降旨指挥的事项，收缴销毁官府铜器，禁止毁坏铜钱，前后实施有关法条不但不严格，而且其间出现了许多问题，没有批文就制造了某些器物，与百姓勾结违背法条。"当年十二月十九日，奉皇帝圣旨，钟、磬、铙、钹、锤、许、官司铜锣并照子、棱作、钉铰、钁等皆不可铸造。委派各地方守令，对当地所有铸造铜器

398　《宋会要辑稿》一三八册《食货三四》，第31段，第5404页。

399　（宋）章如愚：《群书考索》后集卷六〇《财用·铜钱》，第806页。

人家进行清缴，没收其所有铸造工具入官，免其罪责，令其改变从业户籍，填写姓名。当地民户5户联保，如有违犯，联保户不告发，与违犯者同罪。其余各项，皆按照前后禁令罪赏法条派员执行。无论庙宇道观还是平常百姓人家，凡有铜器允许携带到所在官府镌凿标记，发给合法拥有凭证。

4. 禁止百姓挟铜器、铜材出境

北宋真宗时期，宋王朝禁止内地百姓将铜鼓卖到少数民族地区。天禧三年（公元1019年）：

> 十月四日，诏："益、梓州、夔州路沿边夷人有铜鼓铜器许于夷界用之，州县勿责其违禁。其内地百姓齎入夷界卖鬻者即依诏敕论罪。"先是，富顺监言，始姑镇夷人家有铜鼓，于孙秘之，号为古族，而朝法所禁。因有是诏。[400]

天禧三年（公元1019年）十月四日，皇帝诏令："益州、梓州、夔州各路沿边夷族百姓若有铜鼓，允许其在夷人地界使用，州县官府不必责备其违法禁令。这些地方的内地百姓跑到夷人地界贩卖铜鼓，应依照敕令论罪。"此前，富顺监说，始姑镇夷人家有铜鼓，他们的子孙藏匿铜鼓，自称是古族相传而来。拥有铜鼓是违禁的，所以皇帝下此诏书，解决这个问题。

诏书的主要目的，是允许少数民族占有铜鼓，同时也规定内地百姓不得将铜鼓带到少数民族地区出售。

南宋宁宗庆元（公元1195年至公元1200年）时期，朝廷颁布了《庆元条法事类》，其中载有巡捕官等透露铜材出界的惩罚办法。如果官员失察，造成铜金属流出境外，就要受到处分。

> 诸巡捕官任内透漏铜出界及失觉察私置炉烹炼或卖买不入官以捕得斤数折除外，五十斤展磨勘半年。县尉殿三月参选，

---

400 《宋会要辑稿》卷一六五册《刑法二》，第14段，第6502页。

百斤展一年，县尉殿半年，二百斤展二年，县尉殿一年。[401]

凡巡捕官任内放漏铜材出境，或未能察觉有人私自设炉冶炼铜金属或买卖铜金属不交给官府者，以捕获铜材斤数处治，捕获50斤巡捕官考核升迁延期半年，县尉参选推迟3月。捕获100斤巡捕官考核升迁延期1年，县尉参选推迟半年。捕获200斤巡捕官考核升迁延期2年，县尉参选推迟1年。

对于境外铜金属流入境内，宋朝的法律并无限制。但是，对于境外鍮石流入境内，宋朝采用了官方收购的办法。

第四节　推动货币多元化发展

严刑峻法禁止百姓挟钱出境及毁钱铸器，大幅度增加铸造铜钱的数量，铜钱还是不够用。所以，宋朝开始推动货币的多元化发展。

宋代货币种类的创新，多出自四川。乾德三年（公元965年），宋军攻入四川，后蜀帝孟昶上表投降，后蜀地区纳入宋王朝版图。蜀地原已流通铁钱，宋灭后蜀之后，由于铜材及铜钱都很缺乏，就允许蜀地继续使用铁钱，并下令在雅州百丈县置监铸造铁钱。开宝七年（公元974年），宋军攻克江宁，消灭了南唐政权，宋王朝下令允许南唐地区比照后蜀的办法使用铁钱。此后，铁钱流通时盛时衰，流通区域亦常有变化。铁钱与铜钱同时流通，便成为宋代货币流通中的一个特色。

宋代的纸币流通，也兴起于四川，其早期的形式是交子。交子是中国古代官方最早发行的纸币。西汉的白鹿皮币，是贵族使用的礼品。唐代的飞钱，是民间使用的商业汇票。只有交

401　《唐明律合编·庆元条法事类·宋刑统》事类二十八《铜鍮石铅锡铜矿》，第215页。

子系由官方发行，可以多次流转使用，是真正意义上的官方发行纸币。

　　北宋时期，商品经济空前繁盛，成为继东汉、中唐之后，中国古代商品经济发展的又一次高峰。在中国古代历史上，北宋是铸造铜钱最多的朝代，但相对于高速增长的商品经济而言，货币总量仍然严重不足。因此，北宋的货币立法，摒弃了过去延续千年的基本方向，开始走向反面，即从千年以来各王朝限制百姓盗铸铜钱，抑制铜钱过多引发的通货膨胀，转向限制百姓毁钱铸器、限制铜钱流出境外，抑制铜钱过少引发的经济萧条。这一变化，标志着中国古代的商品经济，已经从初级阶段步入前所未有的高级阶段。货币总量严重不足的另一个后果是出现了纸币的流通。北宋初期，四川民间出现了纸币——交子，用来代表铁钱流通。

　　早在五代十国时期，四川为孟昶统治，是当时十国军事割据政权之一，史称后蜀，盛行铁钱。宋太祖乾德三年（公元965年），宋军攻入四川，孟昶投降，宋王朝允许四川继续流通铁钱。铁钱沉重，不便携带，所以在北宋初期，四川百姓便创造了纸币交子，代替铁钱流通。四川的交子，经过益州知州张咏的整顿，官方指定由16户富民联合办理发行及兑付，逐步形成气候。后来，富民们产业渐败，无力偿付债务，出现了诉讼。宋真宗大中祥符末年（公元1016年），益州转运使薛田奏请设置交子务，将交子收归官营，但是未能获得朝廷的批准。朝廷论证许久，直到宋仁宗天圣元年（公元1023年），朝廷才正式设置了益州交子务，统一经营和管理交子的发行和兑换。

　　自发行交子初始，北宋朝廷便设置了类似于现代纸币管理的基本规则，规定发行界兑制度、发行限额制度、发行准备制度和流通区域限定制度。交子的发行，每两年发行一界。每界交子流通使用满两年时，持币人可以用旧币换取下一界新币。

界满的交子，有一年的兑换期，即自第二年界满后一年之内，可以兑换新币，满三年方才作废。交子每界发行限额 125.634 万缗，每缗 1000 文钱，一界总额 12.5634 亿文钱。应对该发行金额，官方设置发行准备 36 万缗，即 3.6 亿文铜钱，用于备付交子的兑现，发行准备率约为 28.65%。当时的制度规定，各界发行交子数额不变，发行准备也保持不变。这种制度维持了八十多年，对北宋时期商品经济的发展，特别是四川地区商品经济的发展起到了积极的支持作用。初期，交子的流通区域被限制在四川，后来多次扩展到陕西，又多次被收缩回四川。宋徽宗时，交子的流通区域从四川扩展到陕西、京西北、淮南等路。

宋徽宗即位后，用兵西夏，军费开支庞大，交子发生了严重的通货膨胀。为了提高交子的信用，宋徽宗下令将交子改为钱引。此后，钱引在四川流通直至南宋灭亡。南宋初期，东南地区民间兴起纸币会子。宋高宗绍兴三十年（公元 1160 年），朝廷将会子收归官营。最初，会子由临安府印造发行，后来由户部印造发行，从此形成了南宋纸币会子法定流通的局面。

与此同时，白银也出现了明显的货币化趋势。朝廷征收税赋大量折输白银，使朝廷收支白银数量渐增，国际贸易中白银的使用也大幅度上升。白银日多，百姓便将白银作为财富储藏手段和大额支付手段，用来宝藏或购买田宅或贸易支付。宋代纸币制度中，代表白银流通的银会子也是纸币的一种，并长期在西北地区流通。

第五节　宋代年号钱制度的建立

宋代的钱币制度是中国古代最复杂的钱币制度。第一，宋代实行年号钱制度，每个皇帝都有几个年号，每次改元都要铸行新年号的钱币，所以钱币种类十分繁杂。第二，年号钱流通时期，朝廷有时也铸行非年号钱。第三，铁钱成为法定流通货币，铁钱的流通具有一定的区域性。铁钱流通的法定区域，有时也有变化。第四，虚币大钱的流通被制度化，除了平钱之外，宋朝经常铸行折二、折三、折五、当十钱，多种虚币大钱依靠法律制度长期流通。

宋代铸行钱币的特点是年号钱，即铭文朝廷年号，并加以通宝或元宝或重宝等字样的钱币。宋代以后，年号钱制度成为后世各王朝所沿用的钱币制度。

后周显德七年（公元960年），赵匡胤陈桥兵变，夺取了后周恭帝柴宗训的帝位，建立了宋王朝。就在这一年，宋王朝铸行了"宋元通宝"钱。"宋元通宝"沿用唐朝"通宝"钱制，取名"宋元"，表示宋王朝的创始。"宋元通宝"不是年号钱，铸行时的年号是"建隆"。

此时，宋王朝占据着中原地区，北方有北汉和辽国，南方有南唐、后蜀、吴越、南汉、南平等政权。乾德元年（公元963年），赵匡胤派慕容廷钊率宋军攻占南平，消灭了南平政权。南平地域虽小，但是产粮丰富。攻占南平的意义重大，宋军不仅获得了米粮地区，而且割断了后蜀、南唐、南汉之间的联系，使它们无法联合起来。乾德三年（公元965年），宋军王全斌部攻入四川，后蜀帝孟昶上表投降。开宝四年（公元971年），宋军潘美部攻克广州，俘获南汉帝刘鋹，消灭了南汉政权。开宝七年（公元974年），宋军曹彬部攻克江宁，消灭了南唐政权。开宝九年（公元976年），赵匡胤去世，他的弟弟赵光义即位，是为宋太宗。此时，北方还有北汉的政权，东方还有吴越的政权，国家仍然没有统一。赵光义即位之后，便铸行"太平通宝"钱，从此开启了年号钱制度。

宋太宗赵光义在太平兴国（公元976年至公元984年）年间铸行"太平通宝"钱。此后，公元984年改元雍熙，公元988

年改元端拱，宋太宗没有改变钱币的铭文，继续铸行"太平通宝"钱。公元 990 年，宋太宗改元淳化，铸行"淳化通宝"钱。公元 995 年，宋太宗改元至道，铸行"至道通宝"钱。自此以后，宋王朝每次改元，基本上都要铸行新的年号钱，这种方式就成为长期沿用的制度。

北宋年号钱多为铜制小平钱，除此以外还有铁钱、折二钱、折三钱、折五钱、当十钱等种类。

北宋共计 35 个年号，铸行了 27 种年号钱，交叉使用通宝、元宝、重宝等铭文。此外，8 个年号没有铸行年号钱，其中 5 个年号在年号钱制度形成之前，3 个年号在年号钱制度形成之后。后 3 个年号是宋真宗乾兴、宋仁宗宝元和皇祐。宋真宗死于乾兴元年二月，所以未及铸行乾兴钱。宋仁宗宝元二年至皇祐末年（公元 1039 年至公元 1054 年），宋朝铸行"皇宋通宝"钱，也不是年号钱。此时正值北宋与西夏开战时期，宋朝铸行皇宋通宝钱，是为了战争的需要。但是，皇宋通宝钱数量甚少，种类也只有小平钱和折二钱，与北宋期间其他各种钱币比较，并未大规模用来敛财。此外，北宋年间还铸行过两种非年号钱。北宋建隆元年（公元 960 年），宋太祖赵匡胤铸行"宋元通宝"钱，不是年号钱。建中靖国元年（公元 1101 年），宋徽宗铸行"圣宋通宝"钱和"圣宋元宝"钱，也不是年号钱。

南宋年号钱与北宋年号钱一脉相承，各个年号基本上都铸行了年号钱，只是铸造的规模数量不及北宋。在南宋的 22 个年号中，有 4 个年号没有铸行年号钱。这 4 个年号分别是宝祐、德祐、景炎、祥兴。宋理宗宝祐元年（公元 1253 年），铸行"皇宋元宝"钱，不是年号钱。此时，宋蒙战争已经持续近 20 年。"皇宋元宝"只有小平钱和折二钱，与南宋期间其他各种钱币比较，也没有突出大规模敛财的性质。德祐、景炎、祥兴时属南宋晚期，临安陷落敌手，朝廷南迁，且被蒙古军队一路追赶，所以无暇铸行钱币。此外，南宋期间还铸行过 3 种非年号钱。南宋孝宗乾道九年（公元 1173 年），宋孝宗为下一年改元纯熙，开铸"纯熙元宝"，6 天后改为淳熙。因此，"纯熙元宝"钱不是年号钱，但也被流传后世。南宋宁宗嘉定元年（公元 1208 年），宋宁宗铸行"圣宋重宝"钱，不是年号钱，现只见有铁钱。南宋理宗宝庆元年（公元 1225 年），宋理宗铸行"大宋通宝"和"大宋元宝"，均不是年号钱。但是，总的来说，这些非年号钱只是例外，两宋时期的钱币绝大多数是年号钱。

第六节　局部地区流通的铁钱

宋代的商品经济空前发达，钱币流通自然十分繁盛。但是，钱币总量的增长，远不能达到众多种类商品共同增长对货币总量的需求。因此，宋代经常出现铜钱不足以及铜材不足的问题，并且由此促成了铁钱与铜钱同时流通的局面。铁钱与铜钱同时流通，是宋代钱币流通的一个特色。所以，《宋史·食货下二》开篇即说，钱币有铜钱和铁钱两种，"钱有铜、铁二等。"[402]

根据现有文献记载，中国古代第一次将铁钱作为官方铸行的货币投入流通领域的事情，发生在东汉光武帝刘秀建武六年（公元 30 年）。王莽天凤年间（公元 14 年至公元 19 年），公孙述起兵据益州，自立为蜀王。建武元年（公元 25 年），公孙述称帝，改元龙兴。建武六年（公元 30 年），公孙述政权铸行了铁钱。公孙述铸行铁钱的规模不大，中国古代第一次大规模铸行铁钱，发生在南北朝时期的南朝梁武帝普通四年（公元 523 年）。由于当时铁贱易得，铸造有利可图，梁武帝铸行铁钱引发了大规模的民间盗铸，结果是铁钱流通总量过多，物价腾贵。

402　《宋史》卷一八〇《食货下二》，第 4375 页。

梁武帝崇信佛教，不忍杀戮，刑法宽仁，难以齐众，于是钱法大乱，当时的铁钱流通也就未能持久。隋、唐王朝禁止铁钱的流通。到了五代时期，五代各王朝均禁止铁钱流通，但是同时存在的十国军事割据政权中却有些地区出现了铁钱的流通。北宋王朝建立之后，继承五代王朝的法令，初期亦禁止铁钱在中原地区的流通。

> 凡诸州轻小恶钱及铁镴钱悉禁之，诏到限一月送官，限满不送官者罪有差，其私铸者皆弃世。[403]

所有各州一律禁止使用分量轻、钱体小、掺假的各种钱币，限在诏书到后一月内将假钱送交官府，期满不送官的，按情节不同定罪，私铸钱币的处斩。

此后，随着宋军攻城略地、平定全国的步伐，如何解决新占领地区的铁钱流通问题就摆到宋王朝的案前。北宋王朝平定全国的战争还没有结束，没有足够的铜材去改变新占领地区铁钱流通的状况，只得允许这些地区继续沿用铁钱。因此，北宋初期出现了四川、江南、福建等几个铁钱流通区。

乾德三年（公元965年），宋军攻入四川，后蜀帝孟昶上表投降，后蜀地区纳入宋王朝版图。蜀地原已流通铁钱，宋灭后蜀之后，由于铜材及铜钱都很缺乏，就允许蜀地继续使用铁钱。开宝三年（公元970年），宋太祖命令在雅州百丈县设监铸造铁钱，禁止铜钱进入两川。

> 始令雅州百丈县置监，铸铁钱，禁铜钱入川。从唐州刺史曹光实请也。[404]

从此，命令雅州设置钱监，铸造铁钱，禁止铜钱进入四川。这是朝廷批准了唐州刺史曹光实的建议所作的决定。

403　《宋史》卷一八〇《食货下二》，第4375页。
404　《续资治通鉴长编》卷一一《太祖·开宝三年》，第255页。

此后，中原与蜀地经济交往逐步放开，但蜀地铁钱仍被禁止运出。蜀地流通铁钱，这种情况一直延续到南宋灭亡，也没有发生改变。

除了蜀地，南唐统治地区也流通铁钱。南唐始铸铁钱的时间，是在南唐元宗显德元年（公元 958 年）：

> 璟困于用兵，钟谟请铸大钱以一当十，文曰"永通泉货"。谟尝得罪，而大钱废。韩熙载又铸铁钱，以一当二。[405]

南唐国主李璟因用兵打仗而财物匮乏，钟谟请求铸造大钱以一当十，刻上"永通泉宝"四个字。钟谟后来获罪，废除了大钱。韩熙载又铸造铁钱，以一当二。

在此之前，南唐吞并了闽国和楚国两个国家，闽国和楚国都有铁钱流通。闽国位于福建地区，铸行有"开元通宝"、"永隆通宝"、"天德通宝"等铁钱。后晋开运二年（公元 945 年），南唐灭了闽国，闽国的铁钱流通纳入南唐版图。楚国处于湖南一带，铸行有"乾封泉宝"铁钱。后周广顺元年（公元 951 年），南唐灭了楚国，楚国的铁钱流通便纳入南唐版图。南唐政权大规模铸行铁钱的时间晚于闽国和楚国。北宋王朝的军队攻占江南地区之后，江南地区原有的铁钱延续流通了一段时间，不久，由于官府收集铁钱更铸农具，铁钱逐步被销毁殆尽，江南便成为铜钱流通地区：

> 太平兴国二年二月，诏官收民间铁钱为农器，以给江北流民归附者，于是江南铁钱尽矣。然川蜀、陕西用之如故。[406]

宋太宗太平兴国二年（公元 977 年）二月，皇帝诏令收购民间铁钱销毁铸造农具，以供给归附朝廷的江北流民，于是江南铁钱被销毁尽绝。但是，四川、陕西仍然流通铁钱。

然而，尽管北宋王朝对江南地区采用了铸行铜钱、减少铁

405　《新五代史》卷六二《南唐世家第二·李昇》，中华书局，1974 年版，第777 页。

406　王栐：《燕翼诒谋录》卷三，中华书局，1981 年版，第 24 页。

钱使用的政策，而对南唐过去曾经占领的闽地——福建地区，却采取了铸行铁钱的政策。太平兴国八年三月甲申：

> 又以民乏铜钱，令于建州铸大铁钱，与铜钱并行，寻罢之。[407]

又因为百姓缺乏铜钱，于是命令在建州铸造大铁钱，与铜钱并行流通。不久，又停止铸造大铁钱。

> 是时，以福建铜钱数少，令建州铸大铁钱并行，寻罢铸，而官私所有铁钱十万贯，不出州境，每千钱与铜钱七百七十等，外邑临两浙者亦不用。[408]

当时，因为福建铜钱数量少，诏令建州铸大铁钱，与铜钱并行流通。不久，停铸大铁钱，而官府、百姓所有的 10 万贯铁钱，不允许出州境。每 1000 贯铁钱等于铜钱 770 枚。建州与两浙相邻的市镇也不使用铁钱。

　　江南成为铜钱流通区以后，北宋王朝统治下的铁钱流通区域就只有四川、福建和陕西。陕西在北宋建立初期就有铁钱流通，但其流通规模的扩大，在宋仁宗庆历元年（公元 1041 年）宋夏战争时期。宝元二年（公元 1039 年），党项首领李元昊建立西夏王朝，派官员出使宋朝，通告西夏王朝的建立。党项人自立王朝，与大宋分庭抗礼，自然为大宋王朝所不容。康定元年（公元 1040 年），宋朝出兵问罪，与西夏军队战于三川口（今陕西省安塞县东），宋军大败。陕西军备供应不足，于是陕西及河东铸行铁钱，以助军用。江南地区也铸造小铁钱，都运送到陕西使用。此后，北宋铁钱流通区域多有变化，有些地区的铁钱时铸时停。宋神宗时期，铁钱流通区域又发生了较大的变化。成都府、梓州、利州成为专行铁钱区；陕西、河东为铜钱、铁钱并行区；福建成为专行铜钱区。宋哲宗时期及宋徽宗

407　《续资治通鉴长编》卷二四《太平兴国八年》，第 541 页。
408　《宋史》卷一八〇《食货下二》，第 4377 页。

初期，铁钱流通区域再次扩大，几乎遍及全国。宋徽宗晚期，朝廷整顿币制，铁钱流通区域大幅度减少。宋钦宗靖康元年（公元 1126 年），专行铁钱的地区只剩下四川，兼行铜钱、铁钱的地区只剩下陕西，其他地区皆为铜钱流通区。

　　南宋时期，中原地区沦陷敌手，南宋统治下的铁钱流通地区，集中在长江以北。宋孝宗乾道初年（公元 1165 年），宋金贸易中铜钱大量北流，诏：

淮南旧铸铜钱，乾道初，诏两淮、京西悉用铁钱，荆门隶湖北、以地接襄、岘，亦用铁钱。[409]

淮南过去铸铜钱，乾道初年（公元 1165 年），诏令两淮、京西全用铁钱，荆门隶属湖北，因地接襄阳、岘山，也用铁钱。

　　此后，铁钱流通区域逐步向江南扩展。宋光宗绍熙二年（公元 1191 年），南宋王朝成立了提点铁冶司，管理冶铁铸钱事务，铁钱只允许在四川、京西、两淮等江北地区流通，从而形成了以长江为界的铁钱、铜钱相对峙的两大金属货币流通割据的格局。

　　宋代铁钱与铜钱同时流通的根本原因，是商品经济的快速发展造成的铜钱不足和铜材不足。它不仅促成了铁钱的大规模流通，而且也促成了宋代"交子"、"钱引"、"会子"、"关子"等纸币的流通。可以说，铜钱不足以及铜材不足，是导致宋代出现铁钱与铜钱同时流通的内因；而继承五代时期南方诸国铁钱流通制度，则是宋代出现铁钱与铜钱同时流通局面的外因。铁钱流通区域变化频繁，多是为了保障钱币流通的稳定，宋王朝采取的权宜之计。

第七节　随时立制的虚币大钱

　　《宋史·食货下二》开篇即说：

　　409　《宋史》卷一八〇《食货下二》，第 4397 页。

"钱有铜、铁二等，而折二、折三、当五、折十，则随时立制。行之久者，唯小平钱。"[410]

钱有铜钱和铁钱两种，而把钱币铸成折二钱、折三钱、当五钱、折十钱等钱币，那是随时根据情况而制定的办法。通行较久的钱币，只有小平钱。

铜钱总量不足，铸铁钱以补充；平钱总量不足，铸虚钱以补充，这就是宋代钱币流通的基本状况。小平钱是基础货币，持久流通，虚币大钱作为补充，根据随时的需要，确定其与小平钱的法定兑换比率，与小平钱并行流通。虚币大钱种类繁多，并不是特殊时期偶尔为之，而是随时立制，经常铸造。虚币大钱与小平钱并行流通，成为宋代钱币流通的一种常态。

宋仁宗康定元年（公元 1040 年）爆发的宋夏战争，对宋代钱币制度产生了重大的影响。战争不仅造成了陕西、河东的铁钱流通区，而且促进了虚币大钱的铸行。

既而陕西都转运使张奎、知永兴军范雍请铸大铜钱与小钱兼行，大钱一当小钱十……大约小铜钱三可铸当十大铜钱一，以故民间盗铸者众，钱文大乱，物价翔踊，公私患之。[411]

不久陕西都转运使张奎、永兴军知府范雍请示铸大铜钱与小钱并行流通，大钱 1 枚当小钱 10 枚……用 3 枚小铜钱的铜材大约可铸 1 枚法定兑换 10 枚小铜钱的大铜钱。所以，民间盗铸大铜钱者众多，币值大乱，物价飞涨，公私都受其害。

从此，北宋王朝开始铸行虚币大钱。宋仁宗庆历年间（公元 1041 年至公元 1048 年），朝廷铸行"庆历重宝"，即"折十"大铜钱，此类铜钱出土较多，可以佐证文献中的记载。上述小钱，指的是通常流通的铜钱，相对大铜钱而言，被称为小平钱。

410　《宋史》卷一八〇《食货下二》，第 4375 页。

411　《宋史》卷一八〇《食货下二》，第 4381 页。

宋王朝铸行大铜钱，并规定大铜钱与小平钱之间的比率为1:10。从铸造所需铜材来看，铸造3枚小平钱所需的铜材，可以铸造1枚大铜钱。而铸造1枚大铜钱却可以兑换10枚小平钱。显然，这种大铜钱是典型的虚币大钱，存在巨大的铸造利益，因此引发了民间大规模的盗铸。通宝钱流通时期铸造虚币大钱产生的结果，与纪重钱流通时期铸行虚币大钱的结果一样，引发了民间大规模的盗铸，并造成钱币制度大乱，产生了严重的通货膨胀。宋仁宗庆历末年（公元1048年），三司使叶清臣等提出货币改制建议：

> 庆历末，叶清臣为三司使，与学士张方平等上陕西钱议，曰："关中用大钱，本以县官取利太多，致奸人盗铸，其用日轻。比年以来，皆虚高物估，始增直于下，终取偿于上，县官虽有折当之虚名，乃受亏损之实害。救弊不先自损，则法未易行。请以江南、仪商等州大铜钱一当小钱三，小铁钱三当铜钱一，河东小铁钱如陕西，亦以三当一，且罢官所置炉。"自是奸人稍无利，犹未能绝滥钱。其后，诏商州罢铸青黄铜钱，又令陕西大铜钱、大铁钱皆以一当二，盗铸乃止。[412]

宋仁宗庆历末年（公元1048年），叶清臣任三司使，他和学士张方平等上《陕西钱议》疏说："关中使用大钱，原本是因为官府得利太多，以致奸人盗铸，钱币一天天贬值。近年来，大家都虚估商品的价值。民间虚估商品的价值，最终还是得由朝廷来补偿。官府虽然落得实施虚币，大小钱折几当几的虚名，实际还要受到采购价格上涨、朝廷开支增加的亏损之害。纠正弊端，如不付出一定代价，那么法律就难得实行。建议把江南、仪州、商州等地的大铜钱，规定为1枚法定兑换小钱3枚，小铁钱3枚法定兑换小铜钱1枚，河东小铁钱像陕西一样，也用

412　《宋史》卷一八○《食货下二》，第4381～4382页。

小铁钱3枚法定兑换小铜钱1枚，再把官府设的冶炼炉也停止使用。"从这以后，奸人获利稍小了些，但还是没有禁绝滥铸钱币。随后，皇帝诏令商州停铸青黄铜钱，又令陕西的大铜钱、大铁钱以1枚法定兑换2枚小钱，盗铸的活动才停止了。

叶清臣讲了一个道理：铸造虚币大钱，朝廷获利过多，所以坏人盗铸求利，结果造成通货膨胀，物价暴涨。朝廷需要的是物资，物资价格上涨，朝廷收购物资的开支也就随之扩大。朝廷担当了铸造虚币的恶名，却又承受了扩大开支收购物资的实际损失，这简直是岂有此理。所以，叶清臣请求将江南、仪州、商州等地所铸的大铜钱法定兑换3枚小平钱使用，从而使铸造虚币的利益缩小，使民间盗铸无利可图。但是，盗铸的现象仍然没有灭绝。后来，朝廷命令陕西大铜钱1枚只能兑换小平钱2枚，盗铸的现象才灭绝。

宋神宗熙宁二年（公元1069年），王安石开始实行变法，史称熙宁变法。宋神宗熙宁四年（公元1071年），北宋王朝大规模铸行折二钱：

陕西转运副使皮公弼奏："自行当二钱，铜费相当，盗铸衰息。请以旧铜铅尽铸。"诏听之。自是折二钱遂行于天下。[413]

陕西转运副使皮公弼上奏说："自从发行每枚法定兑换2枚小平钱的折二钱之后，工料耗费与钱值相等，盗铸钱币的活动停了下来。请命令把旧铜铅都铸成这种钱。"朝廷下诏采纳了这一建议。从此，折二钱便通行全国。

宋神宗时期，铜钱铸行量大增，其主要原因之一是王安石变法。按照新法的规定，税收中直接征收钱币的项目剧增，因此民间对钱币的需求出现了上升。朝廷批准大规模铸造折二钱。于是，折二钱从陕西推广到全国。宋神宗铸行的折二钱，铭文

---

413 《宋史》卷一八○《食货下二》，第4382页。

"熙宁重宝"，出土甚多。

王安石变法的目的在于富国强兵，这一目标很快就实现了，朝廷获得了足够的军事物资和兵源。元丰四年（公元1081年），宋神宗发动了对西夏的大规模战争，结果宋军惨败。宋神宗欲立盖世奇功的梦想破灭，很快就忧郁病死。

宋神宗死后，赵煦即位，是为宋哲宗，朝廷的实际掌控人是宋神宗时期的高太后。高太后此时成为太皇太后，把持朝政，否定熙宁变法，开始了元祐更化。高太后病死后，熙宁党人势力又起，元祐党人纷纷遭贬。宋哲宗英年早逝，没有儿子，他的异母弟弟赵佶即位，即宋徽宗。宋徽宗即位后，朝廷权利移至向太后手中。向太后也反对熙宁变法，熙宁党人再遭打压，元祐党人势力又起。半年之后，向太后生了病，宋徽宗开始主政，宣布平息党争，建元年号"建中靖国"，意思是不偏不倚，团结治国。不料，向太后很快就去世了，宋徽宗立刻更改年号为"崇宁"，开始崇尚熙宁变法，启用熙宁党人。

蔡京的弟弟蔡卞是王安石的女婿。熙宁年间，经王安石举荐，蔡京进入中书礼房学习公事。由于王安石的支持，蔡京官运亨通，一路扶摇直上，不久官至中书舍人、龙图阁侍制、权知开封府。元祐更化时期，蔡京作为熙宁党人，被贬出朝廷，到地方为官。宋徽宗亲政之后，启用熙宁党人。此时，王安石早已去世，蔡京便以熙宁变法继承者的形象出任宰相，重新启动了变法改革的大业。

北宋王朝铸行虚币大钱，起因于宋仁宗时期的宋夏战争。战争需要钱财，所以北宋朝廷在陕西境内铸行大铜钱，铭文"庆历重宝"。1枚庆历重宝法定兑换10枚小平钱。北宋王朝向全国推行折二钱，起因于王安石变法，变法使钱币需求量剧增，朝廷不得不大量铸行折二钱，铭文"熙宁重宝"，折二钱从此流通天下。北宋王朝在全国范围推行当十钱，则发生在临近灭亡的宋徽宗时期，是蔡京变法的结果。

崇宁元年（公元 1102 年），蔡京被任命为宰相，上任后立即下令重新推行宋神宗时期的各项新法。此时，有个名叫许天启的熙宁党人，当时担任陕西转运副使，为了迎合蔡京，请求朝廷铸造折十钱。王安石变法时，曾经大量铸行折二钱。此时若铸行折十钱，名义价值比折二钱骤增五倍，侵害百姓利益意图过于明显，蔡京颇为顾忌，所以暂铸折五钱，试行以观其效。当年五月，朝廷下令陕西、江州、池州、饶州、建州，将准备当年铸造小平钱的铜料用来铸造折五钱。折五钱铭文"圣宋通宝"，其重量比小平钱略重一些。折五钱名义价值是折二钱的两倍半，试行成功，未出问题。不久之后，朝廷即下令按照陕西大钱形制铸造折十钱，限当年铸行折十铜钱 3 亿文，折十铁钱20 亿文。蔡京之所以这么做，一是认为折十钱在折五钱已经进入流通的基础上铸行，比折五钱仅大两倍，不会引起市场剧烈反应；二是估计当时钱币流通总量约为 2000 亿文至 3000 亿文，初行折十钱的数量不足钱币流通总量的十分之一，对货币购买力影响不会太大；三是考虑折十钱在宋仁宗时期已有先例，可以参照祖制铸造。

六十二年前，即宋仁宗康定元年（公元 1040 年），宋军攻打西夏，陕西供应军费不足，所以奏请朝廷铸造大铜钱与小平钱并行，大铜钱 1 枚法定兑换小平钱 10 枚。此后，又造折十铁钱，引发民间盗铸，于是钱法大乱。朝廷经过频繁调整钱法，方才逐步平息了钱法的混乱。此时，蔡京采用陕西大钱的形制铸造折十钱，是为了托借祖制，取得货币改制的合法性。

折五钱铭文"圣宋通宝"，折十钱铭文"崇宁重宝"。从出土文物看，"圣宋通宝"数量极少，其原因是铸行不久之后便改铸"崇宁重宝"。北宋时期铸行虚币大钱，多采用"折"字表示其折合率，例如折二钱、折五钱等。宋徽宗时期铸行"崇宁重宝"，最初便被称为"折十钱"。崇宁二年（公元 1103 年）十月，宋徽宗下令将"折十钱"改称"当十钱"。《皇宋通鉴长编纪事本末》载：皇帝诏令改折二、折三、折五、折十铜钱名称为当二、当三、当五、当十，"诏改折二、折十并作当二、当十称呼"。陆游《家世旧闻》卷下亦载：

初，熙宁间铸折二钱，故崇宁大泉始亦号'折十'，已而群阉谓徽宗乃神宗第十子，而'折'非佳名，遂称当十，已而遂降旨云。[414]

起初，熙宁年间（公元 1068 年至公元 1077 年）朝廷铸行折二钱，所以"崇宁大泉"也被称为"折十钱"。宦官们说，宋徽宗是宋神宗的第十个儿子，"折十"可不是什么好名字，便称为"当十"。于是，皇帝降旨将其改名为"当十"。

严格来说，"崇宁重宝"在崇宁二年诏改之前，应被称为"折十钱"；在崇宁二年诏改之后，便应被称为"当十钱"。但是，各种文献记载中多有混淆。

与王安石的遭遇类同，蔡京的做法也遭到朝野众人的反对。但是，蔡京此时当权，大家反对也没有用。崇宁五年（公元 1106 年）二月，天上出现彗星，有人乘机上书，指责蔡京的过失，蔡京被罢免了宰相的职务。不过，百姓盗铸当十钱的情形依旧未见好转，群臣纷纷上书批评当十钱。御史大夫沈畸上书说：

小钱便民久矣，古者军兴，锡赏不继，或以一当百，或以一当千，此权时之宜，岂可行于太平无事之日哉？当十鼓铸，有数倍之息，虽日斩之，其势不可遏。[415]

长期以来，百姓使用小平钱很方便。古代发生战争的时候，朝

414　陆游《家世旧闻》卷下，中华书局，1993 年版，第 204 页。
415　《宋史》卷一八〇《食货下二》，第 4388 页。

廷发行虚币大钱，1个可以当100个，或者当1000个，这种措施只是权宜之计，怎么能够用在太平无事的年代呢？铸造当十的大钱，可以获得几倍的利益。铸造大钱的利益如此巨大，百姓自然盗铸。在这种情况下，即使朝廷每天都行刑斩杀盗铸者，盗铸大钱的情形也是遏制不住的。

此时，宋徽宗也感到铸行当十钱确实不妥，即诏令当十钱仅用于京师、陕西、河东及河北。随后，宋徽宗又令当十钱仅在京师所辖地区流通，其余各地全部禁止。百姓手中的当十钱，限期三个月内送交官府，以小平钱偿还。对于私人铸造的当十钱，也限3个月内上缴官府，计算铜的价值增加十分之二，也以小平钱偿付，隐藏者依法论处。但是，当十钱已经在全国流通，如何能够在一部分地区里禁止使用？宋徽宗的诏令执行起来十分困难。

当十钱原来的法定价值较高，法定价值一旦变更，百姓凭空遭受巨大损失。此外，有的地方可用当十钱，有的地方禁止用当十钱，而官府收购当十钱的价格较低，百姓不愿将当十钱卖给官府，就违法私自将当十钱贩运到可以使用的地区使用。因此，朝廷一方面命令官府搜查车船，对缴获私运钱币者给予奖励，另一方面对失察官员进行处罚。

蔡京罢相之后，宋徽宗采用了官方收购的办法，取消当十钱的流通，对私铸的当十钱，根据含铜量偿付铜价的1.2倍；对于京师以外地区私铸的当十钱，每枚支付3枚小平钱。京师地区官方出纳及百姓贸易，诏令采用大小钱混合使用的办法，即1枚当十钱只能当1枚小平钱使用。结果，当十钱出现了至少3种价格。

于是，钱法越搞越乱，执法越搞越严。钱币流入市场，不知是否私铸，百姓恐罪，纷纷将钱币抛掷江河之中。大观元年（公元1107年），张茂直上书建议在市场上设置木箱，让百姓将钱投入箱中，以避获罪；已经抛弃在江河中的钱币，朝廷命令当地官府组织打捞。

就在这一年，蔡京二次入相，再铸当十钱。这次铸行的当十钱，采用京畿钱监所得私钱更铸，由宋徽宗书写钱文。为了保障虚币大钱的流通，蔡京动用严刑峻法打击盗铸。大观三年（公元1109年），蔡京又被罢相。大观四年（公元1110年），宋徽宗命令停止铸行当十钱，改铸小平钱。此时的宰相张商英建议使用银绢低价收缴当十钱。政和元年（公元1111年），宋徽宗命令当十钱贬值为当三钱。大钱贬值，许多人家资财缩水，震动很大。就在这一年，张商英被免。政和二年（公元1112年），蔡京第三次被任命为宰相。这次给蔡京帮忙提议铸行当十钱的人名叫虞防，他的官职是知永嘉县。但是这一次宋徽宗坚决不允。此后，蔡京再相再贬。宣和六年（公元1124年），蔡京第五次拜相。此时，北宋王朝已经摇摇欲坠。一年之后，宋徽宗禅位给其子宋钦宗，自己逃到镇江避难。

随着蔡京的宦海沉浮，流通中当十钱的数量也越来越多，通货膨胀也愈演愈烈，米价涨到每石400～1500文，比北宋初期米价每石100～300文的价格上涨了3～5倍。绢价涨到每匹2000文，比较北宋初期绢价每匹1000文左右的价格上涨了大约两倍。严重的通货膨胀，使百姓的生活日益艰难，朝野反对蔡京的呼声也就日益高涨。待到金兵进犯，围攻太原、近逼京师，宋徽宗禅位给宋钦宗时，太学生们就奏请朝廷杀蔡京以谢天下了。

宋钦宗即位之后，将蔡京一贬再贬，几个月之后就被贬至海南岛去了。但是，蔡京没有能够走到海南岛，行至长沙中途就生病死了。蔡京死后数月，金兵攻入开封，将宋徽宗、宋钦宗虏去北国。于是，北宋王朝灭亡，当十钱的流通终于宣告结束。

南宋时期，淮河以北地区全部沦丧，长江与淮河之间地区成为宋金对峙的前线，经济遭受严重破坏，南宋王朝的经济主要依靠四川和长江以南地区，相比北宋时期，经济实力大大减弱。物价上涨造成铸钱成本上升，出现了铜贵钱贱的现象。相比北宋时期，南宋时期铸钱数量陡然下降。南宋经济总量下降，钱币流通总量相对充足，铸行虚币大钱的动力也就随之减弱。在此情况下，南宋前、中期铸行的钱币主要是小平钱和当二钱。

宋理宗端平元年（公元1234年），南宋与蒙古联合攻灭金朝。宋蒙战争随之开始。战事一起，朝廷财政立见不足，宋理宗端平、嘉熙、淳祐年间多铸虚币大钱。此后，随着战争的持久深入，铸行虚币大钱效果衰减，货币经济亦出现衰败，商品交换越来越多地采用以物易物的方式。

宋蒙战争是持久战，战争时紧时松，断断续续地进行了45年。为了保家卫园，南宋军民进行了长期的浴血奋战，宋朝皇帝死了4个，蒙古大汉蒙哥也死于四川战争途中。祥兴二年（公元1279年），蒙古军队终于攻打到南海沿岸，宋蒙双方战于厓山，战事惨烈，宋军大败。丞相陆秀夫身背小皇帝跳海自杀。

后宫及诸臣多从死者，七日，浮尸出于海十余万人。[416]后宫女人、宦官人等及朝臣，许多人都随着跳海自杀。七天内，有10多万人的尸体漂出大海。

宋朝灭亡。从此，蒙古王朝以落后的生产方式和政治制度替代了宋朝的经济繁荣与社会文明，中国社会出现了暂时的倒退。

第八节　王安石废除钱禁引发的钱荒

王安石是我国历史上著名的文学家和政治家。他在文学方

---

416 《宋史》卷四七《瀛国公》，第945页。

面造诣精深，"唐宋八大家"之一的殊荣当之无愧。但是作为政治家，尤其是一个改革家，其功过是非却很难定论。在他领导的变法运动中，废除钱禁，引发钱荒，对北宋后期商品生产和商品交换产生了怎样的影响，至今仍是值得研究和探讨的问题。

钱禁法令是关于钱币的禁止性法令，一则禁止百姓铸造铜钱；二则禁止百姓毁钱铸器或挟钱出境。禁止百姓铸钱主要是为了维护朝廷对铜钱铸造的垄断，保证朝廷专享铸币利益，同时抑制由于百姓滥铸铜钱，造成铜钱过多引发的通货膨胀。禁止百姓毁钱铸器或挟钱出境则是为了防止货币流失，避免因货币流通总量减少而引发的货币短缺型经济萧条。王安石的变法，只废除了禁止百姓毁钱铸器及挟钱出境的法令，并未废除禁止百姓铸钱的法令。

北宋朝廷之所以颁行钱禁法令，一是因为源于唐代的钱荒问题；二是由于北宋时期商品经济迅猛发展，社会对货币流通总量的需求大幅度增加。

钱荒始于唐代中叶唐德宗颁行"两税法"。唐代钱荒爆发之后，由于禁止毁钱铸器，铜器便成为稀缺的奢侈品。唐代后期，铜器和铜材的价格上涨，铸造铜钱的利益随之消失，无论官方还是民间，都不愿铸造铜钱，所以货币短缺成为常态，严重地限制了商品经济的发展。直至北宋初期，这种局面仍未改变。北宋朝廷只好沿袭唐朝的货币立法规定，将货币法制的重点确定为维持铜钱的流通总量，严禁百姓挟钱出境，严禁百姓毁钱铸器。宋太祖赵匡胤登基之后，敕令百姓不得挟钱出境，挟钱10贯以上出境者，处以死刑。八十年后，宋仁宗攻打西夏，大败于三川口，宋王朝进一步严肃法令，挟钱1贯以上出境者，处以死刑。对于毁钱铸器的行为，宋王朝也采用了极端严厉的打击措施，即对违禁者也是处以死刑。宋太宗曾颁布诏书，对毁钱铸器者处以斩首的刑罚。

　　北宋初期的货币立法虽然如此严厉，但铜钱还是不够用，朝廷不得不铸造大量的铜钱。北宋也由此成为中国古代铸造铜钱最多的朝代。随着铜钱的持续性短缺，北宋发行了纸币——交子。

　　唐代钱荒爆发以后，中国货币法制的方向发生了逆转，从历代王朝限制百姓盗铸，防止铜钱过多引发的通货膨胀，转为限制铜钱外流或损耗，防止铜钱过少引发的经济萧条。宋朝的货币立法，进一步完善了唐代后期的立法精神，摒弃了唐之前延续千年的货币法制的基本方向，彻底走向了反面。

　　北宋铜钱的铸造量，呈现逐步增加的态势。宋神宗元丰年间（公元1078年至公元1085年），每年铸造铜钱总量约为50亿文，达到中国古代历史上的最高峰。然而，就在此时，却出现了钱荒。

　　比年公私上下并苦乏钱，百货不通，人情窘迫，谓之钱荒。[417]

近年来公私上下都苦于缺钱，百货不能流通，人情窘迫，称之为钱荒。

　　出现钱荒的原因有二：一是王安石实行"免役法"，使铜钱从民间转入朝廷；二是王安石解除钱禁，开放百姓毁钱铸器及挟钱出境，使铜钱大量被销熔或流出境外。

　　宋神宗熙宁四年（公元1071年），王安石变法推行了免役法。免役法确为治国良策，它的效果是使铜钱从民间转移入朝廷，市场物价下跌。朝廷要的是物资，而不是钱。铜钱归入朝廷，市场物价又下跌，朝廷便可以获得更多的物资。

　　宋神宗熙宁七年（公元1074年），王安石变法废除了钱禁法令。王安石不仅废除了禁止百姓挟钱出境的法令，而且还废

417　《宋史》卷一八〇《食货下二》，第4384页。

除了禁止百姓毁钱铸器的法令，结果造成流通中铜钱总量大幅度减少，很快就引发了钱荒。

废除钱禁法令，并非是当时北宋君臣们盲目废旧立新的结果，而是王安石经过认真思考策划，作为变法运动中的重要环节提出并实施的。王安石变法的核心目的是富国强兵，如何通过变法来富国强兵，他借鉴了战国时期的成功经验。战国时期的国际贸易思想是鼓励进口，即鼓励金属货币流出、物资流入。如果我国物资价格高于外国，外国每釜粟米价格100钱，我国每釜粟米价格1000钱，就可以使外国的粟米迅速流入我国。既然要打仗，粮食、马匹、军装、军械最为重要。金属货币流出，换取军事物资流入，战争胜利后，占领了外国的国土，金属货币便仍在我国的占领区内流通。王安石是饱学之士，自然深知物资在战争时期对于战争胜负的重要性。因此，要使外国的军用物资流入我国，就要开放钱禁，允许铜钱流出，才能换取大量的物资流入。

王安石变法的内容，集中在三个方面：理财、强兵和育才，三者中最首要的是理财。为了发展生产，王安石实行了农田水利法和青苗法；为了使朝廷增收节支，王安石实行了方田均税法和均输法；为了从民间征收更多的铜钱，王安石实行了免役法和市易法。免役法允许百姓通过缴纳铜钱给官府来免除劳役；市易法是官府将库存物资交给商人，商人出售物资后还款给官府，年息百分之四十。通过免役法和市易法，朝廷从民间收获了大量的铜钱。王安石理财思想是收敛民间财富，补充朝廷军用。此思想由来已久，早在宋仁宗时期就已经考虑成熟，并向朝廷正式提出。王安石的变法，正是贯彻了他的这一思想，一是参考历史成功的经验，效法先王之政；二是收天下之财，以供天下之费。

王安石关于开放货币管制、废除钱禁法令的思想，并非当时社会的主流思想，而关于"收天下之财以供天下之费"的主张也并没有得到朝野普遍的认同。重视国际贸易及占有金属货币财富的重商主义思想，在北宋时期已经被人们广泛接受。到了南宋时期，这种重商主义思想又传入金朝。当时，金朝人购买南宋的茶叶，使得金朝每年有 30 万两白银流出国境。金宣宗元光二年（公元 1223 年），金朝立法禁止白银流出国境，违禁者处以 5 年徒刑。总之，北宋时期人们已经认识到占有金属货币在国际贸易中的重要意义。所以，王安石废除钱禁法令，遭到许多知识分子的反对。

王安石废除钱禁法令之后，由于铜钱开始毫无阻碍地外流，同时又有大量铜钱被销毁铸器，加上免役法又使铜钱从民间流向朝廷，市场上很快就爆发了钱荒。

钱荒的第一个重要影响是导致商品生产的衰退。由于百姓生产物资，官府生产铜钱，钱荒造成钱贵物贱，所以百姓售出自己的大部分产品，仍不足以缴纳官府规定的税赋，结果是百姓流亡、十室九空、全民穷困，商品生产遭到阻断。苏轼对此评价：

免役之害，掊敛民财，十室九空，钱聚于上，而下有钱荒之患。[418]

免役法的危害，是朝廷暴敛百姓的资财，造成 10 家中有 9 家一贫如洗。钱都聚集到了朝廷，民间出现了钱荒的问题。

钱荒的第二个重要影响是物价迅速下降，商品交换遭到阻断。分析其原因，司马光强调免役法造成铜钱流入官府的因素。司马光说：

比年以来，物价愈贱，而间阎愈困，所以然者，钱皆聚于

418　萧清：《中国古代货币史》，第 228 页。转引：《苏东坡奏议集》卷三《辩试馆职策问札子》。

官中，民间乏钱——故也。[419]

这一年以后，商品的价格越来越贱，而市场上的钱币却越来越少，交易也越来越困难。其原因是，钱都集聚在官府，民间百姓缺少钱用。

钱荒的第三个重要影响是实现了富国强兵的变法目标。朝廷支配社会财富的能力增强，组织军队的力量也得到了增强。宋钦宗时期给事中孙傅在评论前期朝廷政策时说："祖宗法惠民，熙、丰法惠国。"北宋前期的法律对百姓有利，王安石新法对国家有利。朝廷支配社会财富的能力增强了，就拥有了发动战争的军费；百姓的财富减少了，百姓就愿意当兵吃饷，所以富国和强兵两项变法目标都实现了。就在王安石废除钱禁法令的当年，宋神宗的生母流着眼泪，面对神宗大骂王安石变法乱天下。王安石的学生郑侠也送上"流民图"，称流民扶老携幼，充满道路，一个个身无完衣，吃草根、食树皮，惨不忍睹，要求朝廷全面废除新法。于是，王安石被免去宰相职务，贬知江宁府。

王安石走后，资历很老的大臣张方平上书要求恢复钱禁。张方平说：

> 夫铸钱禁铜之法旧矣，令敕具载，而自熙宁七年颁行新敕，删去旧条，削除钱禁，以此边关重车而出，海舶饱载而回，闻沿边州军钱出外界，但每贯收税钱而已。钱本中国宝货，今乃于四夷共用，又自废罢铜禁，民间销毁无复可辨。销熔十钱得精铜一两，造作器用，获利五倍。如此则逐州置炉，每炉增数，是犹畎浍之益，而供尾闾之泄也。[420]

颁行铸钱禁铜的法令已很早了，令敕都写得明白。但自熙宁七

419　萧清：《中国古代货币史》，第 228 页。转引：《温国文正公文集》卷四七《乞罢免役状》。

420　《宋史》卷一八〇《食货下二》，第 4384 页。

年（公元 1074 年）以来，颁行新敕书，删去旧条款，废除钱禁。因此边关重车载钱而出，外国海船满载钱币回国。听说沿边境的州、军，钱币流出边境，每贯只收 1 文税钱而已。钱币本是中国宝货，如今却与各邦外夷共用，自己又废除了国内的铜禁，民间销毁铜钱再没有法律予以治罪。销毁 10 枚铜钱可得精铜 1 两，造成铜器，获利 5 倍。像这样下去，即使各州设炉，每炉又增加铸钱数量，也好比涓涓细流之水，聚而供泄入大海之用，钱币的流通数量仍然不敷使用的。

但是，宋神宗并没有理睬张方平。一年之后，熙宁八年（公元 1075 年），宋神宗重新起用王安石为宰相。又过了一年，熙宁九年（公元 1076 年），王安石再次被免去宰相职务。此后，宋神宗支持下的变法运动便在斗争中跌宕起伏地进行下去。无论如何，王安石的变法使得朝廷获得了足够的军费，军队也得到了扩充。于是，宋神宗发动了攻打西夏的战争。元丰四年（公元 1081 年），宋神宗下令攻打西夏。宋军攻打灵州及永乐城，大败而归，死亡士卒、民夫 60 万人。战争的失败使得富国强兵的巨大成本付诸东流。富国强兵政策的实现建立在国富民穷的基础上，而战争的失败却使朝廷的军事开支得不到有效的补偿。宋军战败的消息传至京师，宋神宗面对群臣失声痛哭，群臣莫敢仰视。元丰八年（公元 1085 年），宋神宗和王安石相继病逝。

宋神宗去世，其子赵煦即位，是为宋哲宗。宋哲宗即位后不久，就按照其曾祖宋仁宗《嘉祐编敕》的法条，恢复了钱禁法令。

王安石废除钱禁，造成铜钱流向境外。"边关重车而出"，主要指的是铜钱流向北方契丹、女真及西夏等国家；"海舶饱载而回"，主要指的是铜钱流向日本及东南亚国家。

宋朝恢复钱禁之后，铜钱流出境外的问题仍然存在。到了南宋时期，对外贸易陆路闭塞，海路发达，铜钱从海上流出境外的情况就更多了。宋理宗淳祐八年（公元 1248 年），监察御史陈求鲁说：

> 蕃舶巨艘，形若山岳，乘风架浪，深入遐陬，贩于中国者皆浮靡无用之异物，而泄于外夷者乃国家富贵之操柄，所得几何，所失者不可胜计矣。[421]

外商的巨大船只，形体如同大山，乘风驾浪，深入极远的角落。贩卖给中国的都是些浮华不实无用的怪东西，而泄露给外国人的却是国家操纵富贵的权柄。所得没有多少，而失去的却多得无法计算。

从这里来看，南宋朝廷虽然一再严申铜钱入海之禁的法律，但是铜钱外流的现象仍然屡禁不止。

421　《宋史》卷一八〇《食货下二》，第 4399 页。

第七章　明清两代铜钱
法律制度的主要特点

明清两代（公元 1368 年至公元 1911 年）是制钱流通的时期。

明清两代铜钱法律制度的主要特点，是强调本朝铸造铜钱的法定货币地位，保护本朝铸造铜钱的流通能力和流通价值。但是，纵观中国古代货币发展演变过程，除魏晋自然经济铜钱退出流通，以及元代禁止铜钱流通之外，明清两代铜钱的货币地位最为低下。

朱元璋推翻元朝统治，建立明朝，曾经试图恢复秦汉唐宋铜钱流通的局面，所以建国初始便铸行了重如其文的铜钱。但是，数年之后，铜钱流通总量不能满足商品经济发展的需要，朱元璋不得不下令发行大明通行宝钞，同时禁止金银流通，努力建立类似元朝的纸币流通制度。其结果是，大明通行宝钞迅速贬值，在明朝中期就基本退出了流通领域。明英宗正统元年（公元 1436 年），明王朝解除银禁，以挽救货币流通总量严重短缺的危机。银禁放开，便一发不可收拾，朝野皆用白银，小额支付采用铜钱，只有官员俸禄继续使用宝钞。至此，明朝的纸币流通制度已经名存实亡，铜钱也下降到辅币地位，白银跃为主要流通货币。

非称量货币，无论是铜钱还是纸币，都是依靠朝廷信用发行的货币，朝廷运用非称量货币工具，实现其对国民经济的统治。白银是称量货币，朝廷不能通过调节白银价值来实现其经济政策，所以明王朝在纸币流通制度消亡之后，又重新回到铸行铜钱的老路上来。明孝宗弘治元年（公元 1488 年），明王朝恢复了铜钱的铸造，并下令允许古钱与本朝铸行的铜钱并行流通，以扩大朝廷通过掌控货币实施经济统治的目的。为了强化本朝铸行铜钱的法定货币地位，明王朝下令称本朝铸行的铜钱为"制钱"，其流通价值相当于前朝铸行铜钱价值的两倍。

明朝灭亡之后，清朝继续实行制钱流通制度。但是，白银作为主要流通货币的地位已经不能扭转，并形成繁琐复杂的银两货币制度，清王朝铸行的铜钱主要作为日常生活小额支付之用。清朝后期，西方列强的政治、经济、文化入侵，打破了清王朝因循守旧的局面，社会矛盾日益激化，终于爆发了太平天国的大规模起义。为助军用，清王朝于咸丰三年（公元 1853 年）铸行当百、当千等虚币大钱，引发了民间大规模的盗铸，于是钱法大乱，制钱流通制度遭受了最后一次致命的打击，从此一蹶不振。

外国银元的渗入，促进了中国民间仿铸银元的流通。清朝末年，清王朝终于开始采用机器制造银元及铜元。于是，银元和铜元迅速充斥市场。不久，清王朝灭亡，中华民国成立，制钱便彻底退出了流通。

第一节　本朝铸造的铜钱被称为制钱

制钱者，国朝钱也。[422]
制钱指的是本国朝廷铸行的钱币。

明代中期，明王朝将本朝铸行的铜钱称为制钱，一是为了

422　《明史》卷八一《食货五·钱钞》，中华书局，1974 年版，第 1964 ~ 1965 页。

强调其法定货币地位，二是为了将其与前朝铸行的铜钱相区别，以便使本朝铸行铜钱逐步成为唯一合法流通的钱币。清朝继续实行制钱流通制度，也将本朝铸行的铜钱称为制钱，并逐步消除了古钱的流通。但是，明清两朝的制钱已经不是主要的流通货币，而是成为银两货币的辅币。咸丰年间，清王朝大规模铸造虚币大钱，制钱流通制度便遭受到最后一次致命的打击，从此一蹶不振。

明清两朝铸行的钱币主要是铜钱，铁钱很少。明清两朝将本朝铸行的铜钱称为制钱，强调其法定货币的性质。制钱的称谓，始于明孝宗弘治元年（公元 1488 年），即明朝已经建立 120 年之后的明朝中期。然而，明朝铸造的各种钱币，包括明朝前期铸造的钱币，在明朝中、后期也被称为制钱。

反元战争期间，朱元璋率领军队攻占集庆，改名应天，建立了稳固的根据地，并在此设置宝源局，铸行大中通宝钱。公元 1368 年，朱元璋称帝，定国号明，建元洪武，即铸行洪武通宝钱。

即位，颁"洪武通宝"钱，其制凡五等：曰"当十"、"当五"、"当三"、"当二"、"当一"。"当十"钱重一两，余递减至重一钱止。各行省皆设宝泉局，与宝源局并铸，而严私铸之禁。[423]

朱元璋即皇帝位后，颁发"洪武通宝"钱，其面值分五等，称为"当十"、"当五"、"当三"、"当二"、"当一"。"当十"铜钱重量为 1 两，其余种类的铜钱重量依次递减，至 1 钱为止。各行省都设置了宝泉局，与宝源局同时铸钱，并严格执行私自铸钱的禁令。

朱元璋颁布洪武通宝钱制，主要内容有三点：一是洪武通

---

423 《明史》卷八一《食货五·钱钞》，第 1961 页。

宝的形制分为五等，分别铭文"当十"、"当五"、"当三"、"当二"、"当一"；其重量分别为 1 两、5 钱、3 钱、2 钱、1 钱，可谓"重如其文"；二是各行省设宝泉局，与原有的宝源局并行铸钱；三是朝廷垄断铸造权，严禁私人铸钱。此时并无制钱的概念，百姓日常生活，古钱与洪武通宝并行流通；商贾贸易，则沿用元朝纸钞，很少使用铜钱。随着战争的渐渐平息，商品经济复苏，铜钱数量遂不能满足商品交换的需要。洪武七年（公元 1374 年），明朝颁行大明通行宝钞，开始仿照元朝的办法实行纸币流通。商品交易，大数用纸币，小数用铜钱。

　　二十二年，诏更定钱式：生铜一斤，铸小钱百六十，折二钱半之，"当三"至"当十，準是为差。更造小钞，自十文至五十文。[424]

洪武二十二年（公元 1389 年），朱元璋再次诏令货币改制：生铜 1 斤，铸小钱 160 枚；铸当二钱 80 枚，铸当三钱至当十钱的数量，按照此标准依次递减。改印小钞，小钞面值从 10 文至 50 文。

　　此次货币改制，主要是改变了过去百文以下交易只用铜钱的方式，增加了小额纸钞的品种，即用小额纸钞部分替代铜钱的小额流通职能。对于铜钱制度，这次货币改制只是实施了古代铜钱"重如其文"的旧制。生铜 1 斤，即 16 两，1 两 10 钱，共计 160 钱，铸造小钱 160 枚，每枚重量 1 钱。生铜 1 斤，铸造折二铜钱 80 枚，每枚重量 2 钱。以此类推，生铜 1 斤，铸造当十钱 16 枚，每枚重量 1 两。制度严谨，铜钱实际重量与铭文重量严格相符，重如其文。此后，永乐九年（公元 1411 年），明成祖朱棣铸行永乐通宝钱，宣德九年（公元 1434 年），明宣宗朱瞻基铸行宣德通宝钱。此后，正统、景泰、天顺、成化共计

　　424　《明史》卷八一《食货五·钱钞》，第 1962～1963 页。

51 年期间，明王朝没有铸行铜钱。明朝前期铸造铜钱数量较小，商品交换采用大明通行宝钞为主要货币。但是，大明通行宝钞自发行始，便出现了逐步贬值的趋势。宣德初年（公元 1426 年），大明通行宝钞贬值到发行初期价值的二十分之一。正统元年（公元 1436 年），明王朝解除银禁，白银跃为主要流通货币，大明通行宝钞贬值速度加快。成化年间（公元 1465 年至公元 1487 年），大明通行宝钞的价值已经降到发行初期价值的千分之一，宝钞 1 贯法定价值 1000 文铜钱，到了此时，宝钞 1 贯还不值 1 文铜钱，"一贯不能直钱一文"。[425] 至此，大明通行宝钞已经基本上退出了流通领域。然而，白银作为主要流通货币，不利于封建王朝的统治。白银是称量货币，并不依靠朝廷的信用承担商品交换媒介职能，朝廷不能对白银货币定价，因此白银货币不能成为朝廷调控国民经济的手段。所以，在大明通行宝钞退出流通之时，明王朝即着手复兴铜钱的流通。明孝宗弘治元年（公元 1488 年），白银跃为主要流通货币 52 年之后，明王朝恢复了铜钱的铸造，并确立了"制钱"的概念。

弘治元年，京城税课司、顺天、山东、河南户口食盐，俱收钞，各钞关俱钱钞兼收。其后乃皆改折用银。而洪武、永乐、宣德钱积不用，诏发之，令与历代钱兼用。户部请鼓铸，乃复开局铸钱。凡纳赎收税，历代钱、制钱各收其半；无制钱即收旧钱，二以当一。制钱者，国朝钱也。[426]

明孝宗弘治元年（公元 1488 年），京城税课司（在这里指的是由户部之下贵州司代管的北京德胜门、安定门的税课司），顺天、山东、河南各户的食盐，都实行收纸钞卖给食盐，各征收通过税的机关也是铜钱与宝钞兼收，其后才都改成折收银两。

425　《明史》卷八一《食货五·钱钞》，第 1964 页。
426　《明史》卷八一《食货五·钱钞》，第 1964 ~ 1965 页。

而洪武、永乐、宣德时期所铸的铜钱存积未用，此时便诏令将其投放流通，与历代铜钱并行流通。户部奏请铸造铜钱，于是又设局铸钱。凡是献纳、赎罪、税收，交钱时历代钱和制钱各收一半；没有制钱的也可收旧钱，2 枚旧钱当 1 枚制钱使用。所谓制钱，就是指明朝当朝铸造的铜钱。

此时，朱元璋建立明朝已经 120 年，属于明朝中期，朝廷下令强化本朝铸行铜钱的法定流通货币地位。明朝前期，商品交换主要使用大明通行宝钞。正统元年（公元 1436 年），改为主要使用白银。此时，到了弘治元年（公元 1488 年），朝廷设局铸钱，并努力推行本朝铸造的铜钱，于是就产生了"制钱"的概念。

《说文解字》云："制，裁也。"[427]自秦始皇，"命为'制'，令为'诏'。"[428]"制"是皇帝的命令，具有最高的法律效力。制钱即法定流通的货币。中国古代的铜钱，具有一定信用货币性质，依靠朝廷的信用和法律的强制进入流通。既然铜钱代表朝廷的信用，大明王朝对本朝铸行的铜钱自然要承担责任，依法保护其流通。所以，纳赎收税，官府收支，必须接受本朝铸行的铜钱。对于前朝铸行的铜钱，大明王朝可以不负责任。但是，当时铜钱流通数量不多，明朝法律允许前朝旧钱与本朝新钱并行流通。弘治元年（公元 1488 年），为了提高本朝铸行铜钱的法律地位，旧钱的法定价值被打折扣，只值本朝铸行铜钱一半的价值。

尽管制钱的概念至明代中期才出现，但它包含了大明王朝各个时期铸行的所有铜钱，当然也包括了明朝前期铸行的铜钱。

427　汤可敬：《说文解字今释》，第 599 页。

428　《史记》卷六《秦始皇本纪》，第 236 页。

第二节　唯一合法流通的铜钱

　　虽然明代前期铸行的铜钱足值，铜钱制度也严谨完善，但是铜钱铸造数量却非常少，这说明当时商品经济不够繁荣。明代中期嘉靖年间（公元 1522 年至公元 1566 年），明王朝开始大量铸造铜钱。

　　至世宗嘉靖六年，大铸嘉靖钱，每文重一钱三分。且补铸累朝未铸者。三十二年铸洪武至正德九号钱，每号百万锭，嘉靖钱千万锭，一锭五千文。而税课抽分诸厂，专收嘉靖钱。[429]

到了明世宗嘉靖六年（公元 1527 年），朝廷大量铸造嘉靖铜钱。嘉靖铜钱每枚重量为 1 钱 3 分，而且补铸列祖年号未铸造的钱。嘉靖三十二年（公元 1553 年），铸造洪武至正德时期共 9 个年号的铜钱，每个年号钱铸造 100 万锭，铸造嘉靖铜钱 1000 万锭，1 锭为 5000 枚。而各税课抽分厂，只收嘉靖铜钱。

　　从这段文字看，嘉靖六年（公元 1527 年）开始大规模铸造铜钱，并且开始补铸列祖年号未铸钱者，至嘉靖三十二年（公元 1553 年）。用了 26 年的时间，铸成 900 万锭加 1000 万锭共 1900 万锭，即 5000 枚乘以 1900 万锭共 950 亿枚铜钱。近代学者对此甚感怀疑，彭信威先生提出了两点怀疑理由："第一，因为如前面所说，洪熙、正统、天顺、成化等钱没有流传下来；第二，明代铸钱数量都很少，而这次一下子就补铸一千九百万锭，共九千五百万贯，在事实上不可能。中国历史上铸钱最多的是北宋元丰年间，每年也不过五百多万贯。"[430]

　　明代铸钱数量少，所以文献中讲"大铸嘉靖钱"，必是一反常态，大规模地铸造了许多嘉靖通宝钱。文献中所述补铸累朝

　　429　《明史》卷八一《食货五·钱钞》，第 1965 页。
　　430　彭信威：《中国货币史》，第 472 页。

未铸者，则确有问题。税赋只收嘉靖通宝钱，何必补铸过多列祖年号的铜钱。每号铜钱铸造 100 万锭，9 个年号的铜钱总共就是 900 万锭，此时制度"一锭五千文"，900 万锭便折合 450 亿枚铜钱，确实没有必要铸造这么多不可用于税赋的铜钱。况且，明朝距今不远，迄今却不见此类铜钱传世，说明即使铸造了这些种类的铜钱，其数量必然不多。补铸列祖年号的铜钱，应该具有铸造纪念币的性质，估计文献抄誊有误，每号铜钱铸造百万枚的可能性是存在的。至于用了 26 年时间，铸成嘉靖通宝钱千万锭，"一锭五千文"，1000 万锭便是 500 亿枚铜钱，每年铸造 19.23 亿枚铜钱，即 192.3 万贯，还是有可能的。

嘉靖年间的制钱制度出现了两个重要的变化，一是税赋只接受嘉靖年间铸行的铜钱，不再接受列祖列宗皇帝铸行的铜钱；二是嘉靖通宝的重量比以前各年号钱增加了 30%，即将 1 枚铜钱重量 1 钱改变为 1 枚铜钱重量 1 钱 3 分。万历四年（公元 1576 年），朝廷又铸行万历通宝钱，其中金背钱和火漆钱，每枚重量 1 钱 2 分 5 厘；镟边钱，每枚重量 1 钱 3 分，诏令俸禄粮饷皆兼用白银和铜钱。万历朝廷铸造铜钱增重，目的是为了抑制私铸，钱重费多无利，盗铸自然消失。万历朝廷俸禄粮饷皆兼用白银和铜钱，目的是为了推动铜钱的流通。

初制，历代钱与制钱通行。自神宗初，从佥都御史庞尚鹏议，古钱止许行民间，输税赎罪俱用制钱。启、祯时广铸钱，始括古钱以充废铜，民间市易亦摈不用矣……既而以御史王燮言，收销旧钱，但行新钱，于是古钱销毁顿尽，盖自隋世尽销古钱，至是凡再见云。[431]

明朝初年的规定，历代古钱与明代本朝铸造的制钱并行流通。从明神宗初期开始，采纳佥都御史庞尚鹏的建议，古钱只能在

431　《明史》卷八一《食货五·钱钞》，第 1969 页。

民间流通，纳税、赎罪都只能用制钱。天启、崇祯年间大量铸钱，开始回收古钱充作废铜，民间市场交易也摒弃不用古钱。……不久又采纳御史王燮的建议，收回销毁旧钱，只流通新钱，于是古钱一下子全销毁了。自从隋朝全面销毁古钱的事情，至此才又一次出现。

明代前期，历代古钱与本朝新铸铜钱并行流通；明代后期，明神宗万历初年（公元 1573 年），法律只允许古钱流通于民间，缴纳赋税赎免罪罚只能用本朝新铸铜钱，不能再用古钱；明代晚期，天启、崇祯年间（公元 1621 年至公元 1644 年）广泛铸造铜钱，收聚古钱以为废铜，民间亦不再使用古钱。至此，古钱才被销毁殆尽，制钱才成为唯一合法流通的钱币。

第三节　清朝制钱流通制度

清朝仍称本朝铸行的铜钱为制钱。清世祖福临建都北京，即铸行顺治通宝。

世祖定鼎燕京，大开铸局，始定一品。于户部置宝泉局，工部置宝源局。"顺治通宝"钱，定制以红铜七成、白铜三成搭配鼓铸。钱千为万，二千串为一卯，年铸三十卯。每钱重一钱。[432]

顺治元年（公元 1644 年），清世祖顺治皇帝定都北京，大规模开设铸钱局，将铜钱定为统一的品种。在户部设置宝泉局，工部设置宝源局。"顺治通宝"钱，法定红铜 7 成、白铜 3 成，搭配冶炼铸造。铜钱 1000 文为 1 万，2000 串为 1 卯，每年铸 30 卯。每枚铜钱重量为 1 钱。

清初定制铜钱的金属含量为 70% 的铜和 30% 的锌。周卫荣

432　《清史稿》卷一二三《食货五·钱法》，中华书局，1977 年版，第 3641 页。

先生对顺治年间铜钱实物分析的结果是铜 63.52%，锌 24.84%，铅 6.73%，锡 2.68%，[433] 与文献所述大体相符。清初定制铜钱铸造总量较小，岁铸 36 万贯。《清史稿》所云："钱千为万，二千串为一卯，年铸三十卯"，显然有误，其中缺了一个"串"字。应为"钱千为串，万二千串为一卯，年铸三十卯"，即 1000 枚铜钱为 1 串，12000 串为 1 卯，每年铸造 30 卯，即 36 万串，与北宋初年每年铸造数十万贯的数量相接近。《大清会典》云，宝泉局以 12480 缗为一卯，[434] 说明法定每卯 12000 串，实际执行并不是那么严格。"卯"是开门是意思，在这里是指铸造铜钱"一批"。

　　清世祖定都北京时，反抗满清统治的战斗尚未停止。经过一段时间，反抗满清统治的力量被一个个镇压下去，国内大部分地区平静下来，商品经济逐渐恢复，铜钱铸行量也就慢慢地多了起来。顺治十年（公元 1653 年），铜钱铸造量已经远远超过清初定制的数量。

表 2　　　　　　　　顺治十年至十六年铸钱数量表

年份	文献记载铸造数量（文）	大约数量（亿文）
顺治十年（公元 1653 年）	2521663740	25.2
顺治十一年（公元 1654 年）	2488544460	24.9
顺治十二年（公元 1655 年）	2413878080	24.1
顺治十三年（公元 1656 年）	2604872380	26.0
顺治十四年（公元 1657 年）	2340870816	23.4
顺治十五年（公元 1658 年）	140173990	1.4
顺治十六年（公元 1659 年）	191805710	1.9
平均岁铸	1814544168	18.1

　　资料来源：彭信威：《中国货币史》，第 611 页，转引《清实录》。

　　433　周卫荣：《中国古代钱币合金成分研究》，中华书局，2004 年版，第 456 页。

　　434　叶世昌：《中国金融通史》，第 519 页。转引：《大清会典》卷一四《钱法》，卷七三《鼓铸》。

清顺治十年至十六年每年铸造铜钱的平均数量大约为 18.1 亿文，即 181 万贯，略少于北宋时期每年铸造铜钱的平均数量。清初定制每枚铜钱重量 1 钱，后多有增长。顺治二年（公元 1645 年）改每枚铜钱重量为 1 钱 2 分；顺治八年（公元 1651 年）改每枚铜钱重量为 1 钱 2 分 5 厘；顺治十四年（公元 1657 年）又改每枚铜钱重量为 1 钱 4 分。

清朝铸行制钱，禁用旧钱，经历了一个过程。清初禁用旧钱，除明朝崇祯钱可以继续流通之外，其他旧钱均应上交官府，销熔更铸。顺治十年（公元 1653 年），朝廷重申法令，要求百姓三月内将旧钱上交，违者治罪。

顺治十年，重开密云、蓟州、宣化、阳和、临清铸造局。初户部以新铸钱足用，前代惟崇祯钱仍暂行，余准废铜输官，偿以直，并禁私铸及小钱、伪钱，更申旧钱禁。嗣以输官久不尽，通令天下，限三月期毕输，逾限行使，罪之。[435]

顺治十年（公元 1653 年），重新开办密云、蓟州、宣化、阳和、临清铸造局，铸造铜钱。起初户部认为新铸造的铜钱足够使用，明代铜钱只有崇祯年间铸造的铜钱仍然允许暂时流通，其他的铜钱按照废铜的价值输入官府，官府付给相应的价款，并禁止私铸铜钱以及小钱、伪钱流通，再次申明禁止旧钱流通的法令。嗣后，因为旧钱回收长久不尽，于是通令天下，限期 3 个月内输纳完毕，超过期限使用旧钱的，给予治罪。

此时，每枚铜钱重量已是 1 钱 2 分 5 厘，仍然有人盗铸，朝廷只好再次强调私铸律：

更定私铸律，为首及匠人罪斩决，财产没官，为从及知情买使，总甲十家长知情不首，地方官知情，分别坐斩绞，告奸

---

435 《清史稿》卷一二四《食货五·钱法》，第 3642 页。

赏银五十两。[436]

又修改私铸铜钱的法律：为首的人以及工匠判为斩立决，财产没入官府。从犯以及知情而被买通者、总甲十家长知情不揭发者、地方官知情不查办者，分别判处斩刑和绞刑，告发检举者赏银 50 两。

顺治十四年（公元 1657 年），每枚铜钱法定重量改为 1 钱 4 分，百姓铸钱无利，毁钱取铜有利，所以法律又规定禁止百姓毁钱。

自改铸一钱四分钱，奸民辄私销，乃定律罪之比私铸。遂禁造铜器，为私销也。十八年，申严其禁，军器、乐器之属，许造用五斤以下者。时重钱销益少，直苦昂。二十三年，允钱法侍郎陈廷敬纠复一钱旧制。久之，钱贵如故，乃申定钱直禁，银一两易钱毋得不足一千，然钱直终不能平。季年银一两易钱八百八十至七百七十。乃发五城平粜钱易银以平其价。[437]

自从改铸重量为 1 钱 4 分的重钱之后，奸民们经常私自销毁铜钱取铜。于是，立法规定私自销毁铜钱与私自铸造铜钱同罪。同时，禁止铸造铜器，以避免因铸造铜器而销毁铜钱。康熙十八年（公元 1679 年），申明从严执行禁令，只允许制造 5 斤以下的军器、乐器之类。当时重钱因被销毁而越来越少，苦于钱值昂贵。康熙 23 年（公元 1684 年），朝廷同意吏部侍郎兼管户部钱法堂铸钱事宜的陈廷敬的建议，恢复了过去铜钱重量为 1 钱的制度。但是，时间一长，铜钱价值昂贵如故。于是，朝廷申明禁止哄抬钱值，规定 1 两白银兑换铜钱不得少于 1000 枚。然而，铜钱价值终究不能平抑。到了康熙晚年（公元 1722 年）的时候，1 两白银交换 770～880 枚铜钱。于是，朝廷发放五城

436　《清史稿》卷一二四《食货五·钱法》，第 3642 页。

437　《清史稿》卷一二四《食货五·钱法》，第 3642～3643 页。

平枭钱回收白银，以平抑铜钱价格。

康熙年间（公元 1662 年至公元 1722 年），天下逐步呈现和平景象，商品经济复苏，铜钱总量出现不足，钱贵物贱的问题又凸显出来。到了康熙晚年，物价下跌影响了生产和交换。通货紧缩、市场萧条的问题日益严重，朝廷只好抛售铜钱收购白银，以平抑铜钱的价格。

制钱依靠朝廷的信用和法律强制进入流通，行使价值尺度和流通手段的职能，所以不再强调其金属重量，而是强调其法定货币地位。因此，制钱制度具有以下几个主要特点。

第一，制钱是当朝铸行的铜钱，而不是前朝或任何他朝铸行的铜钱。制钱依靠当朝的信用承担货币职能，当朝不必对任何他朝的信用承担偿付责任。所以，将制钱限定为当朝铸行的铜钱，可以强化本朝铸造铜钱的法定货币地位。

第二，制钱的形制由皇帝下诏规定，制钱的铸造、定价、流通、管理等相关法规均由皇帝批准实施。

第三，制钱由朝廷铸造。明朝陆续设置了宝源局、货泉局、宝泉局等机构专门办理铸钱事宜。后来，铸造铜钱的事情统一由工部管理，而制造宝钞的事情统一由户部管理。清王朝在工部设置宝源局，在户部设置宝泉局，办理铸钱制钞事宜。

第四节　清末制钱流通制度的败坏

咸丰三年（公元 1853 年），清王朝始铸虚币大钱。从中国古代史来看，铸造虚币大钱多在财政匮乏时期，属于朝廷饮鸩止渴的无奈之举，亦可谓亡国之举。王莽、三国吴蜀政权、北宋徽宗、元顺帝、明熹宗都曾铸行过虚币大钱，结果都造成经济崩溃，国家灭亡。咸丰年间铸行虚币大钱，与过去各朝一样，原因是朝廷财政匮乏，实属无奈。

　　道光三十年（公元 1850 年），洪秀全在广西省桂平县金田村起义，其后迅速向北发展，攻城略地。咸丰三年（公元 1853年），洪秀全的太平军攻入南京，建国定都，与清王朝展开了持久战。清王朝失去了大片富庶的土地，税收锐减，滇铜不能顺利经过战火笼罩的长江，铜材价格暴涨，铸造铜钱就出现了困难。税赋收不上来，铜钱铸造大幅度减少，打仗又等着钱用，所以清王朝不得不铸行虚币大钱，以助军用。咸丰大钱共分五等：

　　大钱当千至当十，凡五等，重自二两递减至四钱四分。当千、当五百，净铜铸造，色紫；当百、当五十、当十，铜铅配铸，色黄。百以上文曰："咸丰元宝"，以下曰"重宝"，幕满文局名。[438]

大钱从"当千"到"当十"，共分 5 个等级，其重量从 2 两递减至 4 钱 4 分。"当千"、"当五百"的铜钱，为纯铜铸造，呈紫色；"当百""当五十""当十"的铜钱，为铜铅合金铸造，呈黄色。百文以上的铜钱，铭文为"咸丰元宝"；百文以下的铜钱，铭文为"咸丰重宝"，背面用满文铸铭铸造局的名称。

　　当千大钱法重 20 钱，可以兑换 1000 钱，铸造者每铸 1 枚当千大钱即可获利 980 枚平钱。所以，当千大钱一经铸行，便立刻引发盗铸。铸造"当五百"、"当百"、"当五十"皆可获得暴利，于是盗铸泛滥。

　　通州河西务一带，奸民聚众私铸，竟敢于白昼之中公然设炉铸造，地方官畏其人众，不敢查问。[439]

在通州河西务地区，奸民聚众私铸铜钱，竟然敢在白天公开设炉铸造。因为集聚铸钱的人很多，地方官府十分畏惧，不敢前

438　《清史稿》卷一二四《食货五·钱法》，第 3646～3647 页。

439　石毓符：《中国货币金融史略》，第 101 页。转引：《咸丰东华录》。

去查问。

　　内忧未息，外患又起。咸丰十年（公元 1860 年），英法联军攻入北京，咸丰皇帝逃往热河。国将不国，铸行虚币大钱已经毫无意义，清王朝陆续废弃了各种虚币大钱，只存当十大钱一种。此时，1 枚当十大钱只当 2 枚制钱使用，如果将其更铸成为制钱，则可铸造 2 枚制钱有余，所以说虚币大钱已经名存实亡。

　　当十钱行独久，然一钱当制钱二，出国门即不通行。[440]只有当十钱流通时间较久，然而 1 枚当十钱只能当 2 枚制钱使用，而且走出京都城门便不能使用。

　　虚币大钱的铸行，给制钱带来了新的含义。以前，制钱相对前朝古钱而言，专指本朝铸行的铜钱。咸丰年间铸行虚币大钱之后，制钱相对虚币大钱而言，具备了平钱的含义。1 枚当十钱兑换 2 枚制钱，这里所说制钱即指平钱，而非虚币大钱。1 枚当十钱原本法定兑换 10 枚制钱，此时改为兑换 2 枚制钱，说明虚币大钱已经大幅度贬值。

　　同治三年（公元 1864 年），湘军攻入太平军都城天京（今南京），太平天国起义失败。太平天国的起义虽然失败，制钱流通制度却难以恢复。

　　咸丰时期铸行的钱币，不止最初几种，后由各省铸造的钱币种类繁杂，超过了西汉末年王莽时期的宝货制。第一，咸丰钱制多变，大钱铸行之后立即贬值，随着币值的下跌，铸钱法定重量频繁调整；第二，各局铸造钱币，文字不同，兼有汉满回文，更使种类繁多；第三，币材种类多样，铜分紫红黄，又出现了铁钱、铅钱；第四，面额自一文至当千，可分 16 级。钱币种类繁杂，轻重颠倒，常有十重于百，百重于千的矛盾现象。

　　440　《清史稿》卷一二四《食货五·钱法》，第 3648 页。

钱币之间比价矛盾，金属价值与面额价值比例失衡，造成熔铸获利机会。这样复杂的币制，百姓无法接受，只得转向以物易物的商品交换方式。

光绪十二年（公元 1886 年），清王朝决定重整制钱制度，先令直隶江苏督抚购置机器制造铜钱，并饬令各省开炉鼓铸。但此时铜价已涨至每百斤值银 13 ~ 14 两，铸造重量超过 1 钱的铜钱，不仅使朝廷亏损，而且引发百姓毁钱取铜。光绪十五年（公元 1889 年），广东钱局用机器制造制钱，质量精美，百姓无法仿造。但是，铜材和锌材的价格逐年上涨，制造制钱亏损甚巨。于是，光绪二十年（公元 1894 年），清王朝下令停止铸造制钱。制钱既不可恢复，虚币大钱又难以流通，自然要寻找一种新的符合当时客观需要的钱币形制。于是，新式机制铜元就应运而生了。

第五节 铜元流通制度的建立

咸丰大钱的铸行，引发了民间大规模的盗铸，原本已经岌岌可危的制钱流通制度便遭受到最后一次致命的打击，从此一蹶不振。西方列强的入侵，带来新的生产技术和新的钱币形制。于是，机制铜元便应运而生，并迅速取代了制钱的流通。

为什么清朝末期会出现铜元流通制度，其原因可以归纳为三个方面。

第一，制钱制度的败坏。咸丰大钱造成严重的通货膨胀，使得制钱流通制度难以为继。铜价昂贵，铸造制钱严重亏损，各官钱局陆续停止铸造制钱。同时，百姓熔毁制钱取铜，从中牟利，造成制钱流通数量大幅度减少。世界列强依靠坚船利炮打开了大清国的国门，中外通商带动了国内商品经济的发展，外国货币涌入国内市场，所以需要有一种新型的本国货币与外国金融势力相抗衡。

于是创铸银、铜元，设置银行，思划一币制，与东西洋各国相抗衡。[441]

于是开始铸造银元与铜元，开办银行，计划统一币制，与日本及西方各国相抗衡。

第二，继承大钱的流通。咸丰大钱铸行初期品类 5 种，继而品类发展增多。光绪年间，各类咸丰大钱多被废黜，只留下当十大钱继续流通。铜元最初的铸行，便是仿照"当十"大钱的形制，价值亦确定为每枚兑换 10 枚制钱，相当于采用机器制造的没有方孔的当十大钱。

第三，受到香港"铜仙"的影响。第一次鸦片战争后，道光二十二年（公元 1842 年），清王朝与英国签订《中英南京条约》，将香港割给英国。英国统治香港后，即在香港发行银币和铜币。香港铜币面文"香港一仙"，重量 7.4 克（1.984 钱）[442]，是价值一分的铜币，俗称铜仙。100 枚铜仙可以兑换 1 个香港银元。香港一仙由机器冲制，中间无孔，与浇铸方孔圆钱相比较，精美耐用。但其更为重要的特点是面值相当于当十大钱，制作成本低于浇铸的铜钱。

太平天国起义失败之后，国内大规模战争逐渐平息，商品经济恢复繁荣。清王朝试图采用机器制造铜钱，解决货币供应不足及品种繁杂的问题。光绪十五年（公元 1889 年），广东钱局用机器制造制钱，亏损甚巨。光绪二十年（公元 1894 年），清王朝下令停止使用机器制造制钱。光绪二十三年（公元 1897 年），江西道监察御史陈其璋奏请制造铜元，并指出铜元流通具有 8 个好处，可以解决 4 个问题：

---

441 《清史稿》卷一二四《食货五·钱法》，第 3648 页。

442 清代 1 斤折合现代 596.8 克，1 两折合现代 37.3 克，1 钱折合现代 3.73 克。

铸大小铜圆三品，一品重四钱，中品半之，下品又半之，以补制钱之不足……需铜少而值钱多，利一。成色定而抵值准，利二。分为三品，市适用，利三。不穿中孔，工省价廉，利四。铜色精莹，人知宝贵，利五。往来便于携带，利六。鼓铸愈多，银价自长，利七。行用既广，物价亦平，利八。以言乎弊，则不禁自绝者四：花纹精工，难以伪造，一也。铢两分等，私铸难混，二也。值钱即多，毁熔无利，三也。抵值既准，兑换无可低昂，四也。[443]

铸造大小不同的三种铜元，第一种铜元的重量为4钱，第二种铜元的重量为2钱，第三种铜元的重量为1钱，以补充制钱数量的不足。……这样做有8个好处：第一，需要的铜材少而铸造铜钱的价值多；第二，铜钱的成色一致而价值准确；第三，分为3个种类，各自适合市场的需求；第四，没有中间的孔，制造节省成本；第五，铜色美观，人们知道珍惜；第六，往来携带方便；第七，铸造数量增大，铜钱价值可以下降，解决铜钱贵重的问题；第八，流通广泛，物价就会平稳。谈到铜钱流通中的问题，这样做可以不通过法律强制就能解决4个问题：第一，铜元花纹精美，百姓难以伪造，解决了百姓私铸铜钱的问题；第二，铜元分成3类，其他的钱难以混在其中流通，解决了钱币流通种类繁杂的问题；第三，铜元价值高昂，销毁为铜材不能获利，解决了百姓销毁铜钱的问题；第四，铜元制造统一、价值准确，解决了通过兑换来套利的市场投机活动问题。

陈其璋提出的主张，促进了清王朝制行铜元的行动。光绪二十六年（公元1900年），广东开始铸行铜元，获利颇丰。于是，清王朝下令沿江沿海各省开造铜元。此时，铸造铜元盈利可达30%，所以各省纷纷向外国订购机器，大量生产铜元。各

443　印鸾章：《清鉴纲目》，岳麓书院，1987年版，第668页。

省所铸铜元皆文"光绪通宝",但省名及花纹不同。光绪三十一年(公元1905年),户部奏称,铜元开铸已有17省,设局多至20处。至此,铜元流通制度已经基本形成,铜元流通数量巨大,在很大程度上替代了制钱的流通。

第六节　铜元的形制及其演变

光绪二十六年(公元1900年),广东最初制造的铜元每枚重量2钱,折合现代7.46克,与香港一仙的重量十分接近。铜圆的表面铭文"光绪元宝"四汉字和"广宝"二满字,周围有"每百个换一圆"字样,背面中央有团龙花纹,周围有英文"KWANGTUNG ONE CENT"(广东一仙)。

光绪三十年(公元1904年),新制造的铜元不再铭文"每百个换一圆",而改为"每枚当制钱十文",英文"广东一仙"也改为"TEN CASH"(十文)。形制上的改变,表明铜元从与银元联系转为与制钱联系,从价值百分之一银元转为价值十文制钱。这一转变具有重要意义,铜元不再是银元百分之一价值的代表,而是体现独立价值的铜钱。铜货币与银货币脱离,使得铜与银的比价具备了更为灵活的浮动空间,能够根据两者市场供求关系随时自动调整。

清王朝制造的铜元,主要有两种形式,一是光绪通宝;二是大清铜币。大清铜币的制造,比光绪通宝晚些。光绪三十一年(公元1905年),清王朝为了统一币制,命令各省开铸格式相同的大清铜币,铜币正面铭文"大清铜币"四个汉字,中心添加制造地名简称,两侧有"户部"二字,上端是"大清铜币"的满文字,下端是"当制钱十文"。钱背中央仍为蟠龙,上端是"光绪(或宣统)年造",下端英文"TAI CHING TI KUO COPPER COIN"(大清帝国铜币)。

使用 2 钱重量的铜金属铸造法定兑换 10 枚制钱的圆形方孔铜钱，百姓不愿意接受，并会引起百姓的盗铸，造成严重的通货膨胀。使用 2 钱重量的铜金属制造机器铜元，法定兑换 10 枚制钱，百姓却愿意接受。由于铜元使用机器制造，百姓难以盗铸，所以价值基本能够保持稳定。于是，铜元很快就取代了方孔圆形的制钱，成为主要的流通货币。

各省制造铜元，虽然基本形制统一，但仍存在区别，并且种类迅速增多。光绪元宝于光绪二十六年（公元 1900 年）首先制造于广东，至光绪三十一年（公元 1905 年）已有 17 省制造，花样繁多，背蟠龙有坐龙、立龙、飞龙，花星有六花星、梅花星、五角星、十字星、半字星，书法、文字亦各不相同。大清铜币一开始就在各省制造，龙形各不相同。两种铜元面额皆有不同，自 1 文至 30 文不等，其中 1 文、2 文、5 文、30 文较少，多为 10 文、20 文品种。

第七节　制钱流通被铜元流通所取代

铜元由各省制造，初期的制造利润为 30%，所以各省奋力制造，铜元数量日多。据梁启超先生估计，自光绪三十年至三十四年（公元 1904 年至公元 1908 年），各省制造铜元总量达 120 余亿枚。[444]如果我们估计各种面额铜元平均为每枚价值 10 文制钱的话，120 亿枚铜元的价值就是 1200 亿枚制钱。在白银已经成为主货币的情况下，铜元作为小额支付手段，这个数额可以说是相当可观了。估计当时铜元流通的价值已经超过制钱流通的价值。至此，在流通的货币中，制钱已经大部分被铜元所

444　石毓符：《中国货币金融史略》，第 107～108 页。转引梁启超：《各省滥铸铜元小史》。

售，以致铸造的成本都不能收回。

光绪三十四年（公元 1908 年），内阁奉上谕：

度支部奏请令各厂暂行停铸铜元一摺。现在京、外铜元日益增多，民间减折行使，银价愈贵，物价愈昂，前经发款减价收买铜元，仍是充斥未收实效。著照所请京、外各厂暂行停铸铜元数月，俟铜元价值稍平，察看市面情形再行复铸。余著照所议办理。钦此。[448]

度支部奏请令各铸币厂暂时停止铸造铜元的折子说：现在京城及各地铜元日益增多，民间将其打折使用，白银的价格越来越贵，商品价格也越来越高。以前朝廷发款减价收买铜元，但铜元仍然充斥市场，朝廷的措施未见实效。为此，批准其所请，命令京城、各地铸造厂停止铸造铜元数月，等到铜元价值正常，查看市场情况平稳后，再回复铸造。其余各项，可照度支部提出的方案办理。

铜元是继铜钱之后朝廷控制国民经济的手段，铜元贬值自然对朝廷不利，所以清王朝在发现铜元贬值之后立即采取措施，暂时停止铸造铜元。暂时停止铸造铜元，并没有能够抑制住铜元的贬值。宣统三年（公元 1911 年），1 枚银元在上海可以兑换 134 枚铜元，在苏州可以兑换 132 枚铜元，在杭州可以兑换 130 枚铜元，在有些地方甚至可以兑换 170~180 枚铜元。到了大清朝灭亡的时候，铜元已经成为滥恶劣币了，"及清亡，而铜元遂为病恶币矣"。[449]

清朝的灭亡，依然没有能够止住铜元价值的下降。民国初年，军阀割据势力纷纷设厂制造铜元。公元 1921 年，1 枚银元可以兑换 154 枚铜元；公元 1927 年，1 枚银元可以兑换 294 枚铜元；公元 1930 年，1 枚银元可以兑换 301 枚铜元。北伐战争之后，铜元逐步被镍币所替代，渐渐退出了流通领域。

448　中国人民银行总行参事室金融史料组：《中国近代货币史资料》，第 963 页。
449　戴铭礼：《中国货币史》，商务印书馆，1934 年版，第 54 页。

附　　录

附录一　铜钱流通分期年表

年表1：战国时期秦国、秦代、汉初期（半两钱出现及流通时期）

（1）战国时期秦国（公元前403年至公元前221年，共历11王，182年）

秦简公	公元前403年至公元前400年
秦惠公	公元前399年至公元前387年
出子	公元前386年至公元前385年
秦献公	公元前384年至公元前362年
秦孝公	公元前361年至公元前338年
秦惠文王	公元前337年至公元前311年
秦武王	公元前310年至公元前307年
秦昭襄王	公元前306年至公元前250年
秦孝文王	公元前250年至公元前250年
秦庄襄王	公元前249年至公元前247年
秦王政	公元前246年至公元前221年

（2）秦代（公元前221年至公元前206年，共历二帝，15年）

秦始皇	嬴政	公元前221年至公元前210年
秦二世	胡亥	公元前209年至公元前206年

（3）汉初期（公元前206年至公元前113年，共历5帝1

兴）

殇帝	刘隆	公元 106 年至公元 106 年（延平）
安帝	刘祜	公元 107 年至公元 125 年（永初、元初、永宁、建光、延光）
顺帝	刘保	公元 126 年至公元 144 年（永建、阳嘉、永和、汉安、建康）
冲帝	刘炳	公元 145 年至公元 145 年（永憙）
质帝	刘缵	公元 146 年至公元 146 年（本初）
桓帝	刘志	公元 147 年至公元 167 年（建和、和平、元嘉、永兴、永寿、延熹、永康）
灵帝	刘宏	公元 168 年至公元 189 年（建宁、熹平、光和、中平）
少帝	刘辩	公元 189 年至公元 189 年（光熹、昭宁）
献帝	刘协	公元 189 年至公元 220 年（永汉、中平、初平、兴平、建安、延康）

（3）三国、两晋（公元 220 年至公元 420 年，共 200 年）

魏　　　（公元 220 年至公元 265 年，共历 5 帝，45 年）

文帝	曹丕	公元 220 年至公元 226 年（黄初）
明帝	曹叡	公元 227 年至公元 239 年（太和、青龙、景初）
齐王	曹芳	公元 240 年至公元 254 年（正始、嘉平）
高贵乡公	曹髦	公元 254 年至公元 260 年（正元、甘露）
元帝	曹奂	公元 260 年至公元 265 年（景元、咸熙）

蜀		（公元 221 年至公元 263 年，共历 2 帝，42 年）
昭烈帝	刘备	公元 221 年至公元 223 年（章武）
后主	刘禅	公元 223 年至公元 263 年（建兴、延熙、景耀、炎兴）
吴		（公元 222 年至公元 280 年，共历 4 帝，58 年）
大帝	孙权	公元 222 年至公元 252 年（黄武、黄龙、嘉禾、赤乌、太元、神鳳）
会稽王	孙亮	公元 252 年至公元 258 年（建兴、五鳳、太平）
景帝	孙休	公元 258 年至公元 264 年（永安）
末帝	孙皓	公元 264 年至公元 280 年（元兴、甘露、宝鼎、建衡、凤凰、天册、天玺、天纪）
西晋		（公元 265 年至公元 317 年，共历 4 帝，52 年）
武帝	司马炎	公元 265 年至公元 290 年（泰始、咸宁、太康、太熙）
惠帝	司马衷	公元 290 年至公元 306 年（永熙、永平、元康、永康、永宁、太安、永安、建武、永兴、光熙）
怀帝	司马炽	公元 307 年至公元 313 年（永嘉）
愍帝	司马鄴	公元 313 年至公元 317 年（建兴）
东晋		（公元 317 年至公元 420 年，共历 11 帝，103 年）
元帝	司马睿	公元 317 年至公元 323 年（建武、大兴、永昌）
明帝	司马绍	公元 323 年至公元 326 年（太宁）
成帝	司马衍	公元 326 年至公元 342 年（咸和、咸康）

道武帝	拓跋珪	公元 386 年至公元 409 年（登国、皇始、天兴、天赐）
明元帝	拓跋嗣	公元 409 年至公元 423 年（永兴、神瑞、泰常）
太武帝	拓跋焘	公元 424 年至公元 452 年（始光、神麚、延和、太延、太平真君、正平）
南安王	拓跋余	公元 452 年至公元 452 年（承平）
文成帝	拓跋濬	公元 452 年至公元 465 年（兴安、兴光、太安、和平）
献文帝	拓跋弘	公元 466 年至公元 471 年（天安、皇兴）
孝文帝	元宏	公元 471 年至公元 499 年（延兴、承明、太和）
宣武帝	元恪	公元 500 年至公元 515 年（景明、正始、永平、延昌）
孝明帝	元诩	公元 516 年至公元 528 年（熙平、神龟、正光、孝昌、武泰）
孝庄帝	元子攸	公元 528 年至公元 530 年（建义、永安）
长广王	元晔	公元 530 年至公元 531 年（建明）
节闵帝	元恭	公元 531 年至公元 531 年（普泰）
安定王	元朗	公元 531 年至公元 532 年（中兴）
孝武帝	元修	公元 532 年至公元 534 年（太昌、永兴、永熙）
东魏		（公元 534 年至公元 550 年，高欢胁迫北魏孝武帝元修逃关中，另立元善见为帝，迁都邺，史称东魏，共历 1 帝，17 年）
孝静帝	元善见	公元 534 年至公元 550 年（天平、元

象、兴和、武定）

北齐		（公元 550 年至 577 年，高欢子高洋代东魏称帝，共历 6 帝，27 年）
文宣帝	高洋	公元 550 年至公元 559 年（天保）
废帝	高殷	公元 560 年至公元 560 年（乾明）
孝昭帝	高演	公元 560 年至公元 561 年（皇建）
武成帝	高湛	公元 561 年至公元 565 年（太宁、河清）
后主	高纬	公元 565 年至公元 576 年（天统、武平、隆化）
安德王	高延宗	公元 576 年至公元 576 年（德昌）
幼主	高恒	公元 577 年至公元 577 年（承光）
西魏		（公元 534 年至 557 年，宇文泰杀元修，立元宝炬为帝，共历 3 帝，23 年）
文帝	元宝炬	公元 535 年至公元 551 年（大统）
废帝	元钦	公元 551 年至公元 554 年（无年号）
恭帝	拓跋廓	公元 554 年至公元 557 年（无年号）
北周		（公元 557 年至公元 581 年，宇文泰子宇文觉代魏称帝，共历 5 帝，24 年）
孝闵帝	宇文觉	公元 557 年至公元 558 年（无年号）
明帝	宇文毓	公元 559 年至公元 560 年（武成、武定）
武帝	宇文邕	公元 561 年至公元 578 年（保定、天和、建德、宣政）
宣帝	宇文赟	公元 579 年至公元 579 年（大成）
静帝	宇文衍	公元 579 年至公元 581 年（大象、大定）

（5）隋、唐初期（公元 581 年至公元 621 年，共 40 年）

化）

| 郢王 | 朱友珪 | 公元913年至公元913年（鳳曆：正月至二月） |
| 末帝 | 朱友贞 | 公元913年至公元923年（乾化、贞明、龍德） |

后唐 （公元923年至公元936年，共历4帝，14年）

莊宗	李存勗	公元923年至公元926年（同光）
明宗	李嗣源	公元926年至公元933年（天成、長興）
闵帝	李從厚	公元934年至公元934年（应顺：正月至四月）
末帝	李從珂	公元934年至公元936年（清泰）

后晋 （公元936年至公元946年，共历2帝，11年）

| 高祖 | 石敬瑭 | 公元936年至公元944年（天福） |
| 出帝 | 石重贵 | 公元944年至公元946年（開运） |

后漢 （公元947年至公元950年，共历2帝，4年）

| 高祖 | 刘知遠 | 公元947年至公元948年（天福、乾祐） |
| 隐帝 | 刘承祐 | 公元948年至公元950年（乾祐） |

后周 （公元951年至公元960年，共历3帝，9年）

太祖	郭威	公元951年至公元954年（廣顺）
世宗	柴榮	公元954年至公元959年（顯德）
恭帝	柴宗训	公元959年至公元960年（顯德）

年表4：宋（年号钱流通时期）

（1）北宋（公元960年至公元1125年，共历9帝，165年）

| 太祖 | 趙匡胤 | 公元960年至公元976年（建隆、乾德、開寶） |
| 太宗 | 趙光義 | 公元976年至公元997年（太平興 |

國、雍熙、端拱、淳化、至道）

| 真宗 | 趙恒 | 公元 998 年至公元 1022 年（咸平、景德、大中祥符、天禧、乾興） |

仁宗　　趙禎　　公元 1023 年至公元 1063 年（天聖、明道、景祐、寶元、康定、慶曆、皇祐、至和、嘉祐）

英宗　　趙曙　　公元 1064 年至公元 1067 年（治平）

神宗　　趙頊　　公元 1068 年至公元 1085 年（熙寧、元豐）

哲宗　　趙煦　　公元 1086 年至公元 1100 年（元祐、紹聖、元符）

徽宗　　趙佶　　公元 1101 年至公元 1125 年（建中靖國、崇寧、大觀、政和、重和、宣和）

欽宗　　趙桓　　公元 1126 年至公元 1127 年（靖康）

（2）南宋（公元 1127 年至公元 1279 年，共歷 9 帝，152 年）

高宗　　趙構　　公元 1127 年至公元 1162 年（建炎、紹興）

孝宗　　趙昚　　公元 1163 年至公元 1189 年（隆興、乾道、淳熙）

光宗　　趙惇　　公元 1190 年至公元 1194 年（紹熙）

寧宗　　趙擴　　公元 1195 年至公元 1224 年（慶元、嘉泰、開禧、嘉定）

理宗　　趙昀　　公元 1225 年至公元 1264 年（寶慶、紹定、端平、嘉熙、淳祐、寶祐、開慶、景定）

度宗　　趙禥　　公元 1265 年至公元 1274 年（咸淳）

恭帝　　趙顯　　公元 1275 年至公元 1276 年（德祐）

| 端宗 | 赵昰 | 公元 1276 年至公元 1278 年（景炎） |
| 末帝 | 赵昺 | 公元 1278 年至公元 1279 年（祥興） |

年表 5：元（单一纸币流通时期）

元　　（公元 1271 年至公元 1368 年，共历 9 帝，97 年）

世祖	忽必烈	公元 1260 年至公元 1294 年（中统、至元）
成宗	鐵穆耳	公元 1295 年至公元 1307 年（元貞、大德）
武宗	海山	公元 1308 年至公元 1311 年（至大）
仁宗	爱育黎	公元 1312 年至公元 1320 年（皇慶、延祐）
英宗	硕德八剌	公元 1321 年至公元 1323 年（至治）
泰定帝	也孙	公元 1324 年至公元 1328 年（泰定、致和）
天顺帝	阿速吉八	公元 1328 年至公元 1328 年（天顺）
文宗	圖帖睦爾	公元 1328 年至公元 1333 年（天曆、至顺）
惠宗	妥懽	公元 1333 年至公元 1370 年（元统、至元、至正）

注：元世祖忽必烈公元 1260 年为大汗，建元中统，至元年间公元 1271 年定国号为大元。仁宗爱育黎的全名是爱育黎拔力八達。泰定帝也孙的全名是也孙鐵木兒。惠宗妥懽的全名是妥懽帖睦爾。公元 1368 年惠宗元顺帝妥懽帖睦爾退出大都，北走塞外，元朝结束。

年表 6：明、清（制钱流通时期）

（1）明（公元 1368 年至公元 1644 年，共历 17 帝，276 年）

太祖	朱元璋	公元 1368 年至公元 1398 年（洪武）
惠帝	朱允炆	公元 1399 年至公元 1402 年（建文）
成祖	朱棣	公元 1403 年至公元 1424 年（永乐）
仁宗	朱高熾	公元 1425 年（洪熙）

宣宗	朱瞻基	公元 1426 年至公元 1435 年（宣德）
英宗	朱祈镇	公元 1436 年至公元 1449 年（正统）
代宗	朱祈钰	公元 1450 年至公元 1456 年（景泰）
英宗	朱祈镇	公元 1457 年至公元 1464 年（天顺）
宪宗	朱见深	公元 1465 年至公元 1487 年（成化）
孝宗	朱祐樘	公元 1488 年至公元 1505 年（弘治）
武宗	朱厚照	公元 1506 年至公元 1521 年（正德）
世宗	朱厚熜	公元 1522 年至公元 1566 年（嘉靖）
穆宗	朱载垕	公元 1567 年至公元 1572 年（隆庆）
神宗	朱翊钧	公元 1573 年至公元 1620 年（万历）
光宗	朱常洛	公元 1620 年（泰昌）
熹宗	朱由校	公元 1621 年至公元 1627 年（天启）
思宗	朱由检	公元 1628 年至公元 1644 年（崇祯）

（2）清（公元 1644 年至公元 1911 年，共历 12 帝，267 年）

太祖	努尔哈赤	公元 1616 年至公元 1626 年（天命）
太宗	皇太极	公元 1627 年至公元 1643 年（天聪、崇德）
世祖	福临	公元 1644 年至公元 1661 年（顺治）
圣祖	玄烨	公元 1662 年至公元 1722 年（康熙）
世宗	胤禛	公元 1723 年至公元 1735 年（雍正）
高宗	弘历	公元 1736 年至公元 1795 年（乾隆）
仁宗	颙琰	公元 1796 年至公元 1820 年（嘉庆）
宣宗	旻宁	公元 1821 年至公元 1850 年（道光）
文宗	奕詝	公元 1851 年至公元 1861 年（咸丰）
穆宗	载淳	公元 1861 年至公元 1874 年（祺祥、同治）
德宗	载湉	公元 1875 年至公元 1908 年（光绪）
溥仪		公元 1909 年至公元 1911 年（宣统）

附录二 铜钱法制史大事记

1. 半两钱大事记

王朝纪年	公元前	大事纪要
秦献公七年	378 年	秦"初行为市"。
秦孝公元年	361 年	卫鞅入秦。
秦孝公十二年	350 年	卫鞅统一秦国度量衡。
秦孝公十四年	348 年	秦"初为赋"。
秦惠文王二年	336 年	秦"初行钱"。
秦王政二十六年	221 年	秦统一中国。秦王政改称"始皇帝"。统一度量衡。废止各诸侯国货币,将战国晚期秦国的以半两钱为核心的货币体系推广到全国使用。
秦二世元年	209 年	秦"复行钱"。陈胜、吴广起义。
汉高帝元年	206 年	秦亡。刘邦为汉王。楚汉战争开始。
汉高帝二年	205 年	"更令民铸钱,一黄金一斤"。
汉高帝五年	202 年	楚汉战争结束。刘邦即皇帝位。
汉高帝八年	199 年	禁私铸。
高皇后二年	186 年	"行八铢钱"。
高皇后六年	182 年	"行五分钱"。
汉文帝前五年	175 年	"令民纵得自铸钱"。
汉景帝三年	154 年	吴、楚之乱,当年被平定。
汉景帝中六年	144 年	"定铸钱伪黄金者弃市律"。
汉景帝后元三年	141 年	刘彻即位,是为汉武帝。

王朝纪年	公元前	大事纪要
汉武帝元光六年	129 年	汉匈战争开始。
汉武帝元狩四年	119 年	造皮币、白金三品；更铸三铢钱，汉匈战争决战。盐铁官营。颁布算缗令。
汉武帝元狩五年	118 年	"更请诸郡国铸五铢钱"。
汉武帝元狩六年	117 年	杨可告缗。
汉武帝元鼎元年	116 年	"请令京师铸钟官赤侧，一当五"。
汉武帝元鼎二年	115 年	"白金终废不行"。张汤自杀。桑弘羊创立均输法。
汉武帝元鼎四年	113 年	"悉禁郡国无铸钱，专令上林三官铸"。"令天下非三官钱不得行。诸郡国所前铸钱皆废销之"。上林三官五铢货币体系被确立。

注：

自秦惠文王二年（公元前 336 年）"初行钱"，至汉武帝元鼎四年（公元前 113 年）彻底退出流通领域，半两钱共计流通了 223 年。

自秦惠文王二年（公元前 336 年）"初行钱"，至秦王政二十六年（公元前 221 年）统一全国币制，半两钱在战国时期的秦国内流通了 115 年。

自秦王政二十六年（公元前 221 年）统一全国币制，至汉武帝元狩四年（公元前 119 年）更铸三铢钱，半两钱作为全国统一、唯一流通的铜钱，流通了 102 年。

自秦王政二十六年（公元前 221 年）统一全国币制，至汉武帝元鼎四年（公元前 113 年）令天下非三官钱不得行，半两钱最终退出流通领域，半两钱作为全国统一流通的铜钱，流通了 108 年。

自汉武帝元狩四年（公元前 119 年）令县官更铸三铢钱，至汉武帝元鼎四年（公元前 113 年）半两钱最终退出流通领域，半两钱伴随三铢钱、郡国五铢钱、赤侧五铢钱，继续混合流通了 6 年。

2. 五铢钱大事记

（1）西汉中、后期（包括新莽、更始等）

王朝纪年	公元	大事纪要
汉武帝元封元年	前 110 年	实行平准。
汉武帝天汉三年	前 98 年	实行酒榷。
汉武帝征和四年	前 89 年	汉武帝轮台罪己。
汉武帝后元二年	前 87 年	汉武帝崩于五柞宫。
汉昭帝始元六年	前 81 年	盐铁会议。
汉昭帝元凤元年	前 80 年	桑弘羊被杀。
汉宣帝本始元年	前 73 年	始铸"宣帝五铢"钱。
居摄二年	7 年	造"大钱五十"、"契刀"、"错刀",与五铢钱凡四品,并行。
居摄三年	8 年	王莽即天子位,做真皇帝,国号新。
始建国元年	9 年	废止五铢钱、契刀、错刀,行"小泉",与"大泉五十"并行。更名天下田曰"王田",奴婢曰"私属",皆不得买卖。
始建国二年	10 年	设五均、六筦。行"宝货制",共五物、六名、二十八品。
天凤元年	14 年	罢大、小钱,行"货泉"、"货布"钱。
地皇四年	23 年	起义军攻入长安,斩杀王莽于渐台。刘玄称帝,建立更始。
更始二年	24 年	更始政权铸行五铢钱。

(2) 东汉、三国、两晋

王朝纪年	公元	大事纪要
汉光武帝建武元年	25 年	刘秀称帝,改元建武,是为汉光武帝,东汉政权建立。
汉武帝建武十六年	40 年	铸行"建武五铢"钱。
汉灵帝中平三年	186 年	铸行"四出五铢"钱。

续表

王朝纪年	公元	大事纪要
汉献帝初平元年	190 年	董卓废五铢钱更铸小钱。
汉献帝建安十三年	208 年	曹操废董卓小钱，还用五铢钱。
汉献帝建安十九年	214 年	刘备铸行"直百钱"。
魏文帝黄初二年	221 年	曹丕初复五铢钱。当年又罢五铢钱，令百姓以谷帛为市。
吴大帝嘉禾五年	236 年	东吴铸行"大泉五百"钱。
吴大帝赤乌元年	238 年	东吴铸行"大泉当千"钱。
魏明帝太和元年	227 年	曹魏复五铢钱。
两晋时期	265 年至420 年	朝廷一直没有铸行新钱，在流通中主要沿用汉、魏五铢钱及各种古钱，许多地区的商品交换转向以物易物的交换方式或以谷帛为币。
晋愍帝建兴元年	313 年	凉州刺史张轨恢复五铢钱流通。
晋元帝大兴二年	319 年	北方后赵政权铸行"丰货"钱。
晋明帝太宁元年	323 年	沈充铸钱，俗称沈郎钱。
晋成帝成康四年	338 年	北方成汉政权铸行"汉兴"钱。
大夏真兴元年	419 年	北方大夏政权铸行"大夏真兴"钱。

（3）南北朝、隋、唐初期

王朝纪年	公元	大事纪要
宋文帝元嘉七年	430 年	刘宋王朝立钱署，铸四铢钱。
宋孝武帝孝建元年	454 年	刘宋王朝更铸四铢钱，即"孝建四铢"钱。
宋前废帝景和元年	465 年	刘宋王朝铸行二铢钱。当年沈庆之启通私铸，钱货乱败。

王朝纪年	公元	大事纪要
齐武帝永明八年	490 年	南齐王朝在西汉邓通铸钱旧址铸造铜钱千余万。
北魏孝文帝太和十九年	495 年	北魏王朝铸行"太和五铢"钱。
梁武帝天监元年	502 年	萧梁王朝铸行"天监五铢"钱。
北魏宣武帝永平三年	510 年	北魏王朝铸行"永平五铢"钱。
梁武帝普通四年	523 年	萧梁王朝更铸"五铢铁钱"。人以铁贱易得,并皆私铸。
北魏孝庄帝永安二年	529 年	北魏王朝铸行"永安五铢"钱。
北齐文宣帝天保四年	553 年	北齐王朝铸行"常平五铢"钱。
梁元帝承圣年间	553 年至555 年	萧梁王朝铸行"二柱五铢"钱。
梁敬帝太平二年	557 年	萧梁王朝铸行"四柱五铢"钱。
北周武帝保定元年	561 年	北周王朝铸行"布泉"钱。
陈文帝天嘉三年	562 年	陈王朝铸行五铢钱。
北周武帝建德三年	574 年	北周王朝铸行"五行大布"钱。
北周孝静大象元年	579 年	北周王朝铸行"永通万国"钱。
陈宣帝太建十一年	579 年	陈王朝铸行"太货五铢"钱。
隋文帝开皇元年	581 年	隋王朝铸行"开皇五铢"钱。
隋炀帝大业年间	605 年至618 年	隋王朝铸行"五铢白钱"。
唐太祖武德四年	621 年	唐王朝铸行"开元通宝"钱。五铢钱制度终结。

3. 开元通宝大事记

王朝纪年	公元	大事纪要
唐太宗贞观年间	627年至649年	唐朝军队四方征伐，远戎宾服，百国来朝。伊、落以东，暨乎海岱，苍茫千里，人烟断绝，鸡犬不闻，商品经济颓废。
唐高宗显庆五年	660年	敕以恶钱转多，令所在官私为市取，以五恶钱酬一好钱。
唐高宗乾封元年	666年	改造新钱，文曰乾封泉宝，一文当旧钱之十。
唐高宗乾封二年	667年	废弃乾封泉宝钱，恢复开元通宝钱的铸造和流通。
唐玄宗天宝十四年	755年	安禄山在范阳发动叛乱，南下攻陷洛阳。
唐玄宗天宝十五年	756年	唐玄宗奔蜀，太子李亨至灵武即位，是为唐肃宗，遥尊唐玄宗为太上皇。
唐肃宗乾元元年	758年	唐王朝铸行乾元重宝钱，与开元通宝参用，以一当十。
唐肃宗乾元二年	759年	唐王朝铸行乾元重宝重棱钱，以一当五十。史思明铸行"得壹元宝"钱。
唐肃宗上元元年	760年	减重棱钱以一当三十，开元旧钱与乾元十当钱，皆以一当十，由是钱有虚实之名。
唐肃宗宝应元年	762年	唐王朝降低虚币大钱法定兑换率。
唐代宗广德元年	763年	安、史之乱结束。吐蕃攻占长安十余日。
唐代宗大历七年	772年	唐王朝禁止百姓铸造铜器。
唐德宗建中元年	780年	实行两税法，爆发钱荒。
唐德宗贞元元年	785年	唐王朝禁止百姓挟钱出境。
唐德宗贞元九年	793年	唐王朝开放铜矿山，允许百姓开采。
唐宪宗元和三年	808年	唐王朝禁止百姓蓄钱。
唐穆宗长庆元年	821年	唐王朝废黜"以钱计税"的方法。
唐昭宗天祐四年	907年	朱温代唐称帝，唐朝灭亡。

4. 年号钱大事记

（1）北宋

宋太祖建隆元年	960 年	赵匡胤代周称帝，建立宋朝。铸行"宋元通宝"钱。
宋太祖建隆三年	962 年	敕令挟十贯以上铜钱出境者处死。
宋太祖开宝元年	968 年	诏令挟五贯以上铜钱出境者处死。
宋太祖开宝九年	976 年	宋太宗即位，诏令禁止百姓开矿采铜。令铸行"太平通宝"钱。
宋太宗淳化元年	990 年	铸行"淳化通宝"钱。
宋太宗淳化二年	991 年	诏令禁止百姓毁钱铸器，犯者斩。
宋太宗至道元年	995 年	铸行"至道通宝"钱。此后，每次改元皆铸行新年号钱，年号钱遂成定制。
宋真宗天禧三年	1019 年	诏令禁止百姓挟铜材出境。
宋仁宗天圣元年	1023 年	设置交子务，将民间纸币交子收归官营。
宋仁宗康定元年	1040 年	宋夏战争爆发，宋军败于三川口。诏令挟一贯以上铜钱出境者处死。始铸当十虚币大钱。
宋神宗熙宁二年	1069 年	王安石推行变法。
宋神宗熙宁四年	1071 年	大规模铸行折二钱，折二钱遂行于天下。
宋神宗熙宁七年	1074 年	王安石变法，取消钱禁，铜钱大量外流。
宋神宗元丰四年	1081 年	宋军攻打西夏，大败。
宋徽宗崇宁元年	1102 年	蔡京出任宰相，铸行"圣宋通宝"折五钱；"崇宁重宝"折十钱，引发民间大规模盗铸，钱法大乱。
宋徽宗崇宁二年	1103 年	铸造虚币大钱使朝廷从民间掠取了大量的钱财。于是，宋军攻打西夏，节节胜利，攻克湟州、鄯州、廓州。
宋徽宗大观元年	1107 年	为助军用，发行纸币交子超过限额二十倍，出现纸币信用危机，诏改四川交子为钱引。
宋徽宗大观四年	1110 年	诏令禁止百姓占有铜材。
宋徽宗宣和二年	1120 年	宋联金攻辽。方腊起义。
宋徽宗宣和七年	1125 年	金军擒获辽天祚帝，辽灭。金军南下攻宋，宋徽宗退位。
宋钦宗靖康二年	1127 年	宋徽宗、宋钦宗被金军俘虏北去，北宋灭亡。

（2）南宋

宋高宗建炎元年	1127 年	宋高宗即位于南宋应天府，南宋王朝建立。
宋高宗绍兴五年	1135 年	对违法毁钱铸器者，实行结保连坐。
宋高宗绍兴七年	1137 年	川陕副帅吴玠在河池印行银会子。
宋高宗绍兴十一年	1141 年	南宋与金朝订立"绍兴和议"。岳飞被害。
宋高宗绍兴二十八年	1158 年	颁布《铜钱出界罪赏》。
宋高宗绍兴三十年	1160 年	临安府印制纸币会子，将民间会子收归官营。
宋孝宗淳熙五年	1178 年	诏会子以一千万缗为一界。
宋宁宗庆元年间	1195 年至1200 年	颁布《庆元条法事类》。
宋宁宗开禧二年	1206 年	韩侂胄北伐金国失败。
宋理宗绍定五年	1232 年	会子总量达两亿两千余万缗，二十二倍于每界定额。
宋理宗端平元年	1234 年	南宋联蒙灭金，金灭，宋蒙战争爆发。
宋理宗嘉熙年间	1237 年至1240 年	会子达四亿一千余万缗，四十一倍于每界定额，出现严重的通货膨胀。
宋理宗开庆元年	1259 年	蒙古大汗蒙哥死于四川。
宋理宗景定元年	1260 年	忽必烈即大汗位于开平，国号元，改元中统。元朝廷印行"中统宝钞"，禁止金银、铜钱流通，建立了单一纸币流通制度。宋朝地界会子20 万文不足买双草鞋，不足供一名战士一日之需。
宋恭帝德祐二年	1276 年	宋恭帝上表请降，元军入临安，宋恭帝被元军俘虏北去。
宋帝昺祥兴二年	1279 年	宋军兵败崖山，陆秀夫负帝投海，南宋灭亡。

5. 制钱大事记

明太祖洪武元年	1368 年	朱元璋称帝，定国号为明，建元洪武，铸行"洪武通宝"钱。凡五等，重如其文。
明太祖洪武八年	1375 年	诏令中书省造大明通行宝钞，命民间通行。
明太祖洪武十三年	1380 年	杀左丞相胡惟庸，罢中书省。颁布倒钞法。许军民商贾以昏钞纳库易新钞，量收工墨费。
明宣宗宣德初年	1426 年	大明通行宝钞通货膨胀严重，米价较洪武十八年上涨二十倍。
明英宗正统元年	1436 年	驰用银之禁。朝野率皆用银，其小者乃用钱，唯折官俸用钞。
明孝宗弘治元年	1488 年	凡纳赎收税，历代钱、制钱各收其半；无制钱即收旧钱，二以当一。制钱者，国朝钱也。
明世宗嘉靖年间	1522 年至1566 年	大铸嘉靖钱，而税课抽分诸厂，专收嘉靖钱。
明熹宗天启元年	1621 年	兵部尚书请铸当十、当百、当千三等大钱。两京皆铸，钱法大乱。
明思宗崇祯十七年	1644 年	李自成大顺军攻入北京，崇祯帝自缢身亡，明朝灭亡。
清世祖顺治元年	1644 年	清顺治帝入关，定都北京。清王朝铸行"顺治通宝"钱。每枚重量 1 钱。除明朝崇祯钱可以继续流通之外，禁用旧钱。旧钱上交官府，销熔更铸。
清世祖顺治二年	1645 年	改每枚铜钱重量为 1 钱 2 分。
清世祖顺治八年	1651 年	改每枚铜钱重量为 1 钱 2 分 5 厘。
清世祖顺治十年	1653 年	更定私铸律，为首及匠人罪斩决。
清世祖顺治十四年	1657 年	改每枚铜钱重量为 1 钱 4 分。禁止百姓销毁铜钱铸造铜器。
清宣宗道光二十年	1840 年	第一次鸦片战争爆发。

清宣宗道光二十二年	1842 年	清政府与英国签订《南京条约》，割香港给英国。
清宣宗道光三十年	1850 年	洪秀全在广西桂平县金田村起义。
清文宗咸丰三年	1853 年	洪秀全太平军攻入南京，建国定都，称为天京。清王朝铸行"咸丰重宝"和"咸丰元宝"，面值当十至当千，凡五等，引发民间大规模盗铸，钱法由此大乱。
清文宗咸丰十年	1860 年	第二次鸦片战争爆发。英法联军攻入北京，火烧圆明园。咸丰帝逃奔热河。清王朝废黜各种虚币大钱，只存当十钱继续依法流通，当制钱二。
清穆宗同治三年	1864 年	湘军攻入天京，太平天国起义失败。
清德宗光绪十五年	1889 年	广东钱局用机器制造制钱，亏损甚巨。
清德宗光绪二十六年	1900 年	广东开始铸行铜元，获利可达30%。各省随即开铸。
清末帝宣统二年	1910 年	颁布币制。银元为主币，重库平七钱二分，另以五角、二角五分、一角三种银币，及五分镍币，二分、一分、五厘、一厘四种铜币为辅币。圆、角、分、厘各十进，永为定价。
清末帝宣统三年	1911 年	辛亥革命爆发，清朝灭亡。

附录三　古今度量衡换算表

1. 中国古代度量衡量值表

时期	每尺折合现代（厘米）	每升折合现代（毫升）	每斤折合现代（克）
秦	23.1	200	253
西汉	23.1	200	250
新	23.1	200	245
东汉	23.1	200	220
三国	24.2	200	220
晋	24.2	200	220
南朝	24.7	200	220
北朝	25.6（前期） 30（后期）	300（前期） 600（后期）	330（前期） 660（后期）
隋	29.5	600	660
唐	30.6	600	662～672
宋	31.4	702	661
元	35	1003	610
明	32	1035	596.8
清	32	1035	596.8

　　数据来源：丘光明、邱隆、杨平：《中国科学技术史（度量衡卷）》，科学出版社，2001 年版，第 447 页。

2. 中国古代长度制度及古今换算

长度制度

1 丈 = 10 尺 = 100 寸 = 1000 分

1 尺 = 10 寸 = 100 分

1 寸 = 10 分
古今换算（秦、两汉）：
1 丈 = 231 厘米（现代）
1 尺 = 23.1 厘米（现代）
1 寸 = 2.31 厘米（现代）
其他各朝依中国古代度量衡量值表套算。

3. 中国古代容量制度及古今换算

容量制度
1 斛 = 10 斗 = 100 升 = 1000 合
1 斗 = 10 升 = 100 合
1 升 = 10 合
古今换算（秦、两汉、三国、两晋）：
1 斛 = 20000 毫升（现代）
1 斗 = 2000 毫升（现代）
1 升 = 200 毫升（现代）
其他各朝依中国古代度量衡量值表套算。

4. 中国古代重量制度及古今换算

重量制度
1 石 = 120 斤 = 1920 两 = 46080 铢
1 斤 = 16 两 = 384 铢
1 两 = 24 铢
古今换算（战国晚期秦国及秦朝）：
1 石 = 30360 克（现代）
1 斤 = 253 克（现代）
1 两 = 15.8125 克（现代）
1 铢 = 0.6589 克（现代）

半两 = 7.9063 克（现代）

古今换算（西汉）：

1 石 = 30000 克（现代）

1 斤 = 250 克（现代）

1 两 = 15.6250 克（现代）

1 铢 = 0.6510 克（现代）

半两 = 7.8125 克（现代）

古今换算（莽新）：

1 石 = 29400 克（现代）

1 斤 = 245 克（现代）

1 两 = 15.3125 克（现代）

1 铢 = 0.6380 克（现代）

半两 = 7.6563 克（现代）

古今换算（东汉、三国、两晋）：

1 石 = 26400 克（现代）

1 斤 = 220 克（现代）

1 两 = 13.7500 克（现代）

1 铢 = 0.5729 克（现代）

半两 = 6.8750 克（现代）

其他各朝依中国古代度量衡量值表套算。

5. 测量粟谷时容量与重量的换算

西汉时期：

1 斛 = 20000 毫升（现代）= 13.5 公斤（实测谷）= 27 市斤

1 斗 = 2.7 市斤（现代）

因为西汉时期：

1 石 = 30 公斤（现代）= 60 市斤（现代）

1 斛 = 13.5 公斤（现代）= 27 市斤（现代）

所以西汉时期：

1 斛 = 0.45 石（粟谷）

注：中国古代斛与石经常通用。上述分析，只是对西汉时期重量单位石与容量单位斛，两者各自测量粟谷情况的比较，可以作为参考。

6. 古今面积换算

战国晚期秦国及秦代：

1 布 = 8 尺 × 2.5 尺

折合现代：

184.8 厘米（现代）× 57.75 厘米（现代）= 1.06722 平方米（现代）

汉初期：

1 匹 = 2.2 尺 × 40 尺

折合现代：

50.82 厘米（现代）× 924 厘米（现代）= 4.695768 平方米（现代）

秦汉时期：

1 步 = 6 尺（秦汉时期）= 138.6 厘米（现代）

注：抬足落足为步。

1 平方步 = 138.6 厘米 × 138.6 厘米 = 19209.96 平方厘米 = 1.920996 平方米

古制、秦国以外、西汉武帝以前的西部地区

1 亩 = 100 平方步

折合现代：0.288 亩

秦田、汉初东部地区、汉武帝以后

1 亩 = 240 平方步

折合现代：0.692 亩

参考文献

（一）文献资料

[1]（战国）商鞅：《商君书》，严万里校，商务印书馆，1937年版。

[2]（汉）司马迁：《史记》，中华书局，1959年标点本。

[3]（汉）贾谊：《新书校注》，阎振益、钟夏校注，中华书局，2000年版。

[4]（汉）刘向：《战国策笺证》，上海古籍出版社，2006年版。

[5]（汉）桓宽：《盐铁论》，中华书局，1959年版。

[6]（东汉）班固：《汉书》，中华书局，1962年标点本。

[7]（东汉）许慎原：《说文解字》，汤可敬注，岳麓书院，1997年版。

[8]（东汉）刘珍：《东观汉记校注》，中华书局，2008年版。

[9]（晋）陈寿：《三国志》，中华书局，1959年版。

[10]（刘宋）范晔：《后汉书》，中华书局，1965年版。

[11]（梁）沈约：《宋书》，中华书局，1974年版。

[12]（梁）萧子显：《南齐书》，中华书局，1972年版。

[13]（北齐）魏收：《魏书》，中华书局，1974年版。

[14]（唐）房玄龄：《晋书》，中华书局，1974年版。

[15]（唐）姚思廉：《梁书》，中华书局，1973年版。

［16］（唐）姚思廉：《陈书》，中华书局，1972 年版。

［17］（唐）李百药：《北齐书》，中华书局，1972 年版。

［18］（唐）令狐德棻：《周书》，中华书局，1971 年版。

［19］（唐）魏徵等：《隋书》，中华书局，1973 年版。

［20］（唐）李延寿：《南史》，中华书局，1975 年版。

［21］（唐）李延寿：《北史》，中华书局，1974 年版。

［22］（唐）杜佑：《通典》，中华书局，1988 年版。

［23］（唐）陆贽：《陆宣公奏议注》，中华书局，1991 年版。

［24］（唐）李林甫等：《唐六典》，中华书局，1992 年版。

［25］（唐）白居易：《白氏长庆集》，上海古籍出版社，1994 年版。

［26］（唐）元稹：《元氏长庆集》，上海古籍出版社，1994 年版。

［27］（唐）李肇：《唐国史补》，上海古籍出版社，1957 年版。

［28］（唐）赵璘：《因话录》，上海古籍出版社，1957 年版。

［29］（后晋）刘昫等：《旧唐书》，中华书局，1975 年版。

［30］（宋）欧阳修、宋祁：《新唐书》，中华书局，1975 年版。

［31］（宋）司马光：《资治通鉴》，中华书局，1956 年标点本。

［32］（宋）王溥：《唐会要》，商务印书馆，1936 年版。

［33］（宋）郑樵：《通志》，浙江古籍出版社影印，1988 年。

［34］（宋）徐天麟：《西汉会要》，中华书局，1955 年版。

［35］（宋）王应麟：《玉海》，广陵书社，2003 年版。

　　［36］（宋）李焘：《续资治通鉴长编》，中华书局，1992年版。

　　［37］（宋）杨仲良：《皇宋通鉴长编纪事本末》，中华书局，·2006年版。

　　［38］（宋）章如愚：《群书考索》，广陵书社，2008年版。

　　［39］（宋）宋敏求：《唐大诏令集》，中华书局，2008年版。

　　［40］（宋）李心传：《建炎以来朝野杂记》，中华书局，2000年版。

　　［41］（宋）李心传：《建炎以来系年要录》，中华书局，1956年版。

　　［42］（宋）薛居正：《旧五代史》，中华书局，1976年版。

　　［43］（宋）欧阳修：《新五代史》，中华书局，1974年版。

　　［44］（宋）王琳：《野客丛书》，中华书局，1987年版。

　　［45］（元）马端临：《文献通考》，浙江古籍出版社影印，1988年。

　　［46］（元）脱脱：《宋史》，中华书局，1985年版。

　　［47］（元）脱脱：《辽史》，中华书局，1985年版。

　　［48］（元）脱脱：《金史》，中华书局，1974年版。

　　［49］（元）胡祗遹：《紫山大全集》，台湾商务印书馆，1986年版。

　　［50］（元）佚名：《宋季三朝政要笺证》，中华书局，2010年版。

　　［51］（明）董说：《七国考》，中华书局，1956年版。

　　［52］（明）宋濂：《元史》，中华书局，1976年版。

　　［53］（明）胡我琨：《钱通》，余全有译注，重庆出版社，2009年版。

　　［54］（清）严可均校籍：《全上古三代秦汉三国六朝文》，

中华书局，1958 年版。

［55］（清）薛允升等：《唐明律会编．宋刑统．庆元条法事类》，中华书店，1990 年版。

［56］（清）徐松：《宋会要辑稿》，中华书局，1957 年版。

［57］（清）赵翼：《陔余丛考》，中华书局，1963 年版。

［58］（清）孙楷：《秦会要订补》，中华书局，1959 年版。

［59］（清）张廷玉：《明史》，中华书局，1974 年版。

［60］（清）赵尔巽：《清史稿》，中华书局，1977 年版。

［61］《大元圣政国朝典章》，中国广播电视出版社，1998 年版。

［62］司义祖整理：《宋大诏令集》，中华书局，1962 年版。

［63］王根林等校点：《汉魏六朝笔记小说大观》，上海古籍出版社，1999 年版。

［64］钱大群撰：《唐律疏义新注》，南京师范大学出版社，2007 年版。

［65］郭书春、刘纯校点：《算经十书》，辽宁教育出版社，1998 年版。

［66］郭书春译注：《九章算术》，辽宁教育出版社，1998 年版

（二）今人著作

［1］陈岱孙、厉以宁：《国际金融学说史》，中国金融出版社，1991 年版。

［2］陈明光：《汉唐财政史论》，岳麓书院，2003 年版。

［3］陈新余：《中国钱币学基础》，南京师范大学出版社，2006 年版。

［4］陈直：　《居延汉简研究》，天津古籍出版社，1961 年版。

　　［5］车迎新、胡国瑞、刘森：《宋代货币研究》，中国金融出版社，1995 年版。

　　［6］程树德：《九朝律考》，中华书局，2003 年版。

　　［7］曹旅宁：《张家山汉律研究》，中华书局，2005 年版。

　　［8］邓奕琦：《北朝法制研究》，中华书局，2005 年版。

　　［9］杜维善：《五铢图考》，上海书画出版社，2009 年版。

　　［10］傅筑夫、王毓瑚：《中国经济史资料·秦汉三国编》，中国社会科学出版社，1982 年版。

　　［11］冯耿光：《古今泉币拓本》，北京出版社，1994 年版。

　　［12］高聪明：《宋代货币与货币流通研究》，河北大学出版社，2000 年版。

　　［13］韩建业、王浩：《中国古代钱币》，北京大学出版社，2007 年版。

　　［14］何兹全：《中国古代社会》，北京师范大学出版社，2001 年版。

　　［15］何林：《钱币学词汇简释》，大众文艺出版社，1999 年版。

　　［16］胡适：《胡适文集》，《第二集》，台北辽东图书公司，1953 年版。

　　［17］黄锡全：《先秦货币研究》，中华书局，2001 年版。

　　［18］黄今言：《秦汉商品经济研究》，人民出版社，2005 年版。

　　［19］黄冕堂：《中国历代物价问题考述》，齐鲁书社，2008 年版。

　　［20］黄鉴晖：《中国典当业史》，山西经济出版社，2006 年版。

　　［21］华光普：《中国古钱大集》，湖南人民出版社，2006 年版。

［22］蒋若是：《秦汉钱币研究》，中华书局，1997 年版。

［23］刘絜敖：《国外货币金融学说》，中国展望出版社，1983 年版。

［24］刘森：《宋金纸币史》，中国金融出版社，1993 年版。

［25］刘森：《中国铁钱》，中华书局，1996 年版。

［26］梁方仲：《中国历代户口、田地、田赋统计》，中华书局，2008 年版。

［27］冷鹏飞：《中国古代社会商品经济形态研究》，中华书局，2002 年版。

［28］李埏、林文勋：《宋金楮币系年》，云南民族出版社，1996 年版。

［29］李跃：《楮币史说》，浙江大学出版社，2008 年版。

［30］李伟国：《宋代财政和文献考论》，上海古籍出版社，2007 年版。

［31］李锦彰：《货币的力量》，商务印书馆，2004 年版。

［32］李崇智：《中国历代年号考》，中华书局，2001 年版。

［33］李振宏：《居延汉简与汉代社会》，中华书局，2003 年版。

［34］李侠、晓峰：《中国北方民族货币史》，黑龙江人民出版社，1989 年版。

［35］李俨：《中国算学史》，商务印书馆，1937 年版。

［36］李佐贤、鲍康：《古泉汇》，北京出版社，1993 年版。

［37］凌大铤等著：《管仲荀况桑弘羊刘晏王安石的理财思想》，中国财政经济出版社，1983 年版。

［38］路遇、藤泽之：《中国人口通史》，山东人民出版社，2000 年版。

［39］马大英：《汉代财政史》，中国财政经济出版社，1983 年版。

　　［40］马今洪：《简帛发现与研究》，上海书店出版社，2002年版。

　　［41］宁欣：《唐史识见录》，商务印书馆，2009年版。

　　［42］彭信威：《中国货币史》，上海人民出版社，2007年版。

　　［43］千家驹、郭彦岗：《中国货币史纲要》，上海人民出版社，1985年版。

　　［44］千家驹、郭彦岗：《中国货币演变史》，上海人民出版社，2005年版。

　　［45］丘光明、邱隆、杨平：《中国科学技术史》，《度量衡卷》，科学出版社，2001年版。

　　［46］邱隆、丘光明等：《中国古代度量衡图集》，文物出版社，1984年版。

　　［47］钱剑夫：《秦汉货币史稿》，湖北人民出版社，1986年版。

　　［48］石毓符：《中国货币金融史略》，天津人民出版社，1984年版。

　　［49］尚珩：《中国古代流通经济法制史论》，知识产权出版社，2011年版。

　　［50］宋杰：《〈九章算术〉与汉代社会》，首都师范大学出版社，1994年版。

　　［51］宋杰：《中国货币发展史》，首都师范大学出版社，1999年版。

　　［52］孙仲汇等：《简明钱币辞典》，上海古籍出版社，1991年版。

　　［53］孙翊刚：《中国赋税史》，中国税务出版社，2007年版。

　　［54］汤可可：《中国钱币文化》，天津人民出版社，2004

年版。

　　[55] 陶希圣：《西汉经济史》，商务印书馆，1931 年版。

　　[56] 谭其骧：《中国历史地图集》，中国地图出版社，1982
年版。

　　[57] 王孝通：《中国商业史》，商务印书馆，1936 年版。

　　[58] 王仲犖：《金泥玉屑丛考》，中华书局，1998 年版。

　　[59] 王献唐：《中国古代货币通考》，青岛出版社，2005
年版。

　　[60] 王子今：《钱神》，陕西人民出版社，2006 年版。

　　[61] 王毓铨：《中国古代货币的起源和发展》，中国社会科
学出版社，1990 年版。

　　[62] 王德明：《金代商业经济研究》，社会科学文献出版
社，2011 年版。

　　[63] 王文成《宋代白银货币化研究》，云南大学出版社，
2001 年版。

　　[64] 汪圣铎：《中国钱币史话》，中国出版集团中华书局，
2004 年版。

　　[65] 汪圣铎：《两宋货币史》，社会科学文献出版社，2003
年版。

　　[66] 汪圣铎：　《两宋货币史料汇编》，中华书局，2004
年版。

　　[67] 吴惠：《中国历代粮食亩产研究》，农业出版社，1985
年版。

　　[68] 吴成洛：《中国度量衡史》，上海书局，1984 年版。

　　[69] 萧清：《中国古代货币史》，人民出版社，1984 年版。

　　[70] 萧清：《中国古代货币思想史》，人民出版社，1986
年版。

　　[71] 叶世昌、李宝金、钟祥财：《中国货币理论史》，厦门

大学出版社，2003 年版。

［72］叶世昌：《中国金融通史》，第一卷，中国金融出版社，2002 年版。

［73］叶世昌、潘连贵：《中国古近代金融史》，复旦大学出版社，2001 年版。

［74］余也非：《中国古代经济史》，重庆出版社，1991 年版。

［75］袁远福、缪明杨：《中国金融简史》，中国金融出版社，2001 年版。

［76］余英时：《汉代贸易与扩张》，上海古籍出版社，2005 年版。

［77］张家骧：《中国货币思想史》，湖北人民出版社，2001 年版。

［78］张南：《秦汉货币史论》，广西人民出版社，1991 年版。

［79］张传玺：《简明中国古代史》，北京大学出版社，1999 年版。

［80］张传玺：《中国历代契约会编考释》，北京大学出版社，1995 年版。

［81］张守军：《中国古代的赋税与劳役》，商务印书馆，1998 年版。

［82］张建国：《两汉魏晋法制简说》，大象出版社，1997 年版。

［83］昭明、马利清：《古代货币》，中国书店，1999 年版。

［84］郑家相：《中国古代货币发展史》，三联书店，1958 年版。

［85］周寂沫：《货币与经济发展》，中国经济出版社，2007 年版。

［86］周卫荣：《中国古代钱币合金成分研究》，中华书局，2004 年版。

［87］曾宪义：《中国法制史》，中国人民大学出版社，2000 年版。

［88］朱勇：《中国法制史》，法律出版社，1999 年版。

［89］朱德贵：《汉代商业和财政经济论稿》，中国财政经济出版社，2004 年版。

［90］朱红林：《张家山汉简，〈二年律令〉集释》，社会科学文献出版社，2005 年版。

［91］朱新茂：《西魏隋唐五代十国货币图说》，文物出版社，2005 年版。

［92］中国社会科学院考古研究所：《居延汉简》（甲乙编），中华书局，1980 年版。

［93］张家山二四七号汉墓竹简整理小组：《张家山汉墓竹简》，文物出版社，2006 年版。

［94］河南省计量局：《中国古代度量衡文集》，中州古籍出版社，1990 年版。

［95］中国人民银行总行参事室金融史料组：《中国近代货币史资料第一辑清政府统治时期》，中华书局，1964 年版。

［96］［日］永田英正：《居延汉简研究》，同朋社，1989 年版。

［97］［日］黑田明伸：《货币制度的世界史》，中国人民大学出版社，2007 年版。

［98］［日］佐原康夫：《居延汉简月俸考》，载《中日中青年学者论中国史·上古秦汉卷》，上海古籍出版社，1995 年版。

［99］［日］高桥弘臣：《宋金元货币史研究——元朝货币政策之形成过程》，上海古籍出版社，2010 年版。

［100］［日］加藤繁：《唐宋时代金银之研究——以金银之

货币机能为中心》，中华书局，2006 年版。

　　［101］［日］崛毅：《秦汉物价考》，载《秦汉法制史论》，法律出版社，1988 年版。

　　［102］［法］让·里瓦尔：《货币史》，商务印书馆，2001 年版。

　　［103］［法］童丕：《敦煌的借贷》，余欣、陈建伟译，中华书局，2003 年版。

　　［104］［英］约翰·F. 乔恩：《货币史》，商务印书馆，2002 年版。

　　［105］［美］查尔斯·P. 金德尔伯格：《西欧金融史》，中国金融出版社，2007 年版。

　　［106］［美］约翰·肯尼斯·加尔布雷思：《货币简史》，上海财经大学出版社，2010 年版。

　　［107］［美］A. W. 恒慕义：《清代名人传略》，青海人民出版社，1990 年版。

　　［108］［加］罗伯特·蒙代尔：《蒙代尔经济学文集》第六卷《国际货币：过去、现在和未来》，向松祚译、张之骧校，中国金融出版社，2003 年版。

　　［109］［意］马可·波罗：《马可波罗行纪》，冯承钧译，上海书店出版社，2000 年版。

（三）今人论文

　　［1］陈铁卿：《汉武五铢叙论》，载《泉币》1945（31）～（32）。

　　［2］陈直：《西汉铸钱铜材最新的发现》，载《历史研究》，1956（1）。

　　［3］陈让：《汉代黄金非铜辩》，载《文史哲》，1956（9）。

　　［4］褚道庵：《秦汉货币使用的扩大》，载《北平华北日报

史学周刊》，1935（2）。

［5］褚道庵：《汉代造币权的变迁》，载《北平华北日报史学周刊》，1935（10）。

［6］丁广极：《汉代货币思想论略》，载《先导月刊》1934（6）。

［7］恩级：《铜币研究》，载《湖南大学季刊》，1935（4）。

［8］方达观：《我国货币制度的沿革考》，载《银行月刊》，1926（1）。

［9］费致俊：《两汉币制略》，载《燕大月刊》，1929（11）。

［10］龚鹏九：《西汉黄金问题的探讨》，载《历史教学》，1958（9）。

［11］郭垣：《西汉货币制度的研究》，载《中国经济》，1934（9）。

［12］黄世忠：《摩钱取熔与五铢钱》，载《杭州大学学报》，1984（4）。

［13］黄强华：《中国货币材料简史》，载《教学与研究》，1962（3）。

［14］胡珠生：《论汉金非铜及其减退原因》，载《文史哲》，1957（12）。

［15］韩克信：《西汉货币制度》，载《食货》，1935（5）。

［16］蒋若是：《郡国、赤仄与三官五铢之考古学验证》，载《文物》，1989（4）。

［17］吉田虎雄：《中国历代铜币沿革》，载《钱业月报》，1935（4）。

［18］李胜任：《石家庄市郊发现唐代窖藏钱币》，载《考古》，1985（4）。

［19］梁志明：《浙江绍兴官山岙西晋墓》，载《文物》，

1991（6）。

［20］沈作霖：《浙江绍兴凤凰山西晋永嘉七年墓》，载《文物》，1991（6）。

［21］罗伯昭：《汉代的"白金"三品》，载《天津日报》，1962-07-24。

［22］吕思勉：《论货币与井田》，载《建设杂志》，1920（8）。

［23］马元材：《秦汉时代的货币制度》，载《河南政治月刊》，1933（1）。

［24］瓯燕：《试论秦汉黄金为上币》，载《货币史研究》，1989（3）。

［25］瓯燕：《关于小五铢钱的年代》，载《中国钱币》，1986（4）。

［26］彭信威：《中国货币在发展上的一些特征》，载《经济周报》，1953，8（31）。

［27］唐庆增：《中国历代之货币学说》，载《经济学季刊》，1933（6）。

［28］唐金裕：《西安西郊隋李静训墓发掘报告》，载《考古》，1959（9）。

［29］吴胜友：《货币发展的五个时期》，载《新疆日报》，1987-07-04。

［30］吴荣曾：《三铢钱年代考》，载《陕西金融·钱币专辑（15）》

［31］吴琪荣：《兴平与三铢钱同出的五铢钱》，载《陕西金融·钱币专辑（7）》。

［32］王肇鼎：《前汉货币问题之研究》，载《语历所周刊》，1927（12）。

［33］蓝尉：《略谈三年来武汉市文物保护与发现》，载《文

物参考资料》，1956（7）。

　　［34］治功：《南京西善桥东晋寿和四年墓清理简报》，载《考古通讯》，1958（4）。

　　［35］叶世昌：《王鎏的名目主义货币学说》，载《学术月刊》，1962（7）。

　　［36］俞伟超：《汉长安城西北部勘察记》，载《考古通讯》，1956（5）。

　　［37］俞伟超：《西安白鹿原墓葬发掘报告》，载《考古学报》，1956（3）。

　　［38］张典维：《湖北长阳县发现一批窖藏古钱》，载《文物》，1977（3）。

　　［39］张道渊：《中国传统之货币思想》，载《银行周报》1935（4）～（5）。

　　［40］赵兰坤：《中国币值的回顾与前瞻》，载《中国经济》，1952（24）。

　　［41］赵培祥：《宁夏发现凉造新泉》，载《中国钱币》，1991（1）。

　　［42］邹志谅：《苏州出土陈五铢》，载《中国钱币》，1992（2）。

　　［43］郑家相：《五铢之研究》，载《泉币》，1940（9）。

　　［44］郑家相：《小五铢钱考》，载《泉币》，1941（8）。

　　［45］郑家相：《历代铜质货币冶炼铸法简说》，载《文物》，1959（4）。

　　［46］朱活：《谈西汉孝武三铢钱范》，载《中国钱币》，1987（1）。

　　［47］朱活：《三铢钱考——兼谈山东莱芜出土的三铢钱范》，载《文物》，1985（12）。

　　［48］北京市文物工作队：《北京西郊发现的两座北朝墓》，

载《考古》，1964（4）。

　　［49］北京市古墓发掘办公室：《大葆台西汉木椁墓发掘简报》，载《文物》，1977（6）。

　　［50］湖北博物馆、郧县博物馆：《湖北郧县李徽、阎婉墓发掘简报》，载《文物》，1987（8）。

　　［51］湖南省博物馆：《长沙两晋南朝隋墓发掘报告》，载《考古学报》，1959（3）。

　　［52］陕西省文物管理委员会：《唐永泰公主墓发掘简报》，载《文物》，1964（1）。

　　［53］陕西省博物馆、礼泉县文教局唐墓发掘组：《唐郑仁泰墓发掘简报》，载《文物》，1972（7）。

　　［54］《山东临沂西汉墓发现［孙子兵法］和［孙膑兵法］等竹简的简报》，载《文物》，1974（2）。

　　［55］山东省博物馆、临沂文物组：《临沂银雀山四座西汉墓葬》，载《考古》，1975（2）。

　　［56］四川省博物馆：《四川万县唐墓》，载《考古学报》，1989（4）。

　　［57］扬州博物馆：《江苏邗江甘泉老虎墩汉墓》，载《文物》，1991（10）。

　　［58］扬州博物馆、江县图书馆：《江苏江胡场五号汉墓》，载《文物》，1981（11）。

　　［59］孝感地区博物馆、安陆县博物馆：《安陆王子山唐吴王妃杨氏墓》，载《文物》，1985（2）。

　　［60］渚暨县文物管理委员会：《浙江渚暨县唐代出土坑墓》，载《考古》，1988（6）。

　　［61］中国社会科学院考古研究所河南第二工作队：《河南偃师杏园村的六座纪年唐墓》，《考古》，1986（5）。